Edition KWV

Die „Edition KWV" beinhaltet hochwertige Werke aus dem Bereich der Wirtschaftswissenschaften. Alle Werke in der Reihe erschienen ursprünglich im Kölner Wissenschaftsverlag, dessen Programm Springer Gabler 2018 übernommen hat.

Weitere Bände in der Reihe http://www.springer.com/series/16033

Patricia Müller

Die neuen besitzlosen Mobiliarsicherheiten des französischen Rechts im Vergleich zum deutschen Mobiliarsicherungsrecht

Patricia Müller
Wiesbaden, Deutschland

Bis 2018 erschien der Titel im Kölner Wissenschaftsverlag, Köln
Dissertation Universität Konstanz, 2012

Edition KWV
ISBN 978-3-658-23931-2   ISBN 978-3-658-23932-9 (eBook)
https://doi.org/10.1007/978-3-658-23932-9

Die Deutsche Nationalbibliothek verzeichnet diese Publikation in der Deutschen Nationalbibliografie; detaillierte bibliografische Daten sind im Internet über http://dnb.d-nb.de abrufbar.

Springer Gabler
© Springer Fachmedien Wiesbaden GmbH, ein Teil von Springer Nature 2012, Nachdruck 2019
Ursprünglich erschienen bei Kölner Wissenschaftsverlag, Köln, 2012
Das Werk einschließlich aller seiner Teile ist urheberrechtlich geschützt. Jede Verwertung, die nicht ausdrücklich vom Urheberrechtsgesetz zugelassen ist, bedarf der vorherigen Zustimmung des Verlags. Das gilt insbesondere für Vervielfältigungen, Bearbeitungen, Übersetzungen, Mikroverfilmungen und die Einspeicherung und Verarbeitung in elektronischen Systemen.
Die Wiedergabe von Gebrauchsnamen, Handelsnamen, Warenbezeichnungen usw. in diesem Werk berechtigt auch ohne besondere Kennzeichnung nicht zu der Annahme, dass solche Namen im Sinne der Warenzeichen- und Markenschutz-Gesetzgebung als frei zu betrachten wären und daher von jedermann benutzt werden dürften.
Der Verlag, die Autoren und die Herausgeber gehen davon aus, dass die Angaben und Informationen in diesem Werk zum Zeitpunkt der Veröffentlichung vollständig und korrekt sind. Weder der Verlag, noch die Autoren oder die Herausgeber übernehmen, ausdrücklich oder implizit, Gewähr für den Inhalt des Werkes, etwaige Fehler oder Äußerungen. Der Verlag bleibt im Hinblick auf geografische Zuordnungen und Gebietsbezeichnungen in veröffentlichten Karten und Institutionsadressen neutral.

Springer Gabler ist ein Imprint der eingetragenen Gesellschaft Springer Fachmedien Wiesbaden GmbH und ist ein Teil von Springer Nature
Die Anschrift der Gesellschaft ist: Abraham-Lincoln-Str. 46, 65189 Wiesbaden, Germany

Vorwort

> Deux sûretés valent mieux qu'une -
> Et le trop en cela ne fut jamais perdu.
>
> Jean de La Fontaine "Le Loup, la Chèvre et le Chevreau" in *Fables*, Buch IV, Fabel XV.

Die vorliegende Arbeit habe ich neben meiner Tätigkeit als Rechtsanwältin in der Sozietät CMS Hasche Sigle in Stuttgart, während meines LL.M.-Studiums in Auckland/Neuseeland sowie meiner Tätigkeit als Richterin und Staatsanwältin in Konstanz erstellt. Die juristische Fakultät der Universität Konstanz nahm sie im Sommersemester 2011 als Dissertation an.

Ich möchte mich besonders bei Frau Prof. Dr. Astrid Stadler für ihre Betreuung bedanken - sie hat mir geholfen, im nahezu undurchdringlichen Dickicht des französischen Mobiliarsicherungsrechts nicht den Blick für das Wesentliche zu verlieren. Mein Dank gilt außerdem Prof. Dr. Matthias Armgardt für die zügige Erstellung des Zweitgutachtens.

Meinen Eltern und meinem Lebenspartner danke ich für die Bestärkung in meiner Entscheidung zur Promotion und ihre bedingungslose Unterstützung während des gesamten Promotionsverfahrens.

Letztlich trug auch die konstruktive Kritik von Freunden und Kollegen zur Qualität meiner Ausarbeitungen bei.

Konstanz, im Januar 2012

Patricia Biller, LL.M.Com. (University of Auckland)

Inhaltsübersicht

Einleitung

Kapitel 1: Grundlagen

A. Einführung in die Problematik des französischen Mobiliarsicherungsrechts
B. Gegenstand der Untersuchung und Gang der Darstellung

Kapitel 2: Die *fiducie* im französischen Recht

A. Entstehungsgeschichte der *fiducie*
B. Die *fiducie* an körperlichen Gegenständen
C. Die *fiducie* an Forderungen
D. Kritische Würdigung der französischen und deutschen Lösungsansätze

Kapitel 3: Die neuen besitzlosen Pfandrechte im französischen Recht

A. Die neuen besitzlosen Pfandrechte an körperlichen Gegenständen (*gage* und *gage des stocks*)
B. Das neue Pfandrecht an Forderungen (*nantissement*)
C. Kritische Würdigung der französischen und deutschen Lösungsansätze

Kapitel 4: Abschließende Betrachtung des deutschen und des französischen Mobiliarsicherungsrechts

A. Anwendungsbereich der besitzlosen Mobiliarsicherheiten
B. Drittwirksamkeit der Mobiliarsicherheiten
C. Effektivität der französischen Registerpublizität
D. Aufwand und Kosten für Bestellung, Aufrechterhaltung und Ausübung der französischen Mobiliarsicherheiten
E. Französisches Pendant zu den deutschen Eigentumssicherheiten
F. Abschließende Stellungnahme

INHALTSVERZEICHNIS

Vorwort v
Inhaltsübersicht vii
Inhaltsverzeichnis ix
Abkürzungsverzeichnis xix

Einleitung 1

Kapitel 1: Grundlagen 3

A. Einführung in die Problematik des französischen Mobiliarsicherungsrechts 3
    I. Ökonomische Rechtfertigung von Sicherungsrechten 3
    II. Unbefriedigende nationale und internationale Rechtslage 4
        1. Mangelnde Funktionalität des Faustpfandrechts 4
        2. Unterschiedliche Rechtsentwicklungen 5
        3. Unzulänglichkeiten der bisherigen französischen Mobiliarsicherheiten 6
        4. Internationalprivatrechtliche Anerkennungs- und Substitutionsprobleme ... 7
        5. Heterogenität der Kreditsicherheiten als Handelshemmnis im deutsch-
            französischen Rechtsverkehr 9
        6. Tragender Motivationsgrund für die jüngsten Reformen 10

B. Gegenstand der Untersuchung und Gang der Darstellung 11
    I. Ziel der Arbeit 11
    II. Mobiliarsicherheiten 11
    III. Besitzlose Mobiliarsicherheiten 14

Kapitel 2: Die *fiducie* im französischen Recht 17

A. Entstehungsgeschichte der *fiducie* 17
    I. Scheingeschäft 19

II. Gesetzesumgehung 19

B. Die *fiducie* an körperlichen Gegenständen 23
   I. Die *fiducie* an körperlichen Gegenständen im Vergleich zur früheren französischen Rechtslage 23
      1. Allgemeines 23
         a) Generelle Ausrichtung der *fiducie* 23
         b) Anwendungsbereich der *fiducie* 24
            aa) Sachlicher Anwendungsbereich 24
            bb) Persönlicher Anwendungsbereich 24
                (1) Doppelfunktion von Treugeber und Treuhänder 24
                (2) Einschränkungen des persönlichen Anwendungsbereichs 25
      2. Wirksamkeitsvoraussetzungen der *fiducie* an körperlichen Gegenständen 27
         a) Unterscheidung zwischen *validité* und *opposabilité* 27
         b) Drittwirksamkeitsvoraussetzungen der *fiducie* an körperlichen Gegenständen 27
            aa) Sicherungsvertrag der *fiducie* 28
            bb) Publizitätsakt 30
         c) Einzelheiten und Konsequenzen der Registerpublizität 33
            aa) Transaktionsbezogenes Registrierungssystem 33
            bb) Zugang zum Register 34
            cc) Rangfolge konkurrierender Sicherheiten 34
            dd) Sicherungsgegenstand 34
                (1) Künftige Sachen 34
                (2) Sachgesamtheiten 35
                (3) Surrogate 35
                (4) Sukzessive Bestellung einer *fiducie* an demselben Sicherungsgegenstand 36
         d) Interessenkollisionen und Grenzen der Privatautonomie 38
      3. Verwertung der *fiducie* in der Insolvenz des Schuldners 39
         a) Zusammenspiel von Kreditsicherungs- und Insolvenzrecht ... 39
         b) Überblick über das französische Insolvenzverfahren 40
         c) Generelles Verbot der individuellen Rechtsverfolgung für gesicherte Gläubiger 42
         d) Nichtigkeit von Mobiliarsicherheiten während der Verdachtsperiode ... 43
         e) Anwendbarkeit der insolvenzrechtlichen Vorschriften auf die *fiducie* .. 44

INHALTSVERZEICHNIS

  f) Verwertungsmöglichkeiten im Rahmen der *fiducie* 45
   aa) Gerichtliche Verwertung 45
   bb) Außergerichtliche Verwertung 45
    (1) Herausgabe der Sicherungsgegenstände 47
    (2) Freies Verwertungsrecht 48
    (3) Schutzbestimmungen 49
  g) Prioritätskonflikte der *fiducie* 49
   aa) Vorrang vor Massegläubigern 49
   bb) Vorrang vor privilegierten Gläubigern 50
    (1) Funktion der gesetzlichen Privilegien 50
    (2) Rangstellung der gesetzlichen Privilegien 51
   cc) Vorrang vor gutgläubigen Erwerbern des Sicherungsgegenstandes 51
   dd) Prioritätskonflikte mit konkurrierenden Mobiliarsicherheiten 52
   ee) Verwertungsrecht konkurrierender Sicherungsgläubiger 53
 4. Abschließende Betrachtung der neu eingeführten *fiducie* 54
II. Die *fiducie* an körperlichen Gegenständen im Vergleich zur deutschen Sicherungsübereignung 57
 1. Allgemeines 57
  a) Entstehungsgeschichte der Sicherungsübereignung 57
  b) Rechtlicher Rahmen der Sicherungsübereignung 57
  c) Dogmatische Erklärung des Sicherungseigentums 58
  d) Anwendungsbereich von *fiducie* und Sicherungsübereignung 59
 2. Wirksamkeitsvoraussetzungen von *fiducie* und Sicherungsübereignung ... 60
  a) Terminologie 60
  b) Unterscheidung zwischen Wirksamkeit *inter partes* und *erga omnes* ... 60
  c) Drittwirksamkeitsvoraussetzungen von *fiducie* und Sicherungs-
   übereignung 61
   aa) Sicherungsvertrag 61
   bb) Publizitätsakt 63
    (1) Registereintragung 63
    (2) Separate Verwahrung des Zweckvermögens 63
  d) Sicherungsgegenstand von *fiducie* und Sicherungsübereignung 64
   aa) Künftige Gegenstände 64
   bb) Surrogate 64
   cc) Sachgesamtheit 65
  e) Interessenkollision und Grenzen der Privatautonomie 65

3. Verwertung von *fiducie* und Sicherungsübereignung in der Insolvenz des Schuldners 68
   a) Unterschiedliche rechtspolitische Zwecke des Insolvenzverfahrens 68
   b) Nichtigkeit in der Verdachtsperiode 68
   c) Verwertungsmöglichkeiten in der Insolvenz des Schuldners 69
   d) Prioritätskonflikte von *fiducie* und Sicherungsübereignung 72

C. Die *fiducie* an Forderungen 75
  I. Die *fiducie* an Forderungen im Vergleich zur früheren Rechtslage im französischen Recht 75
    1. Anwendungsbereich der Sicherungsabtretungen von Forderungen 75
     a) Einfache Sicherungsabtretung 75
      aa) Verbot der Verfallklausel 76
      bb) Grundsatz des *numerus clausus* 76
      cc) Schutz des Schuldners 78
      dd) Fazit 78
     b) Sicherungsabtretung gewerblicher Forderungen 78
     c) *Fiducie* an Forderungen 79
     d) Gesetzeskonkurrenz 79
    2. Drittwirksamkeitsvoraussetzungen der Sicherungsabtretungen von Forderungen 80
     a) Vereinbarung und Formvorschriften 80
      aa) *Fiducie* 81
      bb) Einfache Sicherungsabtretung 81
      cc) Sicherungsabtretung gewerblicher Forderungen 81
     b) Publizität 82
      aa) *Fiducie* 82
      bb) Einfache Sicherungsabtretung 83
      cc) Sicherungsabtretung gewerblicher Forderungen 83
     c) Sicherungsgegenstand der Sicherungsabtretungen von Forderungen 84
    3. Verwertung der Sicherungsabtretungen von Forderungen in der Insolvenz des Schuldners 86
     a) Nichtigkeit in der Verdachtsperiode 86
     b) Einziehungsrecht des Gläubigers 87
     c) Prioritätskonflikte der Sicherungsabtretungen von Forderungen 88
      aa) Grundsätzliche Umgehung des *pari passu*-Grundsatzes 88

   bb) Prioritätskonflikt mit Pfandrechten 89
   cc) Prioritätskonflikt mit anderen Sicherungsabtretungen 89
 II. Die *fiducie* an Forderungen im Vergleich zur deutschen Sicherungs-
   abtretung 91
  1. Allgemeines 91
   a) Generelle Ausrichtung von *fiducie* und Sicherungsabtretung 91
   b) Anwendungsbereich von *fiducie* und Sicherungsabtretung 91
  2. Drittwirksamkeitsvoraussetzungen von *fiducie* und Sicherungsabtretung . 91
   a) Vereinbarung und Formvorschriften 91
   b) Publizität 92
   c) Konsequenzen der (fehlenden) Registerpublizität 93
    aa) Vor- und Nachteile der Registerpublizität 93
    bb) Sicherungsgegenstand von *fiducie* und Sicherungsabtretung 93
     (1) Künftige Forderungen 93
     (2) Forderungsmehrheiten 94
     (3) Surrogate 94
     (4) Sukzessive Abtretung derselben Forderung 95
   d) Interessenkollisionen und Grenzen der Privatautonomie 95
  3. Verwertung von *fiducie* und Sicherungsabtretung in der Insolvenz des
   Schuldners 97
   a) Nichtigkeit in der Verdachtsperiode 97
   b) Verwertungsmodalitäten 97
   c) Prioritätskonflikte von *fiducie* und Sicherungsabtretung 98

D. Kritische Würdigung der französischen und deutschen Lösungsansätze 101
 I. Einheitslösung der *fiducie* 101
 II. Kodifikation der *fiducie* 101
 III. Treuhänderische Übertragung des Eigentums 101
 IV. Unterschiedlicher persönlicher Anwendungsbereich 102
 V. Vertragliche Anforderungen 102
 VI. Konsequenzen des (fehlenden) Publizitätssystems 103
  1. Fehler- und Missbrauchsrisiko 103
  2. Täuschung des Rechtsverkehrs 103
  3. Aufwand und Kosten 104
  4. Zeitfaktor 105
  5. Flexibilität 105

6. Mehrfache Besicherung 106
7. Fazit 106
VII. Taugliche Sicherungsgegenstände 107
VIII. Interessenkollision und Grenzen der Privatautonomie 107
IX. Verwertung des Sicherungsgutes in der Insolvenz des Schuldners 107
1. Nichtigkeit in der Verdachtsperiode 107
2. Prioritätskonflikte 108
3. Verwertungsmöglichkeiten in der Insolvenz des Schuldners 108
4. Zwischenergebnis 109

Kapitel 3: Die neuen besitzlosen Pfandrechte im französischen Recht 111

A. Die neuen besitzlosen Pfandrechte an körperlichen Gegenständen (*gage*
   und *gage des stocks*) 111
   I. Die neuen besitzlosen Pfandrechte an körperlichen Gegenständen im
      Vergleich zur früheren französischen Rechtslage 111
      1. Terminologie 112
      2. Anwendungsbereich der besitzlosen Pfandrechte 112
         a) *Gage* 112
         b) *Gage des stocks* 113
         c) Pfandrecht an Betriebsgeräten und -anlagen 114
         d) Pfandrecht am Handelsunternehmen 115
         e) Mobiliarhypotheken 116
         f) *Warrants* 116
         g) Pfandrecht am Kraftfahrzeug 117
      3. Drittwirksamkeitsvoraussetzungen der besitzlosen Pfandrechte 117
         a) *Validité* 117
            aa) Sicherungsvertrag 117
            bb) *Essentialia negotii* 119
            cc) Akzessorietät besitzloser Pfandrechte 120
            dd) Registrierung grundsätzlich keine Entstehungsvoraussetzung 120
         b) Publizitätsakt der besitzlosen Pfandrechte 121
         c) Einzelheiten und Konsequenzen der Registerpublizität der *gage* 123
            aa) Transaktionsbezogenes Registrierungssystem 123
            bb) Indexierung 123

cc) Zugang zum Register.. 124
d) Sicherungsgegenstand der besitzlosen Pfandrechte............................. 124
   aa) Künftige Sachen 124
   bb) Sachgesamtheiten 125
   cc) Surrogate.. 126
   dd) Sukzessive Pfandrechtsbestellungen 127
e) Interessenkollisionen und Grenzen der Privatautonomie 127
4. Verwertung der besitzlosen Pfandrechte in der Insolvenz des
   Schuldners 128
   a) Nichtigkeit in der Verdachtsperiode 128
   b) Verwertungsmöglichkeiten 128
      aa) Gerichtlich geregelte Verwertung 128
         (1) Öffentliche Versteigerung... 128
         (2) Richterliche Eigentumszuweisung................................ 129
      bb) Verwertung ohne gerichtliche Mitwirkung 130
         (1) Freihändiger Verkauf 130
         (2) Verfallklausel 130
            (i) Zulässigkeit der Verfallklausel.............................. 130
            (ii) Aufschiebend bedingter Eigentumsübergang........ 131
            (iii) Gesetzliche Bedingungen für den Eigentumsübergang 132
            (iv) Zusammenfassung 133
   c) Prioritätskonflikte besitzloser Pfandrechte 133
      aa) Vorrang vor gutgläubigen Erwerbern des Pfandgegenstandes 133
      bb) Vorrang vor Massegläubigern 134
      cc) Vorrang vor privilegierten Gläubigern................................ 135
         (1) Funktion des Zurückbehaltungsrechts 135
         (2) Zurückbehaltungsrecht bei besitzlosen Pfandrechten..... 135
      dd) Prioritätskonflikte mit konkurrierenden Pfandrechten........ 137
      ee) Prioritätskonflikte zwischen Pfandrechten und *fiducie* 138
      ff) Zusammenfassung der insolvenzrechtlichen Position der
         Pfandgläubiger... 138
II. Die *gage* im Vergleich zur deutschen Sicherungsübereignung.................. 139
   1. Allgemeines.. 139
      a) Wirtschaftliche Vergleichbarkeit von *gage* und Sicherungs-
         übereignung.. 139
      b) Anwendungsbereich von *gage* und Sicherungsübereignung............... 139

2. Drittwirksamkeitsvoraussetzungen von *gage* und Sicherungsübereignung 139
3. Interessenkollisionen und Grenzen der Privatautonomie 140
4. Verwertung von *gage* und Sicherungsübereignung in der Insolvenz des Schuldners 140
   a) Verwertungsmöglichkeiten 140
   b) Prioritätskonflikte von *gage* und Sicherungsübereignung 142

B. Das neue Pfandrecht an Forderungen (*nantissement*) 143
  I. Das *nantissement* im Vergleich zur früheren Rechtslage im französischen Recht 143
     1. Allgemeines 143
        a) Entwicklung der Pfandrechte an Forderungen 143
        b) Anwendungsbereich der Forderungspfandrechte 145
           aa) Pfandrecht an gewerblichen Forderungen 145
           bb) *Nantissement* 145
     2. Drittwirksamkeitsvoraussetzungen der Forderungspfandrechte 146
        a) Vereinbarung und Formvorschriften 146
        b) Publizität 147
        c) Interessenkollisionen und Grenzen der Privatautonomie 148
     3. Sicherungsgegenstand der Forderungspfandrechte 149
        a) Künftige Forderungen 149
        b) Gesamtheit von Forderungen 150
        c) Surrogate 150
        d) Mehrfache Verpfändung derselben Forderung 151
     4. Verwertung der Forderungspfandrechte in der Insolvenz des Schuldners 151
        a) Nichtigkeit in der Verdachtsperiode 151
        b) Verwertungsmodalitäten 152
           aa) Gerichtlich geregelte Verwertung 152
              (1) Öffentliche Versteigerung 152
              (2) Gerichtliche Zuweisung 152
           bb) Außergerichtliche Verwertung 153
        c) Prioritätskonflikte der Pfandrechte an Forderungen 154
           aa) Vorrang vor gutgläubigen Erwerbern der Forderung 154
           bb) Vorrang vor Massegläubigern 154
           cc) Vorrang vor privilegierten Gläubigern 155

dd) Prioritätskonflikte mit konkurrierenden Sicherungsrechten 155
II. Das *nantissement* im Vergleich zur deutschen Sicherungsabtretung 157
   1. Allgemeines 157
      a) Generelle Ausrichtung von *nantissement* und Sicherungsabtretung 157
      b) Anwendungsbereich von *nantissement* und Sicherungsabtretung 157
   2. Drittwirksamkeitsvoraussetzungen von *nantissement* und Sicherungsabtretung 157
      a) Vereinbarung und Formvorschriften 157
      b) Publizität 158
      c) Interessenkollisionen und Grenzen der Privatautonomie 158
   3. Sicherungsgegenstand von *nantissement* und Sicherungsabtretung 158
   4. Verwertung von *nantissement* und Sicherungsabtretung in der Insolvenz des Schuldners 159
      a) Nichtigkeit in der Verdachtsperiode 159
      b) Verwertungsmöglichkeiten 159
      c) Prioritätskonflikte von *nantissement* und Sicherungsabtretung............ 160

C. Kritische Würdigung der französischen und deutschen Lösungsansätze 161
   I. Unterscheidung zwischen körperlichen Gegenständen und Rechten 161
   II. Kodifikation der französischen Pfandrechte 161
   III. Persönlicher und sachlicher Anwendungsbereich 161
   IV. Vertragliche Anforderungen 161
   V. Konsequenzen des (fehlenden) Publizitätssystems 162
      1. Fehler- und Missbrauchsrisiko 162
      2. Täuschung des Rechtsverkehrs 162
      3. Informationsquelle 163
      4. Aufwand und Kosten 164
      5. Zeitfaktor 165
      6. Flexibilität 165
      7. Mehrfache Besicherung 165
      8. Fazit 166
   VI. Taugliche Sicherungsgegenstände 166
   VII. Verwertung des Sicherungsgutes in der Insolvenz des Schuldners 166
      1. Nichtigkeit in der Verdachtsperiode 166
      2. Prioritätskonflikte 166
      3. Verwertungsmöglichkeiten in der Insolvenz des Schuldners 167

Kapitel 4: Abschließende Betrachtung des deutschen und des französischen
Mobiliarsicherungsrechts 169

A. Anwendungsbereich der besitzlosen Mobiliarsicherheiten 169
    I. Pluralistische Konzeption 169
        1. Körperliche und unkörperliche Sicherungsgegenstände 170
        2. Pfandrechte und Eigentumssicherheiten 170
        3. Zersplitterung des französischen Systems der Mobiliarsicherheiten 171
    II. Anwendungsbereich der deutschen sowie der französischen
        Mobiliarsicherheiten 173

B. Drittwirksamkeit der Mobiliarsicherheiten 174

C. Effektivität der französischen Registerpublizität 175
    I. Vielzahl von Registern 175
    II. Indexierung der Register 175
    III. Zugang zu den Registern 176
    IV. Transaktionsbezogenes Registrierungssystem 176
    V. Verbesserungswürdigkeit der Registerpublizität 177

D. Aufwand und Kosten für Bestellung, Aufrechterhaltung und Ausübung der
französischen Mobiliarsicherheiten 178

E. Französisches Pendant zu den deutschen Eigentumssicherheiten 178

F. Abschließende Stellungnahme 181

Literaturverzeichnis xxiii

Abkürzungsverzeichnis

a.A.	anderer Auffassung
a.F.	alte Fassung
Abs.	Absatz
AcP	Archiv für die civilistische Praxis
AGB	Allgemeine Geschäftsbedingungen
AL	Actualité législative (Kategorie in einigen französischen Fachzeitschriften)
ALR	Alberta Law Review
Anh.	Anhang
Anm.	Anmerkung
Art. (pl.: Artt.)	Artikel
Aufl.	Auflage
BGHZ	Entscheidungen des Bundesgerichtshofs in Zivilsachen
BKR	Zeitschrift für Bank- und Kapitalmarktrecht
Bull.civ.	Bulletin des arrêts de la Cour de Cassation, Chambre civile
bzw.	beziehungsweise
c.ass.	Code des assurances
c.cin.	Code de l'Industrie Cinématographique
c.civ.	Code civil
c.com.	Code de commerce
c.cons.	Code de consommation
c.mon.fin.	Code monétaire et financier
c.proc.civ.	Code de procédure civile
c.rur.	Code rural
CA	Cour d'appel
Cass.civ.	Cour de Cassation, Chambre civile, Section civile
Cass.com.	Cour de Cassation, Chambre civile, Section commerciale
Cass.plén.	Cour de Cassation, Assemblée plénière
CGI	Code général des impôts
chron.	Chronique (Kategorie in einigen französischen Fachzeitschriften)
CNGTC	Conseil National des Greffiers des Tribunaux de Commerce
CPI	Code de la propriété intellectuelle

Dr.et patr.	Droit et patrimoine
EBRD	European Bank for Reconstruction and Development
Einl.	Einleitung
et al.	und andere (Autoren)
f. (pl.: ff.)	folgende Seite(n)
Fn.	Fußnote(n)
h.M.	herrschende Meinung
Hrsg.	Herausgeber
INSEE	Institut national de la statistique et des études économiques
i.S.d	im Sinne des
i.V.m.	in Verbindung mit
ICLQ	International and Comparative Law Quarterly
InsO	Insolvenzordnung
IR	Informations rapides (Kategorie in einigen französischen Fachzeitschriften)
J.O.R.F.	Journal officiel de la République Française
JCP	Jurisclasseur périodique. La semaine juridique, édition générale
JCP E	Jurisclasseur périodique. La semaine juridique, édition entreprise
JCP EA	Jurisclasseur périodique. La semaine juridique, édition entreprise et affaires
Jur.	Jurisprudence (Kategorie in einigen französischen Fachzeitschriften)
JuS	Juristische Schulung
JZ	JuristenZeitung
KO	Konkursordnung
m.	mit
MDR	Monatsschrift für Deutsches Recht
NJW	Neue Juristische Wochenschrift
NJW-RR	NJW-Rechtsprechungs-Report Zivilrecht
NZI	Neue Zeitschrift für das Recht der Insolvenz und Sanierung
RabelsZ	Rabels Zeitschrift für ausländisches und internationales Privatrecht
RD	Recueil Dalloz
Rev.dr.banc.	Revue de droit bancaire et de la bourse

Rev.dr.banc.fin.	Revue de droit bancaire et financier
Rev.int.dr.comp.	Revue internationale de droit comparé
RGZ	Entscheidungen des Reichsgerichts in Zivilsachen
RIW	Recht der internationalen Wirtschaft
RJcom.	Revue de jurisprudence commerciale
RLDA	Revue Lamy Droit des Affaires
Rn.	Randnummer(n)
RTDciv.	Revue trimestrielle de droit civil
RTDcom.	Revue trimestrielle de droit commercial et de droit économique
S.	Seite; siehe
S.à r.l.	Société à responsabilité limitée
SA	Société anonyme
SC	Société civile
Sec.	Section
SGECC	Study Group on a European Civil Code
SNC	Société en nom collectif
Trib.com.	Tribunal de commerce
u.a.	unter anderem
UNCITRAL	United Nations Commission on International Trade Law
v.	von
VerwArch	Verwaltungsarchiv, Zeitschrift für Verwaltungslehre, Verwaltungsrecht und Verwaltungspolitik
vgl.	vergleiche
WM	Zeitschrift für Wirtschafts- und Bankrecht
z.B.	zum Beispiel
ZEuP	Zeitschrift für Europäisches Privatrecht
ZHR	Zeitschrift für das gesamte Handelsrecht und Wirtschaftsrecht
ZIP	Zeitschrift für Wirtschaftsrecht
zit.	zitiert

EINLEITUNG

Zumindest seit der Insolvenzrechtsreform im Jahre 1999 wurden die Grundzüge des deutschen Mobiliarsicherungsrechts nicht mehr in Frage gestellt, wenngleich bis heute immer wieder Einzelfragen – vor allem insolvenzrechtlicher Art – auftauchen.[1] In der juristischen Fachwelt Frankreichs hingegen wurde der Ruf nach einer grundlegenden Reform des Kreditsicherungsrechts in den letzten Jahren immer lauter. Gründe hierfür stellen vor allem die unbefriedigende französische und internationale Rechtslage dar.[2] Auch wuchs der Einfluss des angloamerikanischen Kreditsicherungsrechts, welches gemeinhin als flexibler, pragmatischer und effizienter als das französische angesehen wurde und drohte, die Konkurrenzfähigkeit der französischen Wirtschaft im internationalen Wettbewerb zu schwächen.[3]

Unter diesem Vorzeichen führte Frankreich mit Verordnung Nr. 2006-346 vom 23.03.2006[4] die erste umfassende Kreditreform seit Einführung des *Code civil* im Jahre 1804 durch.[5] Diese Reform wurde jedoch schon wenig später durch eine weitere juristische Revolution in den Schatten gestellt, als mit Gesetz Nr. 2007-211 vom 19.02.2007 die *fiducie* in den *Code civil* eingeführt wurde. Die schon seit mehr als 20 Jahren unternommenen Versuche, dieses Institut einzuführen, waren bisher stets gescheitert.[6]

---

[1] Kieninger, WM 2005, 2305.

[2] Zur unbefriedigenden nationalen und internationalen Rechtslage vgl. Kapitel 1, II, S. 4.

[3] Dammann, RD 2006, 1298; große französische Unternehmen griffen insbesondere auf den *Trust* zurück, um komplexe Finanzgeschäfte durchzuführen, vgl. Jamin, RD 2007, 1492; Klein/Tietz, RIW 2007, 101; EBRD *Doing Business in 2006*, 125 bewertete das französische Kreditsicherungsrecht auf dem *Legal Rights Index* mit nur 3 von 10 Punkten, während Deutschland 8 von 10 Punkte erhielt; näher zur Wechselwirkung zwischen Kreditsicherungsrecht und Wirtschaftswachstum eines Landes vgl. Kapitel 1, A, I, S. 3.

[4] Diese Verordnung basiert auf dem Bericht einer Arbeitsgruppe unter der Leitung von Professor Grimaldi, vgl. Groupe de travail, *Rapport à Monsieur Perben*; Der darauf basierende, am 08.02.2005 eingebrachte Gesetzesentwurf ist abrufbar unter Marini, *Proposition de loi instituant la fiducie*.

[5] Lisanti, RD 2006, 2671; Zu den Hintergründen der Reform vgl. die Einleitung zu Ministère de la Justice, „Rapport au Président de la République relatif à l'ordonnance n° 2006-346".

[6] Zu den zahlreichen vergeblichen Anläufen, die *fiducie* einzuführen, vgl. Barrière, RD 2007, 1346; Champaud/Danet, RTDcom. 2007, 389 m.w.N; Szemjonneck, ZEuP 2010, 562, 564 f.

Das neu geschaffene Mobiliarsicherungsrecht befindet sich aufgrund seiner bis zum heutigen Tage bestehenden dogmatischen Ungereimtheiten und technischen Mängel noch im Fluss.[7] Nachfolgend sollen die Reformen unter rechtsvergleichenden Aspekten beleuchtet und daraufhin untersucht werden, ob sie den richtigen Schritt in Richtung Modernisierung und europäische Vereinheitlichung darstellten.

---

[7] Vgl. Art. 74 Abs. 1 Nr. 9 Gesetz Nr. 2008-776 vom 04.08.2008 oder die Verordnung Nr. 2009-112 vom 30.01.2009; vgl. Piedelièvre, RD 2008, 2950.

Kapitel 1

GRUNDLAGEN

A. EINFÜHRUNG IN DIE PROBLEMATIK DES FRANZÖSISCHEN MOBILIARSICHERUNGSRECHTS

Das französische System der Kreditsicherheiten war zumindest bisher nicht homogen ausgestaltet. Daraus ergaben sich Konflikte nicht nur auf nationaler Ebene. Auch unter internationalprivatrechtlichen Gesichtspunkten bestanden Probleme, die vielen unterschiedlich ausgestalteten, sich teils sogar widersprechenden Sicherheiten anzuerkennen. Die daraus folgende Rechtsunsicherheit trug nicht gerade zur Beliebtheit des französischen Mobiliarsicherungsrechts bei.

I. Ökonomische Rechtfertigung von Sicherungsrechten

Das Ausmaß dieser Problematik erschließt sich erst vor dem Hintergrund der wirtschaftlichen Bedeutung besitzloser Mobiliarsicherungsrechte.[8] Diese sind sowohl im nationalen wie auch im internationalen Kontext für die moderne Wirtschaft unverzichtbar.[9] Zahlreiche Untersuchungen führten zu der Erkenntnis, dass die Ausgestaltung eines Kreditsicherungssystems nicht nur seine Attraktivität steigern, sondern auch die wirtschaftliche Betätigungsfreiheit des Einzelnen und sogar die wirtschaftliche Entwicklung eines Staates beeinflussen kann.[10] Geschäfte werden bevorzugt dort getätigt, wo die rechtlichen Gegebenheiten ihren Bedürfnissen am ehesten entsprechen. Besonders ausgeprägt ist dieser „juristische Darwinismus" naturgemäß im Bereich des Mobiliarsicherungsrechts, da bewegliche Sachen nahezu beliebig in andere Wirtschaftsräume verbracht werden können.[11] Insbesondere für die deutsch-französischen Wirtschaftsbeziehungen kommt dem Mobiliarsicherungsrecht eine

---

[8] Drobnig, „Vergleichender Generalbericht" in Kreuzer, *Mobiliarsicherheiten - Vielfalt oder Einheit?*, 9.

[9] Simler, JCP 2006, 3.

[10] Attal, RD 2006, 1738; Drobnig, „Vergleichender Generalbericht" in Kreuzer, *Mobiliarsicherheiten - Vielfalt oder Einheit?*, 9; McCormack, *Secured Credit under English and American Law*, 15 ff. m.w.N; UNCITRAL, *Security Interests*, Rn. 11 ff.

[11] Dammann, RD 2006, 1298, 1300.

überragende Bedeutung zu, da jedes der beiden Länder der wichtigste Exportkunde des jeweils anderen Landes ist.[12]

II. Unbefriedigende nationale und internationale Rechtslage

1. Mangelnde Funktionalität des Faustpfandrechts

Bis zu den jüngsten Reformen war das klassische Faustpfandrecht das einzige Sicherungsmittel, das der deutschen und der französischen Rechtsordnung gemeinsam war. Dessen Begründung setzte bisher eine Besitzübertragung des Pfandguts vom Schuldner auf den Gläubiger (vgl. §§ 1204 bis 1296 BGB, Artt. 2071 bis 2084 c.civ. a.F, Artt. L.91 bis 93 c.com. a.F.) oder einen vereinbarten Dritten (Art. 2076 c.civ. a.F.) voraus.[13]

Der Gläubiger erlangte die tatsächliche Sachherrschaft über das Pfandgut und damit – insbesondere durch die Gewährung eines Zurückbehaltungsrechts – eine starke Position im Sicherungsfall. Die Bestellung eines Besitzpfandrechts bot sich immer dann an, wenn die Vertragsparteien die Anonymität der Transaktion wahren oder die Kreditaufnahme des Schuldners nicht unbedingt publik machen wollten. Ein weiterer Vorteil der körperlichen Entfernung der Gegenstände aus der Sphäre des Schuldners bestand darin, dass dem Sicherungsgeschäft zugleich auch die Grundlage für eine mögliche Irreführung über die Vermögensverhältnisse des Schuldners sowie für einen Gutglaubenserwerb Dritter entzogen wurde.[14]

Diese Vorteile wogen freilich nicht die Nachteile auf, die mit einer Besitzübertragung einhergingen: Um seinen Kredit abzusichern, musste der gewerbetreibende Schuldner häufig wesentliche Teile seines gewerblichen Vermögens – wie Produktionsmittel, Transportmittel oder hergestellte Waren – verpfänden. Da ihm die Begründung eines Besitzpfandrechts die tatsächliche Nutzung dieser Pfandgegenstände entzog, war er an der Fortführung seines Unternehmens gehindert. Dies widersprach nicht nur den Interessen des Schuldners, sondern auch denjenigen des Gläubigers:

---

[12] Vgl. hierzu die Außenhandelsstatistik der Französische Botschaft in Deutschland, *Die wichtigsten Wirtschaftsindikatoren*, 2.

[13] Drobnig, „Vergleichender Generalbericht" in Kreuzer, *Mobiliarsicherheiten - Vielfalt oder Einheit?*, 9, 10.

[14] Drobnig, „Vergleichender Generalbericht" in Kreuzer, *Mobiliarsicherheiten - Vielfalt oder Einheit?*, 9, 11; zur möglichen Täuschung über die Vermögensverhältnisse des Schuldners vgl. Kapitel 3, II, 2, c), bb), (3), (ii), S. 103.

EINFÜHRUNG IN DIE PROBLEMATIK

Die Rückzahlung des Kredits hing nämlich oftmals von der Aufrechterhaltung der schuldnerischen Geschäftstätigkeit ab. Den meisten Gläubigern – man denke zum Beispiel an Banken – fehlt außerdem die Möglichkeit, das Pfandgut zu lagern oder zu warten, geschweige denn selbst zu verwenden.[15] Diese Unzulänglichkeiten ließen das Faustpfandrecht bereits vor über hundert Jahren als schwerfällig und nicht mehr zeitgemäß erscheinen. Sie steigerten den Bedarf an besitzlosen Sicherungsmitteln, welche dem Schuldner die Nutzung der Sicherungsgegenstände beließen und damit die Fortführung seiner Geschäftstätigkeit und Erhaltung seiner Hauptfinanzierungsquelle ermöglichten.[16]

2. Unterschiedliche Rechtsentwicklungen

Deutschland und Frankreich gingen die aufgezeigte Problematik verschieden an, so dass sich deren Recht der Kreditsicherheiten stark auseinander entwickelte.[17]

Um die Nachteile des Faustpfandrechts zu vermeiden, wurde in Deutschland vor allem auf das Vollrecht Eigentum zurückgegriffen:[18] Eigentumsvorbehalt, Sicherungsübereignung und Sicherungsabtretung erfordern keine Besitzübertragung. Das Sicherungsgut verbleibt im unmittelbaren Besitz des Schuldners. Da die Begründung von Eigentumssicherheiten in Deutschland auch keine anderen Publizitätsakte erfordert, geht mit ihr die Gefahr einer, dass die Vermögenslage des Schuldners nach außen hin verzerrt dargestellt wird.[19] Trotz dieser Gefahr und trotz des fehlenden Zurückbehaltungsrechts im Sicherungsfall haben sich die deutschen Eigentumssicherheiten in der Praxis bewährt und das Besitzpfandrecht inzwischen fast völlig verdrängt.

Auch in Frankreich wurde die Einführung besitzloser Eigentumssicherheiten erwogen. Diese wurden jedoch bis zu den jüngsten Reformen als unzulässige Umgehung pfandrechtlicher Vorschriften angesehen.[20] Der französische Gesetzgeber sah damit

---

[15] Drobnig, „Vergleichender Generalbericht" in Kreuzer, *Mobiliarsicherheiten - Vielfalt oder Einheit?*, 9, 11.

[16] Dammann, RD 2006, 1298.

[17] Drobnig, „Vergleichender Generalbericht" in Kreuzer, *Mobiliarsicherheiten - Vielfalt oder Einheit?*, 9, 14; Kieninger, *Mobiliarsicherheiten im Europäischen Binnenmarkt*, 23 ff.

[18] Kreuzer, *Mobiliarsicherheiten - Vielfalt oder Einheit?*, 7.

[19] Zu den Nachteilen, die sich aus der fehlenden Publizität ergeben, vgl. Kapitel 2, B, II, 2, c), bb), (3), S. 102.

[20] Zur Gesetzesumgehung vgl. Kapitel 2, A, II, S. 19.

keine andere Möglichkeit, als besitzlose Pfandrechte[21] zu schaffen, bei denen die tatsächliche Besitzübergabe fingiert oder durch andere Publizitätsakte ersetzt wurde:[22] Die größte Rolle spielten hierbei – wie noch darzulegen sein wird – Registerpfandrechte, welche in spezielle, öffentliche Register eingetragen wurden und den Gläubigern damit etwaige Belastungen des schuldnerischen Vermögens offenbarten. Aufgrund des *numerus clausus*-Grundsatzes erforderte die Einführung derartiger Registerpfandrechte eine gesetzliche Grundlage, welche der französische Gesetzgeber bevorzugt im jeweils relevanten Rechtsgebiet schuf.

3. Unzulänglichkeiten der bisherigen französischen Mobiliarsicherheiten

Diese Entwicklung nahm jedoch Überhand und führte zu einer Unzahl besitzloser Mobiliarsicherheiten, welche über zahlreiche Spezialgesetze[23] verstreut waren und lediglich einen beschränkten Anwendungsbereich hatten.[24] Bisher existierte kein besitzloses Pfandrecht, das an einem beliebigen Sicherungsgegenstand zur Sicherung beliebiger Forderungen eingesetzt werden konnte.[25] Dieses zersplitterte Kreditsicherungssystem war unübersichtlich, sorgte für Rechtsunsicherheit und hemmte die Kreditwirtschaft.[26]

Auch den Anforderungen der modernen Kreditwirtschaft waren die Sicherheiten nicht mehr gewachsen: Sie waren seit Verabschiedung des *Code civil* im Jahr 1804 niemals grundlegend reformiert worden und stießen auf zahlreiche, oftmals überholte Vorschriften und Rechtsansichten zum Schutz vor Wucherern.[27]

---

[21] Für eine Definition besitzloser Mobiliarsicherheiten vgl. Kapitel 1, B, III, S. 14.

[22] Aynès, RD 2006, 1289 f; Ferid/Sonnenberger, *Das französische Zivilrecht*, Rn. 3 D 12; Zur Entwicklung der französischen Registerpfandrechte vgl. Mezger, „Zur neuesten Entwicklung des kaufmännischen Registerpfandrechts in Frankreich", ZHR 1952, 150 ff.

[23] Man denke, um nur wenige der Spezialgesetze zu nennen, z.B. an *Code civil*, *Code de commerce*, *Code monétaire et financier*, *Code de consommation* und den *Code de la propriété intellectuelle*.

[24] Dammann, RD 2005, 2447, 2448; Lisanti, RD 2006, 2671; Näher zu den einzelnen non-possessorischen Mobiliarsicherheiten vgl. Kapitel 3, A und B, S. 111 ff, 143 ff.

[25] Kreuzer, *Mobiliarsicherheiten - Vielfalt oder Einheit?*, 7 f.

[26] Dammann, RD 2005, 2447, 2448; Legeais, *Sûretés et garanties du crédit*, Rn. 389, 443.

[27] So wurde – anders als in Deutschland – bisher die Ansicht vertreten, dass das in Art. 2078 Abs. 2 c.civ. a.F. normierte Verbot der Verfallvereinbarung der Begründung von Eigentumssicherheiten entgegenstehe, vgl. Legeais, *Sûretés et garanties du crédit*, Rn. 390; zur Reformbedürftigkeit vgl. Einleitung, S. 1.

EINFÜHRUNG IN DIE PROBLEMATIK

4. Internationalprivatrechtliche Anerkennungs- und Substitutionsprobleme

Die schon auf französischer Ebene bestehende Vielzahl von Mobiliarsicherungsrechten setzte sich auch im deutsch-französischen Rechtsverkehr fort, wo sie – begünstigt durch die in beiden Rechtsordnungen verfolgten unterschiedlichen Lösungsansätze – vollends für Verwirrung und Rechtsunsicherheit sorgte.[28]

Grundsätzlich unterliegen Mobiliarsicherheiten nach beiden Rechtsordnungen dem Recht an ihrem jeweiligen Belegenheitsort (*lex rei sitae*). Gelangt jedoch das nach der einen Rechtsordnung (Altstatut) bestellte Sicherungsgut in ein fremdes Rechtsgebiet, kommt es zu einem sachenrechtlichen Statutenwechsel. Da es im deutsch-französischen Rechtsverkehr an Vorschriften über die Anerkennung ausländischer Kreditsicherheiten fehlt, entscheidet nach der im Internationalen Sachenrecht weithin anerkannten *lex rei sitae*-Regel[29] das materielle Sachenrecht am neuen Belegenheitsort (Neustatut), ob und gegebenenfalls unter welchen Voraussetzungen das Kreditsicherungsrecht als fortbestehend anerkannt wird. Das unter dem Altstatut wirksam entstandene Sicherungsrecht wird grundsätzlich auch dann vom Neustatut anerkannt, wenn dessen Bestellung den Wirksamkeitsvoraussetzungen des Neustatuts nicht genügt hätte, aber mit der neuen Rechtsordnung vereinbar ist.[30] Schwierigkeiten ergeben sich allerdings dann, wenn das unter dem Altstatut begründete Sicherungsrecht unter dem Neustatut gar nicht bekannt ist oder nur mit erheblichen Einschränkungen bestehen kann.

Im deutschen internationalen Privatrecht wird davon ausgegangen, dass ein Statutenwechsel nur dann zum Erlöschen oder – für den Fall, dass das Sicherungsgut später wieder in den Geltungsbereich der alten Rechtsordnung zurückkehren soll – zu einer Hemmung[31] des Sicherungsrechtes führt, wenn dieses der neuen Rechtsord-

---

[28] Zu den Anerkennungs- und Substitutionsproblemen im deutsch-französischen Rechtsverkehr vgl. Hübner, ZIP 1980, 825 ff.

[29] Diese Grundregel des Internationalen Sachenrechts dient dazu, das anwendbare Recht zu bestimmen. Sie ist mittlerweile in Art. 43 EGBGB normiert und war schon bisher in Deutschland gewohnheitsrechtlich anerkannt, vgl. BGH NJW 1987, 3077, 3079; Basedow, RabelsZ 1995, 41 m.w.N; Staudinger/Stoll, ISR, Rn. 123 m.w.N; Wilhelm, *Sachenrecht*, Rn. 376; in Frankreich wird die Kollisionsnorm des Art. 3 c.civ. auch auf Mobilien ausgedehnt, welche damit in sachenrechtlicher Hinsicht der *lex rei sitae* unterliegen, vgl. Audit, *Droit international privé*, Rn. 740; Battifol/Lagarde, *Traité de droit international privé*, Rn. 280.

[30] Vgl. Art. 43 Abs. 2 EGBGB; Basedow, RabelsZ 1995, 41; Wilhelm, *Sachenrecht*, Rn. 381.

[31] Nach h.M. lebt ein wirksam begründetes Recht wieder auf, wenn die Sache wieder in die frühere Rechtsordnung gelangt, vgl. Palandt/Thorn, *BGB*, Art. 43 EGBGB, Rn. 5; Staudinger/Stoll, *ISR*, Rn. 356; Kropholler, *Internationales Privatrecht*, § 54 III 1 c.

nung so fremd ist, dass es mit den – sowohl in der französischen als auch der deutschen Sachenrechtsordnung geltenden – Grundsätzen des *numerus clausus* und der inhaltlichen Typenfixierung der Sicherungsrechte in krassem Widerspruch steht.[32] Welche Grenzen der *numerus clausus* der Fortgeltung unbekannter ausländischer Rechtsinstitute setzt, ist umstritten: Nach der „Hinnahmetheorie" geht der Schutz der unter dem Altstatut erworbenen Rechte dem *numerus clausus* der deutschen Sachenrechte vor, so dass die bei Statutenwechsel bereits begründeten Rechte akzeptiert werden müssen.[33] Nach der wohl vorherrschenden „Transpositionslehre" müssen ausländische Rechtsinstitute im Interesse des internationalen Rechtsverkehrs zwar anerkannt, aber zum Schutz des inländischen Rechtsverkehrs in funktionsadäquate Institute des deutschen Rechts umgedeutet werden.[34] Damit nimmt die deutsche Rechtsprechung eine großzügige Haltung gegenüber ausländischen Mobiliarsicherheiten ein, so dass ausländische Rechtsinstitute, die dem deutschen Recht nicht geläufig sind, in der Regel in deutsche Sicherheiten umgewandelt und durchsetzbar gemacht werden können.[35]

Hingegen wurden deutsche besitzlose Mobiliarsicherheiten zumindest vor den französischen Reformen fast immer für mit dem französischen *ordre public* unvereinbar gehalten, weil sie eine Umgehung zwingender pfandrechtlicher Regeln darstellten.[36]

---

[32] Wilhelm, *Sachenrecht*, Rn. 382 m.w.N.

[33] Vgl. MüKo/Wendehorst, *BGB*, Art. 43 EGBGB, Rn. 152 f; Staudinger/Stoll, *ISR*, Rn. 358.

[34] OLG Karlsruhe, WM 2003, 584; Wilhelm, *Sachenrecht*, Rn. 382; Wenn beispielsweise ein Lastkraftwagen, an dem ein französisches, besitzloses Pfandrecht an Kraftfahrzeugen bestellt wurde, auf deutsches Hoheitsgebiet fährt, stellt sich die Frage, wie ein solches, dem deutschen Recht unbekanntes (vgl. §§ 1205 f. BGB) besitzloses Pfandrecht behandelt wird. Der BGH hat die Vergleichbarkeit mit dem deutschen Sicherungseigentum bejaht und damit das Fortbestehen des besitzlosen Pfandrechtes anerkannt, vgl. BGH, BGHZ 39, 173 ff; Kieninger, *Mobiliarsicherheiten im Europäischen Binnenmarkt*, 33; Wilhelm, *Sachenrecht*, Rn. 382. Auch eine italienische Autohypothek ist nach Ansicht des BGH mit der deutschen Sachenrechtsordnung vereinbar und mit einer deutschen Sicherungsübereignung zu vergleichen, vgl. BGH, NJW 1991, 1415 (Leitsatz). Generell sind die Publizitätsanforderungen im deutschen Recht geringer als nach ausländischem Recht, weshalb eine Anerkennung ausländischer Sicherungsrechte in Deutschland wahrscheinlicher ist als umgekehrt. So erkannte der BGH einem nach italienischem Recht nur relativ wirksamen Eigentumsvorbehalt Wirkung *erga omnes* zu, sobald die gelieferte Ware nach Deutschland verbracht wurde, vgl. BGH, BGHZ 45, 95 ff.

[35] Vgl. BGH, BGHZ 39, 173 ff. (französisches Pfandrecht an Kraftfahrzeugen); BGH, NJW 1991, 1415 (italienische Autohypothek); BGH, BGHZ 45, 95 ff. (italienischer Eigentumsvorbehalt); Hübner, ZIP 1980, 825, 828 f; Kieninger, *Mobiliarsicherheiten im Europäischen Binnenmarkt*, 33; vgl. auch die von der Europäischen Kommission in Auftrag gegebene Studie von Bar/Drobnig, *Study on Property Law and Non-contractual Liability Law*, 333.

[36] Attal, RD 2006, 1738 m.w.N; Zum strikten Umgehungsverbot in Frankreich vgl. Kapitel 2, A, II, S. 19. So wurde z.B. die Sicherungsübereignung eines Lastkraftwagens, welcher sich auf einer Fahrt durch Frankreich befand, vom französischen Kassationshof nicht anerkannt: der Siche-

Die oben genannten Anerkennungsprobleme stellten sich damit weitgehend als einseitiges, deutsches Problem dar. Deutsches Sicherungsgut konnte damit nicht auf französisches Rechtsgebiet verbracht werden, ohne dass der Verlust des daran bestellten Sicherungseigentums befürchtet werden musste.[37] Mangels Publizität wurde diesen Sicherheiten in der Regel die Drittwirksamkeit abgesprochen oder nur unter den in Frankreich zu beachtenden Formen und Publizitätsvorschriften anerkannt. Der deutsche Sicherungseigentümer lief damit vor allem in der Insolvenz des Schuldners Gefahr, leer auszugehen, da er mangels Anerkennung seines Sicherungsrechts lediglich als Massegläubiger behandelt wurde und kein Vorzugsrecht hatte.[38]

5. Heterogenität der Kreditsicherheiten als Handelshemmnis im deutsch-französischen Rechtsverkehr

Der Erfolg oder Misserfolg grenzüberschreitender Handelsbeziehungen hängt in hohem Maße von der Durchsetzbarkeit der bestellten Mobiliarsicherheiten im Land des Geschäftspartners ab. Man denke nur an Sicherungsgegenstände wie etwa Transportmittel, die regelmäßig die Grenzen überschreiten, oder an Unternehmen, die Anlagegüter mit einem Sicherungsrecht belasten und später in eine ihrer ausländischen Niederlassungen verbringen.

Die betroffenen – vor allem deutschen – Marktteilnehmer reagierten auf die eben dargestellten Probleme in der Regel mit einer Beschränkung ihrer Geschäftstätigkeit auf den heimischen Markt, einem Ausweichen auf andere, oftmals kostenintensivere Kreditsicherungsmittel (wie zum Beispiel Bankbürgschaften) oder einem völligen Verzicht auf Sicherungsrechte. Die damit verbundenen höheren Kosten oder Risiken werden regelmäßig auf den Preis der Exportwaren aufgeschlagen.[39] Durch diese

---

rungsvertrag enthalte eine Pfandverfallklausel, welche gegen den französischen *ordre public* verstoße, vgl. Cass.civ. AWD 1969, 454, 459. Bis zu den Reformen bestimmten nämlich Artt. 2076 c.civ. a.F, L.521-2 Abs. 1 c.com. a.F, dass das Sicherungsrecht nur bestehe, wenn der Besitz am Sicherungsgegenstand auf den Schuldner oder einen vereinbarten Dritten übergeben werde; Zu den Liberalisierungstendenzen vgl. jedoch Bar/Drobnig, *Study on Property Law and Non-contractual Liability Law*, 332.

[37] Attal, RD 2006, 1738 m.w.N; Graham-Siegenthaler, *Kreditsicherungsrechte im internationalen Rechtsverkehr*, 167, 345 f, 355; Hübner, ZIP 1980, 825, 828 f; Kieninger, *Mobiliarsicherheiten im Europäischen Binnenmarkt*, 221 ff.

[38] Hübner, ZIP 1980, 825, 828-830.

[39] Vgl. die von der Europäischen Kommission in Auftrag gegebene Studie von Bar/Drobnig, *Study on Property Law and Non-contractual Liability Law*, 336; Bar/Drobnig, *The interaction of contract law and tort and property law in Europe*, 468;

Problematik, verbunden mit der im grenzüberschreitenden Handel bestehenden Rechtsunsicherheit, erlitten vor allem deutsche Gläubiger verheerende Wettbewerbsnachteile.[40]

6. Tragender Motivationsgrund für die jüngsten Reformen

Die jüngsten Reformen des französischen Kreditsicherungsrechts stellten den Versuch dar, die vorstehend genannten Probleme zumindest auf französischer Ebene zu lösen. Insbesondere sollte das Kreditsicherungsrecht modernisiert werden, um dessen Rechtssicherheit und -klarheit zu steigern. Es sollte übersichtlicher, verständlicher und effizienter gestaltet werden, ohne jedoch das bis dato geltende Interessengleichgewicht oder die französische Rechtstradition unnötig zu stören.[41] Weiterer wesentlicher Grund für die Reformen war das Bestreben des französischen Gesetzgebers, dem angloamerikanischen Kreditsicherungsrecht ein ebenso flexibles und praxistaugliches Sicherungsinstrument gegenüberzustellen, um den Wirtschaftsstandort Frankreich im internationalen Wettbewerb zu stärken.[42]

---

[40] Basedow, RabelsZ 1995, 41, 43 ff; Kieninger, WM 2005, 2305, 2306 m.w.N; Von Bar/Drobnig, *The interaction of contract law and tort and property law in Europe*, 468.

[41] Insbesondere sollten Bestellung und Verwertung von Mobiliarsicherheiten erleichtert und ihr Anwendungsbereich erweitert werden, vgl. Aynès, RD 2006, 1289; Legeais, JCP 2006, 12, 13; Simler, JCP 2006, 3 f.

[42] Dammann, RD 2006, 1298; vgl. zu den Hintergründen der Reform bereits die Einleitung auf S. 1 sowie die Erwägungen des französischen Justizministeriums: Ministère de la Justice, „Rapport au Président de la République relatif à l'ordonnance n° 2006-346" (Einleitung).

B. Gegenstand der Untersuchung und Gang der Darstellung

I. Ziel der Arbeit

Es wird zu untersuchen sein, ob die vorstehenden Probleme mit den jüngsten Reformen gelöst werden konnten. Ziel der Arbeit ist es, vor dem Hintergrund des deutschen Mobiliarsicherungsrechts die wesentlichen Grundzüge der neuen besitzlosen Mobiliarsicherheiten in Frankreich aufzuzeigen. Im Vordergrund soll damit das aktuelle französische Recht der besitzlosen Mobiliarsicherheiten stehen. Um Stärken und Schwächen des französischen Systems aufzuzeigen, soll die aktuelle französische Rechtslage dem heutigen deutschen besitzlosen Mobiliarsicherungsrecht gegenüber gestellt werden, welches im Wesentlichen als bekannt vorausgesetzt wird.

Um jedoch das Verständnis für die Zusammenhänge und Verbesserungen im aktuellen französischen Mobiliarsicherungsrecht zu erleichtern, sollen zunächst Parallelen zur französischen Rechtslage vor der Reform aufgezeigt werden, welche sogar größtenteils noch fort gilt.

Außerdem lässt sich das Kreditsicherungsrecht in seiner Komplexität nur unter Berücksichtigung sachen- sowie insolvenzrechtlicher Aspekte verstehen, weshalb auch diese nicht ausgespart werden sollen.

Zunächst sollen jedoch einige begriffliche und systematische Fragen geklärt werden, die zum Verständnis der „neuen besitzlosen Mobiliarsicherheiten" erforderlich sind.

II. Mobiliarsicherheiten

Der Begriff „Mobiliarsicherungsrecht" (*sûreté mobilière*) wird sowohl in Deutschland als auch in Frankreich als Sammelbegriff für Sicherungsrechte an beweglichen Gegenständen und Forderungen gebraucht. Sie stehen damit zunächst im Gegensatz zu Sicherheiten an Grundstücken. Des Weiteren sind sie als Kategorie der Realsicherheiten (*sûreté réelle*)[43] von den Personalsicherheiten (*sûretés personnelles*)[44] ab-

---

[43] Cabrillac/Mouly, *Droit des sûretés*, 411 ff; Ferid/Sonnenberger, *Das französische Zivilrecht*, Rn. 3 D 3.

[44] Personalsicherheiten – wie Bürgschaften oder selbständige Garantieverträge – bieten dem Gläubiger die Möglichkeit, für seine Forderung nicht nur den Hauptschuldner, sondern auch weitere Personen persönlich in Anspruch zu nehmen, vgl. Legeais, *Sûretés et garanties du crédit*, Rn. 1,

zugrenzen, wozu beispielsweise die Bürgschaft zählt. Lange Zeit war umstritten, ob eine Sicherheit an beweglichen Sachen, die nicht vom Schuldner, sondern in seinem Interesse von einem Dritten bestellt wurde (*cautionnement réel*), als Bürgschaft oder Realsicherheit anzusehen sei. Art. 2334 c.civ. stellt nun klar, dass der Gläubiger nur in den Sicherungsgegenstand und nicht persönlich gegen den Sicherungsgeber vollstrecken kann. Das *cautionnement réel* stellt daher eine reguläre Realsicherheit dar, auf die nicht weiter eingegangen werden soll.

Die französischen Mobiliarsicherheiten sind mittlerweile in Art. 2329 c.civ. definiert und unterteilen sich in gesetzliche Privilegien (*privilèges mobiliers*)[45], Pfandrechte an körperlichen (*gage de meubles corporels*) und unkörperlichen Sachen (*nantissement de meubles incorporels*) sowie Eigentumssicherheiten wie Eigentumsvorbehalt, Sicherungsabtretung und -übereignung (*propriété retenue ou cédée à titre de garantie*).[46] Unter dem Begriff der „Eigentumssicherheit" werden alle Sicherungsrechte zusammengefasst, die darauf basieren, dass dem Gläubiger – wenn auch nur vorübergehend zum Zweck der Sicherung einer Forderung – das Eigentum an körperlichen Gegenständen oder die Inhaberschaft von Rechten oder Forderungen eingeräumt wird.[47] Dabei dient das Vollrecht funktional als Sicherheit, verschafft dem Gläubiger rechtlich jedoch mehr Befugnisse, als er unter wirtschaftlichen Aspekten zur Sicherung seiner Forderung benötigt.

Im Blickpunkt sollen nur die neu eingeführten, besitzlosen Mobiliarsicherheiten stehen, wozu *gage*, *nantissement*, das handelsrechtliche Pfandrecht an Warenlagern (*gage des stocks*) sowie die neue Eigentumssicherheit an körperlichen Gegenständen und Forderungen (*fiducie*) gehören. Diese werden funktionell den bisherigen

---

373; Simler, „Das Recht der Mobiliarsicherheiten in Frankreich" in Kreuzer, *Mobiliarsicherheiten - Vielfalt oder Einheit?*, 105, 107.

[45] Zu den *privilèges mobiliers* vgl. Cabrillac/Mouly, *Droit des sûretés*, 511 ff, 523 ff.

[46] Artikel 2329 c.civ. wurde mit der Verordnung Nr. 2009-112 vom 30.01.2009 eingeführt, welche sich ausschließlich auf die *fiducie* bezog. Es lassen sich daher wohl nicht unbedingt Schlüsse auf die Zulässigkeit der einfachen Sicherungsabtretung ziehen; Für eine Übersicht über die vor der Reform zur Verfügung stehenden Eigentumssicherheiten vgl. Drobnig, „Vergleichender Generalbericht" in Kreuzer, *Mobiliarsicherheiten - Vielfalt oder Einheit?*, 9, 16.

[47] Kuhn, Dr.et patr. 2007, 32; Witz, *Festschrift für Reinhold Trinkner*, 795; Zu den verschiedenen Formen französischer Eigentumssicherheiten nach der Reform vgl. Cabrillac/Mouly, *Droit des sûretés*, 429.

GEGENSTAND DER UNTERSUCHUNG UND GANG DER DARSTELLUNG

„echten" Sicherungsrechten gegenüber gestellt, also nur solchen, die vertraglich[48] begründet werden können und ausschließlich einem Sicherungszweck dienen.[49]

Zu den deutschen Mobiliarsicherheiten in diesem Sinne zählen das Pfandrecht an beweglichen Sachen und Rechten (§§ 1204 bis 1296 BGB), Eigentumsvorbehalt (§ 449 BGB), Sicherungsübereignung (§§ 929 S. 1, 930 BGB) und Sicherungsabtretung (§ 398 BGB). Da besitzlose Pfandrechte nach deutschem Recht nicht vertraglich, sondern nur auf gesetzlichem Wege entstehen können,[50] soll im Folgenden nur auf besitzlose Eigentumssicherheiten des deutschen Rechts eingegangen werden.

Die Autorin hat sich nicht zum Ziel gesetzt, die Mobiliarsicherungsrechte erschöpfend abzuhandeln. Obwohl beispielsweise der Eigentumsvorbehalt (*réserve de propriété*) unstreitig zu den besitzlosen Mobiliarsicherheiten zählt, soll nicht weiter auf diesen eingegangen werden. Denn nicht nur das deutsche, sondern auch das französische Recht kennt den – zumindest einfachen – Eigentumsvorbehalt schon lange. Spätestens seitdem der französische Eigentumsvorbehalt mit der Verordnung Nr. 2006-346 vom 23.03.2006 in Artt. 2367 bis 2372 c.civ. kodifiziert wurde, bestehen keine Zweifel mehr hinsichtlich seiner Wirksamkeit.[51] Zum Eigentumsvorbehalt beider Rechtsordnungen wurden außerdem bereits mehr als genügend wissenschaft-

---

[48] Auf gesetzliche Privilegien wird nur im Zusammenhang mit Prioritätskonflikten eingegangen werden; Näher zu den gesetzlichen Privilegien vgl. Ferid/Sonnenberger, *Das französische Zivilrecht*, Rn. 2 D 201 ff; Der Anwendungsbereich der Pfandrechte kraft richterlicher Anordnung (*nantissements judiciaires*) ist beschränkt und bezieht sich systematisch auf den einstweiligen Rechtsschutz; Näher zu den Pfandrechten kraft richterlicher Anordnung vgl. Legeais, *Sûretés et garanties du crédit*, Rn. 519 ff; Simler, „Das Recht der Mobiliarsicherheiten in Frankreich" in Kreuzer, *Mobiliarsicherheiten - Vielfalt oder Einheit?*, 105, 106 f.

[49] Zur Definition „echter Sicherungsrechte" vgl. Drobnig, RabelsZ 1996, 40, 42; so wird im Rahmen dieser Arbeit z.B. nicht auf das Finanzierungsleasing (*crédit-bail*, Art. L.313-7 c.mon.fin.) eingegangen werden, welches in der französischen Rechtswissenschaft teilweise als Sicherungsrecht verstanden wird; Kritisch zur Sicherungsfunktion des Leasing Legeais, *Sûretés et garanties du crédit*, Rn. 377.

[50] Vgl. z.B. das Pfandrecht des Gastwirtes oder Vermieters an eingebrachten Sachen oder das Pfandrecht des Werkunternehmers an den von ihm hergestellten oder ausgebesserten Sachen (§§ 704, 562 Abs. 1, 578 Abs. 1, 647 BGB).

[51] Das französische Gesetz bietet mittlerweile – ähnlich wie das deutsche Recht – nicht nur die gesetzlichen Voraussetzungen zur Begründung eines einfachen Eigentumsvorbehalts (Art. 2367 c.civ.), sondern auch zur Vereinbarung einiger seiner Verlängerungsformen: So können die Sicherungsparteien vereinbaren, dass sich der Eigentumsvorbehalt an Surrogaten der ursprünglichen Kaufsache fortsetzen soll, beispielsweise wenn diese vertretbar ist und sie durch neue Waren vergleichbarer Art und Güte ersetzt wird (Art. 2369 c.civ.). Wenn die ursprüngliche Sache weiterverkauft oder zerstört wird, erstreckt sich der Eigentumsvorbehalt auch auf den Erlös aus dem Weiterverkauf oder die jeweilige Versicherungsleistung (Art. 2372 c.civ.). Auch der Einbau der Sache lässt den Eigentumsvorbehalt nicht untergehen, wenn die ursprüngliche Sache wieder unbeschadet von der neu hergestellten Sache getrennt werden kann (Art. 2370 c.civ.).

13

liche Abhandlungen geschrieben.[52] Diese haben nach wie vor Aussagekraft, da die Kodifizierung des Eigentumsvorbehalts im Wesentlichen nur die in diesem Bereich ergangene Rechtsprechung bestätigte und zu keinen nennenswerten Änderungen führte.[53]

Die Systematik der Darstellung orientiert sich an der bewährten funktionellen Einteilung der Mobiliarsicherungsrechte in Eigentumssicherheiten (Kapitel 2) und beschränkt dingliche Sicherungsrechte (Kapitel 3). Dieser Dualität ist auch der französische Reformgesetzgeber mit der Einführung der Pfandrechte *gage* und *nantissement* auf der einen und der Eigentumssicherheit *fiducie* auf der anderen Seite gefolgt.[54]

III. Besitzlose Mobiliarsicherheiten

Ob eine Mobiliarsicherheit als besitzlos zu qualifizieren ist, hängt von der verwendeten Definition ab.

Die traditionelle Terminologie stellt auf die Besitzlage des Gläubigers ab. Besitzlose Mobiliarsicherheiten sind danach solche Sicherheiten, bei denen dem Gläubiger keine tatsächliche Sachherrschaft an den beweglichen Gegenständen eingeräumt wird.

Nach anderer Ansicht ergibt die Unterscheidung zwischen possessorischen und nicht-possessorischen Mobiliarsicherheiten vor allem aus einem vollstreckungsrechtlichen Blickwinkel Sinn. Da die §§ 808 ff. ZPO für die Zwangsvollstreckung auf den Gewahrsam und damit den unmittelbaren Besitz an den Pfandgegenständen abstellen, wäre es auch denkbar darauf abzustellen, ob der Schuldner unmittelbaren Besitz an den Sicherungsgegenständen hat oder nicht.[55] Für diese Unterscheidung

---

[52] Zum französischen *Eigentumsvorbehalt* vgl. Cabrillac/Mouly, *Droit des sûretés*, 625 ff.

[53] Crocq, JCP 2006, 23, 24 f; Klein/Tietz, RIW 2007, 101, 105.

[54] Teilweise wird vertreten, dass es dem Gesetzgeber mehr auf eine Trennung zwischen körperlichen und unkörperlichen Sachen ankommt, vgl. Legeais, RTDcom. 2006, 636, 637; Diese Aussage mochte noch auf die mit der Verordnung Nr. 2006-346 vom 23.03.2006 bewirkten Reform zugetroffen haben, welche sich fast ausschließlich auf Pfandrechte bezog. Allerdings zeigt die separate Einführung der *fiducie*, wie wichtig dem Gesetzgeber eine funktionelle Unterscheidung zwischen Pfandrechten und Eigentumssicherheiten ist.

[55] Drobnig, „Vergleichender Generalbericht" in Kreuzer, *Mobiliarsicherheiten - Vielfalt oder Einheit?*, 9, 18.

aus Sicht des Schuldners spricht außerdem, dass es für diesen von größtem Interesse ist, ob er die Sicherungsgegenstände weiterhin benutzen darf.

Um jedoch Verwirrungen zu vermeiden, wird im Folgenden an der herkömmlichen Terminologie festgehalten: Nur solche Mobiliarsicherheiten sind als besitzlos zu qualifizieren, die keine Übertragung des unmittelbaren Besitzes auf den Gläubiger erfordern. Dies entspricht auch der in Frankreich favorisierten Begrifflichkeit, welche unter anderem von Pfandrechten ohne Besitzentäußerung (*gages sans dépossession*) in Abgrenzung zu Pfandrechten mit Besitzentäußerung (*gages avec dépossession*) spricht.

Kapitel 2

DIE *FIDUCIE* IM FRANZÖSISCHEN RECHT

A. ENTSTEHUNGSGESCHICHTE DER *FIDUCIE*

Statt Kreditgeschäfte mittels beschränkt dinglicher Pfandrechte abzusichern, ist es denkbar, auf Eigentumssicherheiten[56] (*fiducie-sûretés* oder *propriété-sûretés*) zurückzugreifen. Wie bereits oben dargelegt, wird bei einer Eigentumssicherheit das unbeschränkte Eigentum am Sicherungsgegenstand oder die Inhaberschaft von Rechten oder Forderungen vorübergehend zu Sicherungszwecken auf den Gläubiger übertragen. Das rechtliche Können des Gläubigers im Verhältnis zu Dritten übersteigt dabei das rechtliche Dürfen im Innenverhältnis zwischen den Sicherungsparteien, welches sich nach dem Sicherungsvertrag richtet. Aufgrund dieser überschießenden dinglichen Rechtsmacht handelt es sich bei Eigentumssicherheiten um Formen der Treuhand.

Auf den ersten Blick könnte man annehmen, dass das in Frankreich geltende Konsensprinzip[57] die Anerkennung besitzlosen Sicherungseigentums begünstigte. Denn anders als im deutschen Recht wird nicht zwischen schuldrechtlichem Kausalgeschäft und dinglicher Verfügung unterschieden, so dass es zur Entstehung des Sicherungsrechts im Verhältnis zwischen den Sicherungsparteien neben der *causa* keines zusätzlichen dinglichen Aktes in Form einer Besitzübertragung bedarf.[58] Doch obwohl die Treuhand nach einhelliger Meinung einen sehr alten Ursprung hat[59] und obwohl sie nach und nach in die Rechtssysteme einiger Partner- und Wettbewerbsstaaten Frankreichs integriert wurde,[60] war sie in der französischen

---

[56] Für eine Definition des Begriffes „Eigentumssicherheiten" vgl. Kapitel 1, B, II, S. 12.

[57] Das Konsensprinzip ergibt sich aus Artt. 711, 1138 Abs. 2, 1583 2117 Abs. 3 c.civ, vgl. Courdier-Cuisinier, RTDciv. 2005, 521 ff; Ferid/Sonnenberger, *Das französische Zivilrecht*, Rn. 3 A 233, 3 B 109; Mazeaud/Picod *Leçons de droit civil*, Rn. 247; Kritisch zum Konsensprinzip Chazal/Vicente, RTDciv. 2000, 477 ff.

[58] Stadler, *Gestaltungsfreiheit und Verkehrsschutz durch Abstraktion*, 30 ff, 56 f. m.w.N.

[59] Die Sicherungstreuhand soll bis ins alte Ägypten der Pharaonen, das antike Griechenland und das Römische Reich (*fiducia cum creditore*) zurück reichen, vgl. Kuhn, Dr.et patr. 2007, 32; Wolter, *Treuhandrecht im Umbruch?*, 2 m.w.N.

[60] So wird mittlerweile in Deutschland, Italien, Japan, Libanon, Luxemburg, Québec, Russland und der Schweiz auf das Institut der Treuhand zurückgegriffen, vgl. Prüm/Witz/Luther, ZEuP 2006, 817 ff.

Rechtsordnung und -praxis bislang nicht existent.[61] Zwar griff die Praxis schon lange vor Einführung der *fiducie* auf treuhänderische Mechanismen zurück, die sich des Eigentums als Sicherungsgrundlage bedienten. So stellte der weit verbreitete Eigentumsvorbehalt eine zulässige Eigentumssicherheit dar.[62] Teilweise wurden auch Geldsicherheiten (*gage-espèces*) als Sicherungsübereignung von Geldsummen angesehen. In Wirklichkeit handelte es sich hierbei jedoch um besitzlose irreguläre Pfandrechte, bei denen der Eigentumsübergang erst durch Vermischung stattfand.[63] Sie stellten damit keine Eigentumssicherheiten im engeren Sinne dar. Dasselbe gilt für die treuhänderischen Mechanismen, welche insbesondere von der Bankenpraxis entwickelt wurden: Auch wenn sie funktionell als Kreditsicherheit dienten, handelte es sich nicht um echte Sicherheiten.[64] Die französische Literatur vertrat nur ganz vereinzelt die Ansicht, dass sich die Sicherungstreuhand auch im französischen Recht aus allgemeinen Rechtsgrundsätzen ableiten lasse.[65] Gerade das Konsensprinzip spielte für die französische Zurückhaltung eine wesentliche Rolle. Diesem zufolge muss der Rechtsgrund des Geschäfts nämlich grundsätzlich auf die endgültige Übertragung gerichtet sein, um dingliche Wirkungen zu entfalten.[66] Die eben genannten quasifiduziarischen Sicherheiten zeigten jedenfalls, dass die Verwendung des Eigentums als Sicherheit mit dem französischen Rechtssystem durchaus vereinbar war. Doch erst mit Gesetz Nr. 2007-211 vom 19.02.2007 wurde die *fiducie* eingeführt und in den Artt. 2011 bis 2030 c.civ. geregelt.

---

[61] Larroumet, RD 2007, 1350, 1351; Marini, RD 2007, 1347; Zur historischen Entwicklung der *fiducie* vgl. Champaud/Danet, RTDcom. 2007, 728, 730 ff; Wolter, *Treuhandrecht im Umbruch?*, 15 ff, 25; Witz, *La fiducie en droit privé français*, 19 ff; Diese Isolation des französischen Rechts drohte, die Attraktivität des Rechts- und Wirtschaftsstandorts Frankreich in Frage zu stellen, vgl. Barrière, JCP EA 2007, 13; Dupichot, JCP 2007, 5; Witz, RD 2007, 1369.

[62] Auf den Eigentumsvorbehalt soll jedoch aus den in Kapitel 1, B, II, S. 13 genannten Gründen nicht weiter eingegangen werden.

[63] Legeais, *Sûretés et garanties du crédit*, Rn. 448; Dies war äußerst umstritten, dürfte nun aber der h.M. entsprechen, vgl. Synvet, Dr.et patr. 2005, 64, 69, 71.

[64] Zu denken ist unter anderem an Leasing, „close-out", „global netting", rechtsgeschäftlichen Gläubigereintritt, allgemeine Forderungsfonds, Pensionsgeschäfte, Anweisungen, Schuldumwandlung, die Diskontierung von Wechseln oder die Übergabe von Wertpapieren zu Sicherungszwecken, vgl. Hübner/Constantinesco, *Einführung in das französische Recht*, 206; Larroumet, RD 2007, 1350, 1351.

[65] So zum Beispiel Grimaldi, Répertoire Defrénois 1991, Art. 35085, 911 ff. und Witz, *La fiducie en droit privé français*, 313 f; Wolter, *Treuhandrecht im Umbruch?*, 44; Teilweise wird auch heute noch ein Rückgriff auf die Treuhand römischen Ursprungs befürwortet, vgl. Aynès, RD 2007, 961, 962; Larroumet, RD 2007, 1350, 1352.

[66] Stadler, *Gestaltungsfreiheit und Verkehrsschutz durch Abstraktion*, 30 ff.

I. Scheingeschäft

Die Zurückhaltung des französischen Rechts bei der Einführung der *fiducie* war zunächst Ausdruck der Sorge, dass diese zu Scheingeschäften, Steuerflucht oder Geldwäsche missbraucht werden könnte.[67] Die Verschaffung eines Vollrechts sei funktionell nicht nötig, um die Forderung des Gläubigers abzusichern. Den Sicherungsparteien ginge es in Wirklichkeit um eine verdeckte Verpfändung, weshalb die Eigentumsübertragung zu Sicherungszwecken als nichtiges Scheingeschäft (*simulation*) angesehen wurde.[68]

Der Einwand eines Scheingeschäfts ging jedoch schon vor der Reform fehl: Zum Einen ist bei einer Eigentumssicherheit die Übertragung des Eigentums auf den Gläubiger ernsthaft gewollt.[69] Denn nur so kann die nachteilige, beim Pfandrecht erforderliche Besitzübergabe vermieden und dem Gläubiger eine möglichst starke Rechtsposition verschafft werden. Zum Anderen würde selbst das Vorliegen eines Scheingeschäfts nicht zur Nichtigkeit der Eigentumsübertragung führen, sondern lediglich Dritten das Recht verleihen, sich auf das verdeckte Geschäft zu berufen (Art. 1321-1 c.civ.).[70] Letzteren stünde damit möglicherweise Schadensersatzansprüche gegen den Schuldner zu – der Sicherungsgläubiger hätte in Zwangsvollstreckung und Insolvenz dennoch die starke Stellung eines dinglich gesicherten Gläubigers.

II. Gesetzesumgehung

Weiterhin wurde die Begründung besitzloser Eigentumssicherheiten als eine unzulässige, den Kreditverkehr gefährdende Umgehung zwingender pfandrechtlicher Schutzvorschriften (*fraude à la loi*) angesehen.[71]

Zum Einen werde der pfandrechtliche Publizitätsgrundsatz umgangen, welcher nach bisherigem Recht entweder eine Besitzübergabe oder eine Registereintragung erfor-

---

[67] Jamin, RD 2007, 1492; Szemjonneck, ZEuP 2010, 562, 565.
[68] Wolter, *Treuhandrecht im Umbruch?*, 38; Ausführlich hierzu Dagot/Hebraud *La simulation en droit privé*.
[69] Zur vergleichbaren Argumentation in der belgischen Literatur vgl. T' Kint, *Le trust et la fiducie*, 249; Van Boxstael, R.G.D.C. 1992, 217, 219.
[70] Wolter, *Treuhandrecht im Umbruch?*, 29 f, 38.
[71] Fitzau, *Mobiliarsicherheiten im französischen und deutschen Insolvenzrecht*, 10.

derte (Artt. 2071, 2076 c.civ. a.F.). Da das französische Registersystem nicht für die Eintragung von Eigentumssicherheiten ausgelegt sei, fehle es an der erforderlichen Erkennbarkeit von Sicherungsrechten.[72] Auch dieser Vorwurf wurde schon vor der Reform durch die Anerkennung des Eigentumsvorbehalts entkräftet, welcher ebenfalls den Publizitätsgrundsatz durchbrach.[73] Mit der neuerdings eingeführten Möglichkeit, die *fiducie* eintragen zu lassen, ist dieser Einwand nun völlig unbegründet.

Der wichtigste Einwand war aber wohl, dass besitzlose Eigentumssicherheiten gegen das pfandrechtliche Verbot der Verfallvereinbarung (*pacte commissoire*) verstießen (Artt. 2078 Abs. 2 c.civ. a.F, L.93 Abs. 4 c.com.). Mit einer Verfallklausel vereinbaren die Parteien den Übergang des Eigentums auf den Gläubiger. Im Sicherungsfall ist nämlich nicht nur denkbar, die Befriedigung des Gläubigers dadurch zu bewirken, dass dieser das Sicherungsgut verwerten darf. Denkbar ist auch, dass ihm das Eigentum am Sicherungsgegenstand zu seiner Befriedigung übertragen wird. Um zu verhindern, dass dem Gläubiger für geringe Forderungen hochwertige Sicherungsgegenstände zu Eigentum zufallen, durften Verfallvereinbarungen nicht vor Eintritt des Sicherungsfalles getroffen werden. Nach Eintritt des Sicherungsfalles hingegen war das Risiko einer unangemessenen Bereicherung des Gläubigers kalkulierbar, so dass dann das Verbot mangels Schutzwürdigkeit des Schuldners nicht mehr galt. Auch im Rahmen der *fiducie* wird die Eigentumsübergang schon vor Eintritt des Sicherungsfalles vorgenommen. Auch wenn diese sofort und nicht erst aufschiebend bedingt auf den Sicherungsfall erfolgt, sind damit Unsicherheiten für den Schuldner verbunden. Die Reform vom 23.03.2006 räumte mit den althergebrachten Bedenken auf und hob das Verbot für Verfallvereinbarungen auf, so dass der Vorwurf des inzwischen aufgehobenen Verbotes heute nicht mehr im Raum steht.

---

[72] Fitzau, *Mobiliarsicherheiten im französischen und deutschen Insolvenzrecht*, 246; Hübner, ZIP 1980, 825, 830; Wolter, *Treuhandrecht im Umbruch?*, 38 f.

[73] Witz, *La fiducie en droit privé français*, 253; Wolter, *Treuhandrecht im Umbruch?*, 43; Zwar stellte der Eigentumsvorbehalt nach Ansicht der französischen Rechtsprechung kein Sicherungsrecht dar, vgl. Schulz, *Der Eigentumsvorbehalt in europäischen Rechtsordnungen*, 161 ff. – funktional jedoch handelte es sich beim Eigentumsvorbehalt schon vor der Reform um nichts anderes als ein Sicherungsrecht und wurde in der Praxis auch als solches verwendet; Mit seiner jüngsten Kodifizierung in Artt. 2367 ff. c.civ. im Buch IV des *Code civil* über die Sicherheiten wurde diese Sicherungsfunktion des Eigentumsvorbehalts mittlerweile in Gesetzesform gegossen.

Auch der Vorwurf, Eigentumssicherheiten verstießen als gesetzlich nicht vorgesehene Sicherungsrechte gegen den sachenrechtlichen Grundsatz des *numerus clausus*, ist spätestens mit Kodifizierung der *fiducie* nicht mehr haltbar.[74]

Selbst nach Einführung der *fiducie* war es noch umstritten, ob dieses Rechtsinstitut zu Sicherungszwecken vereinbart werden kann.[75] Denn die *fiducie* wurde zunächst nach dem Vorbild des angloamerikanischen *Trusts* gebildet und sollte nicht primär die Aufgabe eines Sicherungsrechts erfüllen, sondern vielmehr als steuerlich begünstigtes Verwaltungsinstrument dienen.[76] Auch wenn der Gesetzgeber die *fiducie* vorrangig als Verwaltungsinstrument geschaffen hat und sie sich möglicherweise auch eher als solches eignet,[77] hat der Gesetzgeber die Frage, ob die *fiducie* als Sicherungsinstrument verwendet werden kann, mit Einführung der Artt. 2372-1, 2373, 2329 Nr. 4 c.civ. positiv entschieden.[78] Der doppelten Funktion der *fiducie* entspricht auch ihre systematische Verortung zwischen den speziellen Vertragstypen im dritten Buch des *Code civil* und den Sicherungsrechten, die im vierten Buch geregelt sind.[79]

Wie viel Anklang die *fiducie* in der Kreditsicherungspraxis findet, wird die Zukunft zeigen müssen. Schon jetzt sei jedoch darauf hingewiesen, dass erst kurz vor Einführung der *fiducie* auch das Pfandrechtssystem reformiert und deutlich optimiert wurde. Da die besitzlosen Pfandrechte der französischen Rechtsordnung weniger

---

[74] Cass.com. v. 19.12.2006, JCP EA 2007, 13 m. Anm. Cohen-Branche/Legeais; Crocq, RD 2007, 1354, 1357 f; Delpech, RD 2007, 76, 78; Lange, NJW 1950, 565, 566.

[75] Vgl. die Nachweise bei Aynès, RD 2007, 961 f. und Larroumet, RD 2007, 1350, 1352; die h.M. bejahte dies schon bisher unter Verweis auf die Gesetzesmaterialien und die weite Definition des Art. 2011 c.civ, vgl. Dammann/Podeur, RD 2007, 1359; Prüm, Rev.dr.banc.fin. 2007, 1, 2.

[76] Larroumet, RD 2007, 1350 f; Witz, RD 2007, 1369, 1370; Trust und *fiducie* ist z.B. gemeinsam, dass den Begünstigten die wirtschaftliche Nutzungsmöglichkeit der Vermögensgegenstände verbleibt, das Eigentum an den übertragenen Gegenständen aber auf den Treuhänder/ Trustee übergeht. Bei der *fiducie* beruht dieses Erfordernis auf der Begründung eines Zweckvermögens, beim Trust auf der Unterscheidung zwischen *legal ownership* (welche dem Trustee zufällt) und *equitable ownership* (welche dem Begünstigten verbleibt). Abgesehen vom französischen Erfordernis der räumlichen Trennung der Vermögensmassen, welche der Trust nicht zwingend vorsieht, laufen beide Konstruktionen auf dasselbe Ergebnis hinaus.

[77] Dammann/Podeur, RD 2008, 2300, 2302; Dargent, RD 2008, 2133; Larroumet, RD 2007, 344, 345 f; Artt. 2011 ff. c.civ. erweisen sich für die Sicherungstreuhand häufig als völlig unpassend. So macht z.B. die in Artt. 2017, 2027 c.civ. vorgesehene Möglichkeit, den Gläubiger im Fall einer Pflichtverletzung gerichtlich zu ersetzen oder vorläufig einen anderen Treuhänder zu ernennen, im Rahmen eines Sicherungsverhältnisses keinen Sinn. Auch insofern ähnelt die *fiducie* dem Trust, welcher ein Verwaltungs- und kein Sicherungsinstrument ist.

[78] Legeais, *Sûretés et garanties du crédit*, Rn. 411.

[79] Grimaldi, Répertoire Défrénois 1991, Art. 35094, 961 f.

fremd sind als Eigentumssicherheiten, dürfte das neue Rechtsinstitut der *fiducie* zunächst weiterhin auf Zurückhaltung stoßen.

B. Die *FIDUCIE* an körperlichen Gegenständen

I. Die *fiducie* an körperlichen Gegenständen im Vergleich zur früheren französischen Rechtslage

1. Allgemeines

a) Generelle Ausrichtung der *fiducie*

Artikel 2011 c.civ. definiert die *fiducie* als ein Geschäft, durch das ein Treugeber (*constituant*) gegenwärtige oder künftige Gegenstände, Rechte oder Sicherheiten oder eine entsprechende Gesamtheit auf einen Treuhänder (*fiduciaire*) überträgt, welcher diese getrennt von seinem privaten Vermögen hält und zu einem bestimmten Zweck für einen Begünstigten (*bénéficiaire*) tätig wird.

Der Gesetzgeber spricht lediglich von „Übertragung", ohne diese näher zu konkretisieren. Es stellt sich daher die Frage, ob damit eine Eigentums- oder Besitzübertragung auf den Gläubiger oder eventuell sogar beides gemeint ist.[80]

In der französischen Literatur besteht weitgehend Einigkeit darüber, dass der Treuhänder dinglich vollwirksamer Eigentümer der Sicherungsgegenstände wird.[81] Für einen Eigentumsübergang sprechen nicht nur die Gesetzesmaterialien und die systematische Verortung der *fiducie* im dritten Buch des *Code civil*, welches die verschiedenen Arten des Eigentumserwerbs betrifft. Auch Art. 2329 Nr. 4 c.civ. stellt klar, dass Sicherheiten in Form einer Eigentumsübertragung bestellt werden können. Dass der Gesetzgeber die Eigentumsübertragung nicht beim Namen nennt, dürfte damit zu erklären sein, dass die französische Lehre sich nur schwer an die Vorstellung eines „beschränkten" Eigentums gewöhnen kann. Das Treuhandeigentum ist nämlich im Gegensatz zum herkömmlichen Eigentum zeitlich und durch den Sicherungszweck beschränkt.[82] Im Rahmen der *fiducie* erfolgt die Eigentumsübertragung nur zu Sicherungszwecken und vorübergehend, unterliegt Beschränkungen

---

[80] Zur Frage, ob der französische Gesetzgeber angesichts seiner Wortwahl („Übertragung") die Begründung der *fiducie* von einer Besitzübertragung abhängig machen wollte, wird unter Kapitel 2, B, I, 2, b), bb), S. 30 eingegangen werden.

[81] Barrière, JCP EA 2007, 13, 15 f; Kuhn, Dr.et patr. 2007, 32, 34; Larroumet, RD 2007, 1350.

[82] Barrière, JCP EA 2007, 13, 16; näher zu dieser Beschränkung vgl. S. 28.

und stellt jedenfalls keine klassische Übereignung dar.[83] Dies ändert jedoch nichts an seiner Rechtsnatur als Eigentum.[84]

Mit der *fiducie* wollte der Reformgesetzgeber ein treuhänderisches Rechtsinstitut schaffen, das im Einklang mit Frankreichs zivilistischer Rechtstradition steht, ohne jedoch die Funktionen des *Trusts* aus den Augen zu verlieren.[85] Auch wenn der Gesetzgeber die *fiducie* vorrangig als Verwaltungsinstrument geschaffen hat, ist ihre Verwendung als Sicherungsinstrument zulässig.[86]

b) Anwendungsbereich der *fiducie*

aa) Sachlicher Anwendungsbereich

Die *fiducie* unterliegt weder hinsichtlich des tauglichen Sicherungsgutes noch hinsichtlich der zu sichernden Forderungen Einschränkungen (Art. 2011 c.civ.) und hat damit einen äußerst großen Anwendungsbereich.[87]

bb) Persönlicher Anwendungsbereich

(1) Doppelfunktion von Treugeber und Treuhänder

Anders als die Verwaltungstreuhand kennt die Sicherungstreuhand keinen Drittbegünstigten. Um eine Sicherungstreuhand zu begründen, muss also die in Art. 2011 c.civ. vorgesehene Dreiecksbeziehung zwischen Treugeber, Treuhänder und Begünstigtem auf eine zweiseitige Vertragsbeziehung reduziert werden.[88] Nach Art. 2016 c.civ. ist es zulässig, dass sowohl Treugeber als auch Treuhänder die Funktion des Begünstigten ausüben. Der Treuhänder („Gläubiger") wird durch die Gewährung eines Sicherungsrechts begünstigt, welches ihn bei Eintritt des Sicherungsfalls zur Verwertung des Treuguts berechtigt. Der Treugeber („Schuldner") ist deshalb Begünstigter der Treuhand, weil er das Eigentum am Sicherungsgut nach

---

[83] Die Rede ist u.a. von „*propriété dégradée*", „*propriété finalisée*" oder „*propriété modelée*", vgl. Mallet-Bricout, „Fiducie et propriété" in Bros/Mallet-Bricout, *Liber amicorum Christian Larroumet*, 297, 315 f; Marini, RD 2007, 1347; Richemont, *Proposition de loi instituant la fiducie*, 12.

[84] Kuhn, Dr.et patr. 2007, 32.

[85] Larroumet, RD 2007, 1350 f; Witz, RD 2007, 1369, 1370.

[86] Zur Zulässigkeit der Verwendung der *fiducie* als Sicherungsinstrument vgl. bereits S. 17.

[87] Dammann/Podeur, RD 2007, 1359; Dupichot, JCP 2007, 5.

[88] Larroumet, RD 2007, 1350; Marini, RD 2007, 1347.

Beendigung des Treuhandvertrages zurückerhält, wenn er seiner gesicherten Verpflichtung nachgekommen ist.[89] Wirtschaftlich betrachtet haben ohnehin beide Nutzen von dem Gesamtgeschäft und sind damit begünstigt.

(2) Einschränkungen des persönlichen Anwendungsbereichs

Sicherungspartei kann nur sein, wer seinen Wohnsitz oder Geschäftssitz in der Europäischen Union oder einem Staat hat, der mit Frankreich ein Abkommen zur Bekämpfung von Steuerhinterziehung und -flucht abgeschlossen hat.[90] Erklären lässt sich diese Einschränkung mit dem vom französischen Gesetzgeber verfolgten Ziel, der Verlagerung der finanziellen Geschäftstätigkeit außerhalb der Europäischen Union entgegenzuwirken und damit die französischen Finanzmärkte zu stärken. Die Beschränkung auf solche Personengruppen, die steuerlichen Überprüfungen unterzogen werden können, soll außerdem verhindern, dass die Treuhandtechnik zur Umgehung zivil- und steuerrechtlicher Vorschriften missbraucht wird.[91]

Im Übrigen wird der persönliche Anwendungsbereich der Treugeber nicht weiter eingeschränkt. Mit Abschaffung des zunächst in den *Code civil* eingefügten Art. 2014 S. 1 c.civ. a.F. können nun alle geschäftsfähigen natürlichen Personen[92] oder juristischen Person des privaten oder öffentlichen Rechts eine *fiducie* bestellen.[93]

Ganz im Gegensatz zum deutschen Recht kann die Funktion des Sicherungsnehmers nur durch bestimmte Kreditinstitute, Dienstleistungs-, Beteiligungs- und Versicherungsunternehmen sowie Rechtsanwälte ausgeübt werden (Art. 2015 c.civ.).[94] Damit

---

[89] Kuhn, Dr.et patr. 2007, 32, 37, 39.

[90] Art. 13 Gesetz Nr. 2007-211 vom 19.02.2007, vgl. Leroyer/Rochfeld, RTDciv. 2007, 412, 414; Entgegen der Ansicht von Szemjonneck (ZEuP 2010, 562, 569) wurde diese Bestimmung nicht durch Gesetz Nr. 2008-776 vom 04.08.2008 gestrichen.

[91] Jamin, RD 2007, 1492; Leroyer/Rochfeld, RTDciv. 2007, 412, 415; Prüm, Rev.dr.banc.fin. 2007, 1.

[92] Besonders für natürliche Personen, die unter Vormundschaft oder Pflegschaft stehen, wurden einige Schutzvorschriften eingeführt, vgl. Artt. 2022 Abs. 2, 445, 468 Abs. 2, 509 c.civ; Minderjährige können keine *fiducie* begründen (Art. 408-1 c.civ.); An Gesamtgut kann nur mit Einwilligung beider Eheleute eine *fiducie* begründet werden (Art. 1424 c.civ.), vgl. Dammann/Podeur, RD 2008, 2300, 2301; Dargent, RD 2008, 2133.

[93] Cabrillac/Mouly, *Droit des sûretés*, Rn. 843; Dammann/Podeur, RD 2008, 2300, 2301; Dargent, RD 2008, 2133.

[94] Cabrillac/Mouly, *Droit des sûretés*, Rn. 844; Erfasst werden Kreditinstitute i.S.d. Art. L.511-1 c.mon.fin, Dienstleistungsunternehmen i.S.d. Art. L.518-1 c.mon.fin, Beteiligungsunternehmen i.S.d. Art. L.531-4 c.mon.fin. und Versicherungsunternehmen im i.S.d. Art. L.310-1 c.ass; Han-

kann eine *fiducie* beispielsweise die Forderungen von Banken oder der öffentlichen Hand, nicht aber von Privatpersonen oder herkömmlichen Unternehmen absichern.[95]

Der Gesetzgeber hatte vor allem die Verwaltungstreuhand vor Augen und wollte mit der Beschränkung des Gläubigerkreises nicht nur ein Minimum an Kompetenz in Vermögensangelegenheiten gewährleisten, sondern auch das Geldwäscherisiko minimieren. Diese Ziele werden dadurch erreicht, dass die in Art. 2015 c.civ. genannten Organisationen strenger staatlicher Aufsicht unterliegen.[96]

Der Beschränkung dürfte des Weiteren die Vorstellung vom Vermögen als wirtschaftlichem Spiegelbild einer Person zugrunde liegen.[97] Die Aufspaltung dieses Vermögens durch die Begründung eines separaten Zweckvermögens erschien dem Gesetzgeber offensichtlich als zu gewagt.

Die Beschränkung auf den genannten Personenkreis ermöglicht zwar eine effektive Kontrolle der Wirtschaftsaktivitäten, enthält die *fiducie* aber bedauerlicherweise ebenso effektiv solchen Personengruppen vor, die eines starken Sicherungsrechts bedürfen.[98] Die Beschränkung macht für die Sicherungstreuhand ohnehin keinen Sinn, denn Bedenken hinsichtlich mangelnder Vermögensverwaltungskompetenz oder Scheingeschäften sind hier in der Regel nicht angebracht.[99]

Außerdem erscheint die Auswahl der tauglichen Gläubiger als willkürlich. So ist es zum Beispiel nicht verständlich, weshalb die *fiducie* für Rechtsanwälte, nicht aber für sonstige Vertreter juristischer Berufe – wie zum Beispiel Notare oder Steuerberater – geöffnet wurde, welche ebenfalls strengen gesetzlichen Anforderungen unterliegen.[100] Auch die Idee vom Vermögen als wirtschaftlichem Spiegelbild einer Person rechtfertigt die gesetzlich getroffene Differenzierung nicht. Nachvollziehbar

---

delt es sich bei dem Gläubiger um einen Anwalt, verliert er mit einem etwaigen Verlust seiner Anwaltszulassung zugleich sein Sicherungsrecht (Art. 2029 c.civ.).

[95] Dammann/Podeur, RD 2007, 1359, 1360; Runte, RIW 2005, 511 f.
[96] Sie bedürfen schon zur Aufnahme ihrer Tätigkeit einer staatlichen Genehmigung und unterliegen einer ständigen Aufsicht durch die Verwaltungsbehörden (Börsenaufsicht, Bankenaufsicht und Versicherungskontrollbehörde), vgl. Jamin, RD 2007, 1492; Kuhn, Dr.et patr. 2007, 32, 39 m. Fn. 34.
[97] Dupichot, JCP 2007, 5; Leroyer/Rochfeld, RTDciv. 2007, 412, 418.
[98] Aynès, RD 2007, 961, 962; Leroyer/Rochfeld, RTDciv. 2007, 412, 416.
[99] Aynès, RD 2007, 961 f; Larroumet, RD 2007, 1350, 1352.
[100] Dargent, RD 2008, 2133; Marini, RD 2007, 1347, 1348.

wäre es lediglich gewesen, wenn der Gesetzgeber die Möglichkeit der Begründung eines separaten Zweckvermögens auf kapitalistisch strukturierte Gesellschaften beschränkt hätte.

2. Wirksamkeitsvoraussetzungen der *fiducie* an körperlichen Gegenständen

a) Unterscheidung zwischen *validité* und *opposabilité*

Im französischen Rechtssystem ist stets zwischen der Wirkung eines Rechts *inter partes* und derjenigen *erga omnes* zu unterscheiden. Auch die Bestellung von Sicherheiten an Gegenständen (*sûreté réelle*) bedeutet nicht automatisch deren dingliche Wirksamkeit *erga omnes*. Vielmehr wird im Hinblick auf die Wirksamkeit von Sicherungsrechten zwischen „*validité*" und „*opposabilité*" unterschieden.

Validité betrifft die reine Existenz des Sicherungsrechts und die Wirksamkeit zwischen den Sicherungsparteien, *opposabilité* dessen Wirksamkeit gegenüber jedermann (Drittwirksamkeit).[101] Die Drittwirksamkeit bewirkt den bestmöglichen Schutz des Gläubigers: In der Regel gewährt es ihm ein Folgerecht (*droit de suite*), welches einen gutgläubigen lastenfreien Erwerb Dritter verhindert, sowie ein Recht auf abgesonderte Befriedigung (*droit de préférence*), welches den Grundsatz der gleichmäßigen Gläubigerbefriedigung umgeht.[102] Vor diesem Hintergrund konzentrieren sich die nachfolgenden Ausführungen auf die Drittwirksamkeit der Mobiliarsicherungsrechte.

b) Drittwirksamkeitsvoraussetzungen der *fiducie* an körperlichen Gegenständen

Grundvoraussetzung für die Drittwirksamkeit (*opposabilité*) eines jeden Sicherungsrechts ist zunächst die Wirksamkeit des Sicherungsrechts zwischen den Parteien (*validité*). Diese erfordert zumindest den Abschluss einer wirksamen Sicherungsvereinbarung.[103] Letztere entfaltet zunächst nur zwischen den Sicherungsparteien Wirksamkeit und kann nicht ohne Weiteres Dritten entgegengehalten werden.[104]

---

[101] Legeais, *Sûretés et garanties du crédit*, Rn. 343, 347.
[102] Boffa, RD 2007, 1161; näher hierzu vgl. S. 27 f, 49.
[103] Zur Wirksamkeit der Sicherungsvereinbarung vgl. unten aa).
[104] CA Angers v. 26.03.1985, RD 1986, 537, 539 m. Anm. Contamine-Raynaud; Fitzau, *Mobiliarsicherheiten im französischen und deutschen Insolvenzrecht*, 1 f; Legeais, *Sûretés et garanties du crédit*, Rn. 342.

Die Vornahme von Publizitätsakten ist in der Regel erst zur Bewirkung der Drittwirksamkeit zwingend erforderlich. Das Gesetz sieht jedoch für einige Sicherungsrechte – so auch für die *fiducie*[105] – schon zur Wirksamkeit *inter partes* die Erfüllung gewisser Publizitätstatbestände vor.[106]

aa) Sicherungsvertrag der *fiducie*

Mindestvoraussetzung für das Entstehen der *fiducie* zwischen den Parteien ist der Abschluss einer wirksamen, schriftlichen Sicherungsvereinbarung (Art. 2012 c.civ.).

Der Schriftform genügt – wie bei anderen Sicherungsrechten auch – grundsätzlich die privatschriftliche Form (Art. 1322 ff. c.civ.).[107] Der Abschluss von Sicherungsverträgen in elektronischer Form ist nur für berufliche Zwecke zugelassen (Art. 1108-2 Nr. 2 c.civ.). Eine notarielle Beurkundung (Art. 1317 c.civ.) dürfte im Zusammenhang mit Mobiliarsicherungsrechten kaum erforderlich werden.[108]

Der Sicherungsvertrag muss gewisse *essentialia negotii* enthalten (Artt. 2018, 2372-2 c.civ.). So müssen die Parteien nicht nur ihre Identität[109], sondern auch den Sicherungszweck offenlegen, der das treuhänderische Eigentum im Gegensatz zu herkömmlichem Eigentum beschränkt.

Der Schuldner überträgt seinem Gläubiger das Eigentum nur zur Sicherheit und damit grundsätzlich nur vorläufig – auch die Dauer der Übertragung ist im Vertrag anzugeben, welche maximal 99 Jahre betragen kann (Art. 2018 Nr. 2 c.civ.).[110]

---

[105] Zu den schon im Rahmen der Wirksamkeit *inter partes* erforderlichen Publizitätsvoraussetzungen der *fiducie* vgl. unten bb).

[106] Zu den allgemeinen Voraussetzungen der Drittwirksamkeit vertraglich begründeter Rechte vgl. Ghestin/Jamin/Billiau, *Traité de droit civil*, Rn. 739; Simler, „Das Recht der Mobiliarsicherheiten in Frankreich" in Kreuzer, *Mobiliarsicherheiten - Vielfalt oder Einheit?*, 105, 115; Crocq, *Propriété et garantie*, Rn. 331.

[107] Dammann/Podeur, RD 2007, 1359, 1360; Dupichot, JCP 2007, 5, 6.

[108] Strengere Formerfordernisse sind nur zu beachten, wenn diese gesetzlich vorgesehen sind: so ist z.B. eine notarielle Beurkundung erforderlich, wenn die *fiducie* an ehelichem Gesamtgut, an Miteigentum oder an Immobilien begründet wird (Art. 2012 Abs. 2 c.civ.), vgl. Runte, RIW 2005, 511, 512; Szemjonneck, ZEuP 2010, 562, 571.

[109] Im Fall der Sicherungstreuhand erübrigt sich eine spätere Benennung des Begünstigten im Sinne des Art. 2019 Abs. 3 c.civ, da Schuldner und Gläubiger diese Funktion ausüben und diese bereits zur Zeit des Vertragsschlusses feststehen.

[110] Der Wortlaut des Art. 2018 Nr. 2 c.civ. verlangt hierbei keine genaue Bezifferung der Übertragungsdauer. Es erscheint vielmehr als ausreichend, den Übertragungszeitraum von der Rückzahlung des gesicherten Darlehens abhängig zu machen.

Da die Verfügungsgewalt klassischerweise dem Eigentümer und damit nach Begründung der *fiducie* eigentlich dem Gläubiger zusteht (Art. 544 c.civ.), müssen die Parteien im Rahmen der Sicherungsvereinbarung ausdrücklich festhalten, dass der Besitz dem Schuldner verbleiben und welche Verfügungsbefugnisse dem Gläubiger zustehen sollen (Art. 2017, 2018 Nr. 6, 2022 c.civ.).[111] Den Sicherungsgläubiger trifft regelmäßig die Pflicht, nicht über das Sicherungsgut zu verfügen. Diese Verfügungsbeschränkung entfaltet nur Innenwirkung zwischen den Parteien. Im Verhältnis zu gutgläubigen Dritten steht dem Gläubiger ein unbeschränktes Verfügungsrecht zu (Art. 2023 c.civ.).[112] Mangels öffentlicher Einsehbarkeit genügt der Eintrag in das *fiducie*-Register nicht, um die Gutglaubensvermutung zu beseitigen. Um den guten Glauben Dritter zu zerstören, kann jedoch auf Publizitätsvorschriften zurückgegriffen werden, die für die Pfandrechtsbestellung an den jeweiligen Sicherungsgegenständen vorgesehen sind. Für diese Ansicht spricht Art. 2021 Abs. 2 c.civ, der einen Rückgriff auf externe Publizitätsvorschriften erlaubt.[113]

Weiterhin trifft den Sicherungsgläubiger die Pflicht, das Sicherungsgut getrennt von seinem Privatvermögen zu halten (Art. 2011 c.civ.)[114] und wieder auf den Schuldner zurück zu übertragen, wenn der Schuldner die gesicherte Forderung erfüllt hat.

Darüber hinaus müssen die Sicherungsgegenstände zumindest bestimmbar sein und deren geschätzter Wert angegeben werden (Artt. 2018 Nr. 1 S.1, 2372-2 c.civ.). Es ist jedoch nicht zwingend erforderlich, dass die Sicherungsgegenstände bereits zum Zeitpunkt des Vertragsabschlusses bestehen. Sollen sie erst künftig entstehen, muss der Vertrag zumindest die Kriterien für deren spätere Bestimmung festlegen (Art. 2018 Nr. 1 S. 2 c.civ.).

Fraglich ist, ob dies auch hinsichtlich der gesicherten Forderung gilt. Artikel 2372-2 c.civ. verlangt zwingend die Angabe der gesicherten Forderung. Es stellt sich daher

---

[111] Dammann/Podeur, RD 2008, 2300, 2301; Kuhn, Dr.et patr. 2007, 32, 36, 38.

[112] Barrière, JCP EA 2007, 13, 15; Kuhn, Dr.et patr. 2007, 32, 43.

[113] Vgl. Dammann/Podeur, RD 2007, 1359, 1360; Dupichot, JCP 2007, 5, 7.

[114] Dupichot, JCP 2007, 5; Dabei geht es nicht so sehr darum, eine Vermischung der Vermögensmassen zu verhindern. Eine solche ist schon dadurch ausgeschlossen, dass die Sicherungsgegenstände im Besitz des Schuldners bleiben. Vielmehr geht es um die dogmatische Aufspaltung des Gläubigervermögens in mehrere Vermögensmassen. Mit der strukturellen Trennung zwischen dem persönlichen Vermögen des Gläubigers und seinem Treuhandvermögen hat das französische Gesetz ein echtes Zweckvermögen (*patrimoine fiduciaire*) geschaffen (vgl. auch Art. 2021 c.civ.), vgl. Kuhn, Dr.et patr. 2007, 32, 40 f.

die Frage, ob die *fiducie* akzessorisch zur gesicherten Forderung ist und daher nur zugunsten eines Gläubigers bestellt werden kann, dem tatsächlich eine Forderung gegen den Schuldner zusteht. Französische Sicherungsrechte sind herkömmlicherweise streng akzessorisch, in ihrem Bestand also abhängig von der gesicherten Forderung (vgl. Artt. 2488 Nr. 1, 2332 Nr. 2 c.civ.).[115] Etwas anderes gilt jedoch hinsichtlich der *fiducie*, welche – wie Eigentumsrechte im Allgemeinen – von der zu sichernden Forderung unabhängig und damit nicht akzessorisch ist (vgl. nur Art. 2372-5 c.civ.).[116]

Mangels Akzessorietät ist – auch wenn Art. 2372-2 c.civ. diesbezüglich keine Bestimmungen trifft – eine Bestellung der *fiducie* auch für künftige Forderungen denkbar. Wie im Fall künftiger Sicherungsgegenstände muss es genügen, dass die Parteien Kriterien zur Bestimmung der künftigen Forderung angeben.

bb) Publizitätsakt

Das französische Sachenrecht wird maßgeblich bestimmt durch den Grundsatz der Publizität, welcher durch den *ordre public* geschützt wird und vor allem eine Täuschung Dritter über die wirtschaftlichen Verhältnisse des Schuldners verhindern soll. Dieser ist zwar nicht allgemein normiert. Aus einer Zusammenschau der im französischen Recht existenten sicherungsrechtlichen Vorschriften ergibt sich jedoch, dass zur Wirksamkeit der Bestellung von Sicherungsrechten stets die Übergabe des unmittelbaren Besitzes am Sicherungsgegenstand oder die Vornahme einer Registereintragung erforderlich ist.[117]

Sicherungsübereignungen, welche ohne Besitzübertragung auf den Gläubiger erfolgten, wurden bisher insbesondere wegen Umgehung dieses Publizitätsprinzips für unzulässig gehalten. Diese Bedenken sind jedoch mit Einführung der *fiducie* entfallen. Wenn Art. 2011 c.civ. von einer „Übertragung" des Sicherungsguts spricht, so ist damit eine Übertragung des Eigentums, nicht notwendigerweise auch des Besitzes vom Schuldner auf den Gläubiger gemeint. Dies ergibt sich zunächst aus der *ra-*

---

[115] Crocq, RD 2007, 1354, 1356; Ferid/Sonnenberger, *Das französische Zivilrecht*, Rn. 3 D 8 f; Zur Akzessorietät der Position des Vorbehaltskäufers vgl. Cass.com. v. 15.03.1988, RD 1988, Jur, 330 m. Anm. Pérochon; Cass.com. v. 11.07.1988, RTDcom. 1988, 656 m. Anm. Cabrillac/Teyssié.

[116] Witz, JCP E 1993, 231, 233 f.

[117] Vgl. beispielsweise die pfandrechtlichen Vorschriften der Artt. 2071, 2076 c.civ. a.F.

tio der *fiducie*, welche nur eine Eigentumsübertragung erfordert.[118] Auch das Konsensprinzip macht die Eigentumsübertragung nicht von einem Publizitätsakt in Form einer Besitzübergabe oder eines Übergabesurrogates abhängig (Art. 1583 c.civ.).[119] Schließlich zeigen auch Art. 2018-1 c.civ.[120] und Art. L.624-16 Abs. 1 c.com, dass die Konstruktion einer besitzlosen *fiducie* möglich ist: Trotz treuhänderischer Übertragung des Sicherungsgegenstandes kann dem Schuldner dessen wirtschaftlicher Nutzen verbleiben.[121] Der Schuldner muss dem Gläubiger also weder den unmittelbaren Besitz noch die wirtschaftliche Nutzungsmöglichkeit an den Sicherungsgegenständen einräumen.

Die Begründung eines Zweckvermögens ist gemäß Art. 2011 c.civ. Definitionsbestandteil der *fiducie*[122] und gibt dem Gläubiger auf, das Sicherungsgut räumlich getrennt von seinem Privatvermögen zu halten. Da der unmittelbare Besitz ohnehin dem Schuldner verbleibt, ist diese Voraussetzung regelmäßig erfüllt. Zur Begründung eines Zweckvermögens sieht das Gesetz keine Markierung der separaten Vermögensmassen vor, so dass sich mit der Begründung eines Zweckvermögens keine Publizitätswirkung erzielen lässt.

Eine gewisse Publizität lässt sich aber im Hinblick auf den Publizitätsgrundsatz nicht vermeiden. Die Durchbrechung der Lehre von der Einheit des Vermögens ist nur dann zulässig, wenn die Aufspaltung von Vermögensmassen dem Transparenzgebot genügt.[123] Schon zur Wirksamkeit *inter partes* muss die *fiducie* registriert werden, wenn sie ohne Besitzübergabe erfolgt. Sowohl die Bestellung der *fiducie* als auch die Übertragung der sich aus dem Treuhandvertrag ergebenden Rechte wie auch der Austausch der gesicherten Forderung müssen innerhalb eines Monats ab

---

[118] De Guillenchmidt, Rev.dr.banc. 1990, 105, 106.

[119] Kuhn, Dr.et patr. 2007, 32, 34.

[120] Dem Schuldner kann das Recht gewährt werden, das treuhänderisch übereignete Handelsunternehmen weiterhin zu nutzen (Art. 2018-1 c.civ.).

[121] Dammann/Podeur, RD 2008, 2300, 2301 f.

[122] Hierdurch wird die Vertragsautonomie der Sicherungsparteien beschränkt, so dass diese nicht auf die Begründung eines Zweckvermögens verzichten und stattdessen den vollkommenen Eigentumsübergang in das persönliche Vermögen des Gläubigers vereinbaren können; a.A. jedoch Aynès, RD 2007, 961, 962, demzufolge den Gläubiger im Fall der unbedingten Übereignung jedenfalls eine Rückübereignungspflicht nach Forderungserfüllung treffe.

[123] Kuhn, Dr.et patr. 2007, 32, 36; Leroyer/Rochfeld, RTDciv. 2007, 412, 419. Dass die klassische Theorie von der Einheit des Vermögens überholt ist, zeigt auch die Einführung der EIRL („*l'entrepreneur individuel à responsabilité limitée*") mit Gesetz Nr. 2010-658 vom 15.06.2010, welche in dem Einzelunternehmer zwar keine juristische Person sieht, diesem aber durch die Schaffung eines separaten Zweckvermögens vermögensrechtlichen Schutz gewährt.

Vertragsschluss beim Finanzamt am Sitz oder Wohnort des Gläubigers eingetragen werden (Artt. 2019 Abs. 1, 2372-5 Abs. 3 c.civ.).[124]

Wollen die Parteien also eine Darlehensforderung mittels einer *fiducie* absichern, so müssen sie – schon zur Wirksamkeit *inter partes* – neben dem Darlehensvertrag eine Sicherungs- oder Treuhandvereinbarung treffen und diese registrieren lassen. Im Hinblick darauf, dass die Begründung der *fiducie* von den oben genannten drei Voraussetzungen abhängt, erscheint es legitim, von einer „Dreistufigkeit" der *fiducie* zu sprechen. Insofern stellt die *fiducie* eine Besonderheit des französischen Rechts dar, welchem eine solche dreistufige Konstruktion aufgrund des Konsensprinzips grundsätzlich fremd ist.[125] Nach dem Konsensprinzip geht das Eigentum – wenn nichts Gegenteiliges vereinbart ist – unverzüglich auf den Gläubiger über, sobald die Parteien den Sicherungsvertrag wirksam abgeschlossen haben (Art. 1138 c.civ.).[126] Hierfür spricht auch Art. 2018-2 S. 1 c.civ, demzufolge es für die Drittwirksamkeit der *fiducie* nicht auf den Zeitpunkt ihrer Registereintragung, sondern auf denjenigen des Vertragsschlusses ankommt. Nachdem Art. 2019 c.civ. jedoch bestimmt, dass der Sicherungsvertrag nichtig ist, wenn er nicht innerhalb eines Monats publiziert wird, muss davon ausgegangen werden, dass die Eigentumsübertragung bis zu ihrer Eintragung schwebend unwirksam ist. Eine weitere Besonderheit gilt für die Drittwirksamkeit der *fiducie* im Verhältnis zum Drittschuldner: Diesem gegenüber ist die *fiducie* erst wirksam, wenn sie ihm vom Gläubiger oder Schuldner mitgeteilt wurde (Art. 2018-2 S. 2 c.civ.).

Einen weiteren Unsicherheitsfaktor könnte das Widerrufsrecht der Parteien nach Art. 2028 S. 1 c.civ. darstellen. Da jedoch sowohl dem Gläubiger als auch dem Schuldner eine Doppelfunktion als Begünstigter zukommt, ist im Vertragsabschluss zugleich deren Annahme als Begünstigte zu sehen, wie sie sie nicht stärker zum Ausdruck bringen könnten. Den Parteien steht damit nach Ansicht der Verfasserin kein Widerrufsrecht zu.

---

[124] Dupichot, JCP 2007, 5, 6; Kuhn, Dr.et patr. 2007, 32, 36.

[125] Stadler, *Gestaltungsfreiheit und Verkehrsschutz durch Abstraktion*, 657 ff.

[126] Zu denken ist hier unter anderem an aufschiebende Vertragsbedingungen, vgl. Dupichot, JCP 2007, 5, 7; Kuhn, Dr.et patr. 2007, 32, 34; Stadler, *Gestaltungsfreiheit und Verkehrsschutz durch Abstraktion*, 33 f.

c) Einzelheiten und Konsequenzen der Registerpublizität

Nach Art. 2020 c.civ. i.V.m. Art. 1 Dekret Nr. 2010-219 vom 02.03.2010 wurde ein „nationales *fiducie*-Register" geschaffen, eine vom Finanzministerium elektronisch geführte Datenbank, in welcher alle *fiducie*-Vereinbarungen zentral erfasst werden. Sinn und Zweck dieses Registers ist es, eine effektive Kontrolle der Treuhandverträge zu gewährleisten und damit die Bekämpfung von Steuerhinterziehung, Geldwäsche und Terrorismusfinanzierung zu erleichtern (Art. 1 Dekret Nr. 2010-219 vom 02.03.2010). Dem französischen Gesetzgeber ging es also offensichtlich nicht um die Schaffung eines im Rahmen der Drittwirksamkeit zu beachtenden allgemeinen Publizitätstatbestands. Im Gegensatz zur *fiducie* an unbeweglichen Gegenständen, für welche Art. 2019 c.civ. darüber hinaus eine Eintragung des Treuhandvertrages im Grundbuch (*publicité foncière*) erfordert, ist für die *fiducie* an beweglichen Gegenständen keine weitere Eintragung vorgesehen.

aa) Transaktionsbezogenes Registrierungssystem

Der Wortlaut des Art. 2019 Abs. 1 c.civ. deutet darauf hin, dass der Sicherungsvertrag im Original oder zumindest in öffentlich beurkundeter Kopie eingereicht werden muss, um die *fiducie* eintragen zu lassen. Aufgrund der Notwendigkeit der Einreichung transaktionsbezogener Dokumente handelt es sich bei der Registrierung der *fiducie* um eine Form des transaktionsbezogenen Registrierungssystems (*transaction filing system*). Mangels gesetzlicher Konkretisierung steht wohl beiden Sicherungsparteien das Recht zu, die Eintragung zu beantragen.[127]

Die nach Art. 2 Dekret Nr. 2010-219 vom 02.03.2010 erforderlichen Informationen[128] beschränken sich im Wesentlichen auf die eindeutige Identifikation der Sicherungsparteien und erhöhen den bürokratischen Aufwand für die Bestellung der *fiducie* nur geringfügig.

---

[127] De Roux, *Rapport n° 3655*, 44.

[128] Anzugeben sind im Fall natürlicher Personen Name, Adresse, Geburtsort und -datum und im Fall juristischer Personen Firma, Geschäftssitz der Sicherungsparteien und Unternehmensidentifikationsziffer („SIREN"). Bei letzterer handelt es sich um eine spezielle Identifikationsnummer, die jedem Unternehmen von der „INSEE" (diese entspricht in etwa dem deutschen Statistischen Bundesamt) zugeteilt wird. Es handelt sich um eine Ordnungsnummer, die aus neun Ziffern besteht, einem Unternehmen nur einmal zugeteilt und erst gelöscht wird, wenn die unternehmerische Tätigkeit aufgegeben wird oder das Unternehmen aufgelöst wird. Näher zur SIREN vgl. INSEE *Les variables*.

Erst wenn der Registerbeamte überzeugt ist, dass die Sicherungsvereinbarung mit den einzutragenden Informationen übereinstimmt, nimmt er die Eintragung in das Register vor.

bb) Zugang zum Register

Dieses Register kann nicht öffentlich eingesehen werden. Ein Einsichtsrecht wird nur bestimmten Finanz- und Strafverfolgungsbehörden gewährt (Artt. 4 und 5 Dekret Nr. 2010-219 vom 02.03.2010). Das *fiducie*-Register hat damit keine Publizitäts-, sondern lediglich eine Kontrollfunktion.[129] Mangels entsprechender gesetzlicher Bestimmungen führen die Finanzämter neben dem nationalen *fiducie*-Register keine eigenen Register. Vielmehr fungieren sie nach Art. 2019 Abs. 1 c.civ. als Anlaufstelle zur Eintragung in das elektronisch geführte *fiducie*-Register.[130]

Letztlich ändert sich die Vermögenslage an den Sicherungsgegenständen, ohne dass dies für Dritte erkennbar würde. Die Begründung der *fiducie* ist damit im engeren Sinne als publizitätslos anzusehen.

cc) Rangfolge konkurrierender Sicherheiten

Da das Register nicht öffentlich eingesehen werden kann, gibt es keinen Aufschluss über die Rangfolge konkurrierender *fiducies*, die an demselben Sicherungsgegenstand bestellt wurden.

dd) Sicherungsgegenstand

Dass die Bestellung der *fiducie* nicht an eine Besitzübergabe geknüpft ist, hat positive Auswirkungen auf den Kreis der tauglichen Sicherungsgegenstände:

(1) Künftige Sachen

Während eine Besitzübergabe nur an gegenwärtigen Gegenständen möglich ist,

---

[129] Dupichot, JCP 2007, 5, 7; Der Zweck des *fiducie*-Registers ist es, mit der zentralisierten Erfassung der *fiducie*-Verträge die Bekämpfung von Steuerflucht, Geldwäsche und Terrorismusfinanzierung zu erleichtern (Art. 1 Dekret Nr. 2010-219 vom 02.03.2010). Die fehlende Publizität steht in krassem Gegensatz zu dem ansonsten strikt geltenden Publizitätsgrundsatz des französischen Sachenrechts. Sie lässt sich wohl nur damit erklären, dass die *fiducie* in ihrer ursprünglichen Form vorrangig als Verwaltungsinstrument gedacht war und der Gesetzgeber hier schlichtweg keine Notwendigkeit gesehen hat, eine allgemeine Publizität zu schaffen.

[130] Für diese Auslegung spricht auch der Wortlaut der Art. 2 Nr. 3, Art. 7 Dekret Nr. 2010-219 vom 02.03.2010 („*service des impôts auprès duquel* […]").

kann die *fiducie* durchaus auch künftige Sachen oder Sachgesamtheiten erfassen, solange diese Gegenstände bestimmbar sind (Artt. 2011, 2018 Nr. 1 c.civ.).

Der Schuldner kann die *fiducie* bestellen, noch bevor er das Eigentum an den Sicherungsgegenständen erlangt hat.[131] Bei Gegenständen, die erst noch hergestellt werden müssen, erfolgt der Eigentumsübergang je nach Vereinbarung mit teilweiser oder endgültiger Fertigstellung oder Abnahme.[132]

(2) Sachgesamtheiten

Körperliche Gegenstände können nicht nur einzeln, sondern auch als Sachgesamtheit treuhänderisch übertragen werden. Zu denken ist beispielsweise an *Warenlager*[133], *Handelsunternehmen* oder *Finanzdepots*, deren Zusammensetzung naturgemäß variieren kann.

(3) Surrogate

Insbesondere im Fall von Sachgesamtheiten – wie zum Beispiel Warenlagern – stellt sich die Frage, ob sich die *fiducie* auch auf Surrogate erstreckt. Zu denken ist hier insbesondere an neu erworbene Ware oder Verarbeitungsprodukte. Nachdem Art. L.624-16 c.com. eine Weiterveräußerung des Sicherungsgegenstandes nicht mehr auf den Eigentumsvorbehalt beschränkt, sondern nun auch im Rahmen der *fiducie* zulässt, stellt sich des Weiteren die Frage, ob die *fiducie* auch den erlangten Kaufpreis oder die entsprechende Kaufpreisforderung erfasst.

Bedauerlicherweise hat der Gesetzgeber die Übertragung der Sicherungsgegenstände vom Schuldner auf den Gläubiger zum konstitutiven Element der *fiducie* gemacht (Art. 2011 c.civ.). Aufgrund dieses Unmittelbarkeitsprinzips kann die *fiducie* grundsätzlich nur direkt vom Schuldner erworbene Vermögensrechte, nicht aber

---

[131] Art. 2011 c.civ. konkretisiert damit Art. 1130 Abs. 1 c.civ, demzufolge sich Verpflichtungen auch auf künftige Sachen beziehen können, vgl. Kuhn, Dr.et patr. 2007, 32, 34.

[132] Ferid/Sonnenberger, *Das französische Zivilrecht*, Rn. 3 B 119, 2 G 217 f.

[133] Das spezielle *Pfandrecht am Warenlager* (vgl. zu diesem Pfandrecht Kapitel 3, A, I, b), S. 113 f.) schließt die Bestellung einer *fiducie* an Warenlagern nicht aus. Zur Bestellung der *fiducie* genügt es, das Warenlager als solches zu bezeichnen, solange die zu übertragenen Gegenstände damit hinreichend bestimmbar (zum Beispiel weil räumlich abgrenzbar) sind. Hingegen ist es für die Bestellung des *Pfandrechts am Warenlager* erforderlich, die einzelnen Pfandgegenstände, die Bestandteil des Warenlagers sind, zu benennen. Die *fiducie* hat gegenüber dem *Pfandrecht am Warenlager* des Weiteren den Vorteil, dass es dem Sicherungsgläubiger eine bessere Rechtsposition im Sicherungsfall gewährt, vgl. Dammann/Podeur, RD 2007, 1359, 1360.

Surrogate erfassen.[134] Nach Ansicht der Verfasserin kann das Erfordernis der unmittelbaren Übertragung der Sicherungsgegenstände auch nicht durch Vereinbarung umgangen werden. So wird beispielsweise Ware, die der Sicherungsgeber neu erworben hat, selbst dann nicht zu Sicherungsgut, wenn die Sicherungsparteien die Einigung über künftige Sicherungsgegenstände vorwegnehmen.

Entsprechende Anwendung dürfte allerdings die zum Eigentumsvorbehalt entwickelte Rechtsprechung[135] finden, nach welcher sich das Sicherungsrecht am Verkaufserlös oder der Kaufpreisforderung fortsetzt, welche sich aus der Weiterveräußerung des Sicherungsguts ergeben. Hierfür spricht, dass die Rechtsprechung maßgeblich auf die Vorschrift des Art. L.624-16 c.com. Bezug nahm, welche eine Weiterveräußerung nun nicht nur im Zusammenhang mit dem Eigentumsvorbehalt, sondern auch im Rahmen der *fiducie* zulässt.

(4) Sukzessive Bestellung einer *fiducie* an demselben Sicherungsgegenstand

Während der Besitz an ein und demselben Gegenstand naturgemäß nur einmal übertragen werden kann, ist eine Registereintragung für denselben Gegenstand theoretisch mehrfach möglich. Im Rahmen der *fiducie* stellt sich damit die Frage, ob derselbe Sicherungsgegenstand durch wiederholte Registrierung mehrfach zur Sicherheit übereignet werden kann.

Hat der Schuldner sein Eigentum auf einen Gläubiger übertragen, kann er nach allgemeinen sachenrechtlichen Regeln grundsätzlich nicht mehr als berechtigter Eigentümer über denselben Gegenstand verfügen (Art. 544 c.civ.).[136]

Würde dieser Grundsatz auch im Rahmen der *fiducie* gelten, so könnte der Schuldner, der eine *fiducie* bestellt hat, aber im Besitz des Sicherungsgutes verblieben ist, eine weitere *fiducie* nur noch zugunsten eines gutgläubigen Gläubigers bestellen. Nach dem in Art. 2276 Abs. 1 c.civ. verankerten Grundsatz „*en fait de meubles, la possession vaut titre*" wird vermutet, dass demjenigen das Eigentum an einer beweglichen Sache zusteht, der den Besitz über diesen Gegenstand ausübt. Ein gutgläubiger Erwerb ist jedoch dann ausgeschlossen, wenn der Erwerber positive Kenntnis um die wahren Eigentumsverhältnisse des besitzenden Schuldners hat. Als

---

[134] Prüm, Rev.dr.banc.fin. 2007, 1, 2; Witz, RD 2007, 1369, 1371.
[135] Cass.com. v. 20.06.1989, RD 1989, 235.
[136] Kuhn, Dr.et patr. 2007, 32, 37.

bösgläubig wird auch behandelt, wer aufgrund ordnungsgemäß vorgenommener Registerpublizität die Möglichkeit hatte, von der wahren Eigentumslage Kenntnis zu erlangen.[137] Da das Gesetz für die *fiducie* allerdings keine allgemeine Publizität vorsieht und Dritte damit keine Möglichkeit haben, das *fiducie*-Register einzusehen, findet dieser Grundsatz („*inscription au registre vaut titre*") im Rahmen der *fiducie* keine Anwendung.

Im Rahmen der *fiducie* kann dem Schuldner jedoch die zur weiteren Übereignung erforderliche Verfügungsmacht vertraglich eingeräumt werden, so dass eine sukzessive Bestellung mehrerer *fiducies* möglich ist (Art. 2372-5 S. 1 c.civ.).[138] Solch sukzessive *fiducies* können nicht nur zugunsten des ursprünglichen Eigentümers bestellt werden, sondern auch zugunsten weiterer Gläubiger. Dies gilt selbst dann, wenn der erste Gläubiger noch nicht befriedigt wurde (Art. 2372-5 Abs. 2 S. 1 c.civ.). Handelt es sich beim Schuldner um eine natürliche Person, ist jedoch zu beachten, dass neue Forderungen nur bis zu dem aktuellen Wert des Treuhandvermögens abgesichert werden können (Art. 2372-5 Abs. 2 S. 2 c.civ.).

Die Möglichkeit zur mehrfachen Bestellung einer *fiducie* erinnert an die in den Vereinigten Staaten, Kanada oder Neuseeland anerkannte Möglichkeit der sukzessiven Bestellung eines *security interest*. Während es sich jedoch beim *security interest* um ein von jeder Eigentumsbetrachtung losgelöstes Sicherungsrecht und damit um ein beschränkt dingliches Recht handelt,[139] stößt die französische Bestimmung auf dogmatische Erklärungsnöte. Ein Schuldner, der sein Eigentum auf seinen Gläubiger übertragen hat, dürfte nach zivilistischer Rechtstradition nicht mehr in der Lage sein, ein weiteres Mal über sein Eigentum zu verfügen. Selbst ein Anwartschaftsrecht im Hinblick auf den Rückerwerb des Eigentumsrechts wird in der französischen Literatur nicht diskutiert.

---

[137] Ferid/Sonnenberger, *Das französische Zivilrecht*, Rn. 3A 25, 3 C 70; Dies hängt damit zusammen, dass bei einigen beweglichen Sachen die Registereintragung die Besitzeinräumung als Publizitätsakt verdrängt hat, vgl. Ferid/Sonnenberger, *Das französische Zivilrecht*, Rn. 3 A 23, 3 B 14, 154 ff. Für die neu eingeführte *gage* ist dieses Prinzip ausdrücklich in Art. 2337 Abs. 3 c.civ. normiert.

[138] Zu einer solchen vertraglichen Vereinbarung dürfte der Gläubiger nur dann bereit sein, wenn er gegenüber dem künftigen Gläubiger vorrangig gesichert ist. Eine solche Vorrangposition muss nicht explizit vereinbart werden, sondern ergibt sich zwanglos aus der französischen Gesetzeslage (Art. 2025 Abs. 1 c.civ.), vgl. hierzu Kapitel 2, B, I, 3, g), dd), S. 52.

[139] Vgl. z.B. Sec. 17 (1) (a) (ii), 24 PPSA 1999 (NZ) und Art. 9-202 UCC 1952 (US); Zur Neukonzeption des Eigentums im neuseeländischen Sicherungsrecht vgl. *NZ Bloodstock Ltd & Anor v Waller* [2005] NZCA 254, Rn. 13; *NZARFD v Simpson* (2008) NZCLC 264,418, Rn. 20; *Stiassny v North Shore City Council* (2009) 16 NZCCLR 29, 44, 46.

Artikel 2372-5 c.civ. ermöglicht darüber hinaus eine andere Form der sukzessiven Sicherheitsbestellung, welche dogmatisch weniger problematisch ist: Grundsätzlich führt die ordnungsgemäße Befriedigung der gesicherten Forderung dazu, dass das Sicherungsverhältnis automatisch endet und das Eigentum infolge Zweckerreichung an den Schuldner zurückfällt (Artt. 2029 Abs. 1, 2372-1 ff. c.civ.). Die Parteien können jedoch vereinbaren, dass das zwischen ihnen bestehende Sicherungsverhältnis und das Zweckvermögen bestehen bleiben, auch wenn die ursprünglich gesicherte Forderung durch Erfüllung oder an Erfüllungs statt erloschen ist (Art. 2372-5 c.civ.). Die *fiducie* ist damit nicht akzessorisch, sondern kann flexibel zur Sicherung sukzessiver Kreditgeschäfte zwischen den Parteien verwendet werden.[140]

Die Möglichkeit eines solchen Austausches der zu sichernden Forderung („*recharge*") muss allerdings ausdrücklich im Sicherungsvertrag festgehalten und gemäß Art. 2019 c.civ. registriert werden (Art. 2372-5 Abs. 1 und 3 c.civ.).

Darüber hinaus verlangt auch die spätere „Aufladung" der *fiducie* die Abfassung eines Nachtrags zum Treuhandvertrag, in welchem die *essentialia negotii* aktualisiert werden müssen und der gemäß Art. 2019 c.civ. in das Register eingetragen werden muss.[141] Wie Art. 2372-2 c.civ. zeigt, wollte der Gesetzgeber keine globale *fiducie* schaffen, die automatisch jede beliebige Forderung zwischen den Parteien erfasst.[142]

Der größte Vorteil der Auflademöglichkeit besteht darin, dass der Gläubiger seine ursprüngliche Rangstellung behält, auch wenn die *fiducie* inzwischen andere Forderungen absichert.

Abschließend bleibt also festzuhalten, dass der Gesetzgeber die Mehrfachnutzung der *fiducie* explizit vorgesehen hat.

d) Interessenkollisionen und Grenzen der Privatautonomie

Artikel L.650-1 Abs. 2 c.com. ist generell auf alle Sicherheiten anwendbar und bestimmt, dass diese für nichtig erklärt werden können, wenn sich der Gläubiger bei deren Bestellung haftbar gemacht hat. Das Gesetz geht grundsätzlich davon aus,

---

[140] Dammann/Podeur, RD 2007, 1359, 1360; Dammann/Podeur, RD 2008, 2300, 2301; Dupichot, JCP 2007, 5.

[141] Dammann/Podeur, RD 2008, 2300, 2301.

[142] Crocq, RD 2007, 1354, 1356 f.

dass die Kreditvergabe ordnungsgemäß von Statten gegangen ist und sieht eine Gläubigerhaftung für *soutien abusif* nur in drei Fällen (Betrug, deutliche Einmischung in die Geschäftsführung des Kreditnehmers und Übersicherung) und nur dann vor, wenn über das Vermögen des Schuldners das Insolvenzverfahren eröffnet wurde (Art. L.650-1 Abs. 1 c.com.).[143]

Eine Übersicherung liegt dann vor, wenn die bestellte Sicherheit bereits im Zeitpunkt der Kreditgewährung unverhältnismäßig war,[144] wenn also bereits zu diesem Zeitpunkt ein Missverhältnis zwischen dem Wert des Sicherungsgegenstandes und der gesicherten Forderung bestand. Eine Unverhältnismäßigkeit ist jedenfalls dann abzulehnen, wenn sich ein Gläubiger mehrere *fiducies* einräumen lässt, welche für sich betrachtet jeweils angemessen sind.[145] Darüber hinaus kann das Übersicherungsrisiko auch mit der Möglichkeit, die *fiducie* „aufzuladen", reduziert werden.[146]

Wenn der Schuldner eine *fiducie* in der betrügerischen Absicht bestellt, die Sicherungsgegenstände dem Zugriff seiner Gläubiger zu entziehen, steht letzteren eine *action paulienne* zur Verfügung (Artt. 1167, 2025 Abs. 1 c.civ.):[147] Die Bestellung der *fiducie* ist den Gläubigern des Schuldners gegenüber relativ unwirksam, so dass diese in das Sicherungsgut vollstrecken können, welches im Vermögen des Schuldners geblieben ist.[148]

3. Verwertung der *fiducie* in der Insolvenz des Schuldners

a) Zusammenspiel von Kreditsicherungs- und Insolvenzrecht

Im Normalfall wird der Schuldner seine Darlehensschuld freiwillig begleichen, um unliebsamen rechtlichen Konsequenzen aus dem Weg zu gehen und weiterhin als kreditwürdig zu gelten. Ist der Schuldner nicht zahlungswillig, haben ungesicherte Gläubiger lediglich die Möglichkeit, den Schuldner auf Zahlung seiner fälligen Forderung verklagen und im Wege der Einzelzwangsvollstreckung in dessen gesamtes

---

[143] Cass.com. v. 22.03.2005, RD 2005, 1020, 1021 m. Anm. Lienhard; Dammann/Podeur, RD 2007, 1359, 1362 f; Moury, RD 2006, 1743, 1744; Robine, RD 2006, 69.

[144] Es kommt nicht auf den Zeitpunkt der Verwertung an, vgl. Legeais, JCP EA 2005, 1747, 1749; Zur umstrittenen Auslegung der Unverhältnismäßigkeit, vgl. Hoang, RD 2006, 1458; Routier, RD 2006, 2916 ff.

[145] Dammann/Podeur, RD 2007, 1359, 1362; Moury, RD 2006, 1743, 1749.

[146] Dammann/Podeur, RD 2008, 2300, 2301.

[147] Barrière, JCP EA 2007, 13, 15; Kuhn, Dr.et patr. 2007, 32, 41.

[148] Wolter, *Treuhandrecht im Umbruch?*, 111 f.

Vermögen zu vollstrecken. Ist der Schuldner aber insolvent, werden die Zugriffsrechte der ungesicherten Gläubiger ausgesetzt (*Moratorium*). Ihnen bleibt nichts anderes übrig, als ihre Forderung zur Insolvenztabelle anzumelden und zu hoffen, dass die Insolvenzmasse auch zur Begleichung ihrer Forderung ausreicht. In der Regel ist das jedoch nicht der Fall, so dass der Liquidationserlös nur *pro rata* an sie ausgeschüttet wird.

Gläubiger versuchen daher regelmäßig, sich schon bei der Kreditvergabe mittels besitzloser Mobiliarsicherheiten gegen das Insolvenzrisiko ihrer Schuldner abzusichern[149] und den insolvenzrechtlichen Grundsatz der gleichmäßigen Gläubigerbefriedigung durch direkten Zugriff auf das Sicherungsgut zu umgehen.[150] Da die Mobiliarsicherheiten also ihren Hauptzweck in der Insolvenz entfalten, können Kreditsicherungs- und Insolvenzrecht kaum isoliert betrachtet werden.[151] Umso bedauerlicher ist es daher, dass der französische Gesetzgeber beide Rechtsgebiete zwar fast zeitgleich, aber ohne jegliche Abstimmung reformiert hat.[152] Das gesetzgeberische Werk kann – wie noch zu sehen sein wird – immer noch nicht als harmonisch bezeichnet werden.[153]

b) **Überblick über das französische Insolvenzverfahren**

Das französische Insolvenzverfahren wird traditionell als Teil des Handelsrechts („Unternehmensinsolvenzrecht")[154] begriffen und kann nur über das Vermögen von Kaufleuten, Handwerkern, Landwirten, Freiberuflern oder juristischen Personen des Privatrechts eröffnet werden (Artt. L.620-2, L.631-2, L.640-2 c.com.).[155] Es stellt eine Form staatlicher Wirtschaftspolitik dar, welches seinen Fokus in erster Linie auf

---

[149] Drittwirksame Sicherungsrechte überstehen grundsätzlich die Insolvenz des Schuldners, vgl. Crocq, RD 2006, 1306; Dammann/Podeur, RD 2007, 1359; Legeais, *Sûretés et garanties du crédit*, Rn. 1.

[150] Drobnig, RabelsZ 1996, 40, 41.

[151] Da Mobiliarsicherheiten ihren Hauptzweck in der Insolvenz des Schuldners entfalten, soll nur auf den Fall der Schuldnerinsolvenz, nicht aber auf den Fall der Zwangsvollstreckung in das Vermögen des Schuldners eingegangen werden.

[152] Crocq, RD 2006, 1306; Crocq, RD 2008, 2104, I, B, 1; Dammann/Podeur, RD 2007, 1359.

[153] Crocq, RD 2006, 1306; Legeais, RTDcom. 2006, 636.

[154] Schällig, *Insolvenzverwaltung in Deutschland und Frankreich*, 88.

[155] Dammann/Undritz, NZI 2005, 198; MüKo/Niggemann, *InsO*, Länderberichte – Frankreich, Rn. 8; Schällig, *Insolvenzverwaltung in Deutschland und Frankreich*, 88; für Verbraucher gilt ein besonderes Überschuldungsverfahren, das zur Restschuldbefreiung führen kann (Art. L.331-1 ff. c.cons.), vgl. RLDA, Droit économique - 2006, Nr. 6204 ff.

die Sanierung notleidender Unternehmen sowie den Erhalt von Arbeitsplätzen legt,[156] während es dem deutschen Insolvenzrecht primär auf die gleichmäßige Befriedigung der Gläubiger des Schuldners ankommt (§ 1 Abs. 1 S. 1 InsO).

Vor diesem Hintergrund gliedert sich das französische Insolvenzverfahren in mehrere verschiedene Verfahrensabschnitte:[157]

Das freiwillige Schlichtungsverfahren (*procédure de conciliation*) bietet die Möglichkeit, wirtschaftliche Schwierigkeiten schon vor oder auch nach Eintritt der Zahlungsunfähigkeit des Unternehmens zu lösen, indem Gläubiger mit dem Unternehmen einen Erhaltungsplan aushandeln (Art. L.611-1 bis L.612-5 c.com.). Scheitern die Verhandlungen, wird entweder ein präventives Insolvenzverfahren oder – falls der Schuldner bereits zahlungsunfähig ist – ein reguläres Insolvenzverfahren eingeleitet (Art. L.631-4 c.com).[158] Das präventive Insolvenzverfahren (*procédure de sauvegarde*) kann schon im Falle einer drohenden Insolvenz beantragt werden (Artt. L.620-1 bis L.627-4 c.com.).[159] An das Eröffnungsurteil schließt sich eine Beobachtungsphase (*période d'observation*) an, die der Erstellung eines Sanierungsplans (*plan de sauvegarde*) dient (Art. L.621-3 c.com.). Das Gericht legt die Dauer der Beobachtungsphase fest[160] und entscheidet an deren Ende über die Erfolgschancen des Sanierungsplans (Art. L.626-1 c.com.). Bei Zahlungsunfähigkeit des Schuldners wird von Amts wegen das eigentliche Insolvenz- oder Sanierungsverfahren (*procédure de redressement judiciaire*) eröffnet (Artt. L.621-8, L.631-1 bis L.632-4 c.com.).[161] Trotz Eröffnung des präventiven oder eigentlichen Insolvenzverfahrens wird der Betrieb des Unternehmens im Wege eines *plan de continuation* fortgeführt (Artt. L.622-9, L.631-14 Abs. 1 c.com.).[162] Scheitert die Sanierung oder ist sie offensichtlich aussichtslos, wird das Insolvenzverfahren mit der Liquidation des Unternehmens (*liquidation judiciaire*) abgeschlossen (Artt. L.640-1 bis L.644-6

---

[156] Balz, ZIP 1983, 1153 f; MüKo/Niggemann, *InsO*, Länderberichte – Frankreich, Rn. 1.

[157] Für einen Überblick zum französischen Insolvenzverfahren vgl. Dammann/Undritz, NZI 2005, 198; MüKo/Niggemann, *InsO*, Länderberichte – Frankreich, Rn. 2 ff.

[158] Näher zur *procédure de conciliation* vgl. Dammann/Undritz, NZI 2005, 198, 199 f, 202.

[159] Dammann/Undritz, NZI 2005, 198, 202.

[160] MüKo/Niggemann, *InsO*, Länderberichte – Frankreich, Rn. 23; Grundsätzlich beträgt sie bis zu sechs, maximal jedoch zwölf Monate, vgl. Dammann/Undritz, NZI 2005, 198, 200 m. Fn. 24.

[161] Zur Möglichkeit, stattdessen ein Schlichtungsverfahren zu beantragen, vgl. Dammann/Undritz, NZI 2005, 198, 202.

[162] Dammann/Undritz, NZI 2005, 198, 200; die nachfolgend beschriebenen Wirkungen der Verfahrenseröffnung sind dieselben für das Erhaltungs- und das Sanierungsverfahren.

c.com.).[163] Erst nach Abschluss der Liquidation kann die Insolvenzmasse *pro rata* an die Gläubiger verteilt werden.[164]

c) Generelles Verbot der individuellen Rechtsverfolgung für gesicherte Gläubiger

Oftmals sind gerade die für die Unternehmensfortführung wesentlichen Vermögensgegenstände mit einem Sicherungsrecht belastet. Um dem in Zahlungsschwierigkeiten geratenen Schuldner die Möglichkeit zu geben, weiterhin mit seinen Sicherungsgegenständen zu wirtschaften und seine Chancen auf eine erfolgreiche Sanierung nicht zu gefährden, sind nicht nur die ungesicherten, sondern auch die dinglich gesicherten Gläubiger ab Eröffnung des Insolvenzverfahrens grundsätzlich an der Durchsetzung ihrer Forderung im Klagewege oder im Wege der Zwangsvollstreckung gehindert (Artt. L.622-21, L.631-14 Abs. 1 c.com.).[165] Dies bedeutet, dass es den Mobiliarsicherungsgläubigern während der Beobachtungsphase oder Durchführung eines Sanierungsplans zunächst verwehrt ist, den Sicherungsgegenstand zu verwerten.[166] Ist eine Sanierung jedoch letztlich nicht möglich und wird stattdessen das Liquidationsverfahren über das Vermögen des Schuldners eröffnet, erlangt der Gläubiger all seine Rechte aus der Sicherheit wieder (Art. L.626-27 Abs. 3 c.com). Ihm steht daher möglicherweise das Recht zu, den Sicherungsgegenstand zu verwerten.[167] Der Gesetzgeber hat also einen praxisgerechten Interessenausgleich zwischen dem Verwertungsinteresse der Mobiliarsicherungsgläubiger und dem Sanierungsinteresse schuldnerischer Unternehmen gefunden.[168]

Etwas anderes gilt jedoch im Rahmen der *fiducie*, welche nicht in Art. L.643-2 Abs. 1 c.com. genannt ist. Entgegen dieser Vorschrift steht dem Gläubiger im Fall der Schuldnerinsolvenz nicht erst nach tatsächlicher Durchführung der Liquidation, sondern in jeder Phase des Insolvenzverfahrens ein Verwertungsrecht zu

---

[163] MüKo/Niggemann, *InsO*, Länderberichte – Frankreich, Rn. 26.

[164] MüKo/Niggemann, *InsO*, Länderberichte – Frankreich, Rn. 27.

[165] Dammann/Podeur, RD 2008, 2300, 2304; Lucas/Sénéchal, RD 2008, 29, 30; MüKo/Niggemann, *InsO*, Länderberichte – Frankreich, Rn. 11.

[166] Balz, ZIP 1983, 1153, 1160 m.w.N; Cabrillac/Mouly, *Droit des sûretés*, 799; Fitzau, *Mobiliarsicherheiten im französischen und deutschen Insolvenzrecht*, 22.

[167] Zur Durchsetzung von Vorzugsrechten in der Liquidationsphase vgl. Cabrillac/Mouly, *Droit des sûretés*, 804 ff; Zu den Voraussetzungen, unter denen dem Sicherungsnehmer bei der *fiducie* ein Verwertungsrecht zusteht, vgl. Kapitel 2, B, I, 3, f), S. 45.

[168] Cabrillac/Mouly, *Droit des sûretés*, Rn. 850; Crocq, RD 2008, 2104, 2107; Lienhard, RD 2009, 110, 114.

(Artt. L.624-16 Abs. 1, L.631-18 Abs. 1, L.641-14 Abs. 1 c.com.).[169] Anders als im Zusammenhang mit den übrigen Mobiliarsicherheiten werden die Rechte des Gläubigers nicht bis zur Liquidation ausgesetzt, sondern drohen, das schuldnerische Vermögen mit Eröffnung des Insolvenzverfahrens auszuhöhlen, die Chancen notleidender Unternehmen auf eine schnelle und nachhaltige Sanierung zu gefährden und eine Liquidation unausweichlich zu machen.[170] Dass der Gesetzgeber die *fiducie* in der Schuldnerinsolvenz anders behandelt als die übrigen Mobiliarsicherheiten mag daran liegen, dass er diese Rechtsfigur primär nicht als Sicherungs-, sondern als Verwaltungsinstrument geschaffen hat.

Die vorliegende Arbeit hat sich nicht zum Ziel gesetzt, die Wirkung der Mobiliarsicherheiten in jeder der einzelnen Insolvenzphasen zu beleuchten. Da eine Mobiliarsicherheit nur dann eine entscheidende Rolle spielt, wenn das Vermögen des Schuldners nicht zur Befriedigung aller Gläubiger ausreicht, sollen im Folgenden nur die Verwertungsmöglichkeiten im Falle der insolvenzrechtlichen Liquidation beleuchtet werden.

d) Nichtigkeit von Mobiliarsicherheiten während der Verdachtsperiode

Um zu verhindern, dass noch kurz vor Insolvenzeröffnung ungewollte Vermögensverschiebungen stattfinden, erklärt das Gesetz solche Mobiliarsicherheiten für nichtig, die sich ein Gläubiger in der Verdachtsperiode (*période suspecte*) für frühere Verbindlichkeiten bestellen lässt.[171] Unter Verdachtsperiode ist der Zeitraum zwischen Eintritt der Zahlungsunfähigkeit des Schuldners und der Eröffnung des Insolvenzverfahrens zu verstehen.

Dieser Mechanismus, der dem Schutz der Insolvenzgläubiger dient, ist demjenigen des deutschen Rechts sehr ähnlich: Nach deutschem Recht kann der Insolvenzverwalter eine Sicherungsbestellung, die innerhalb von 3 Monaten vor Eröffnung des Insolvenzverfahrens erfolgt ist, anfechten, wenn dem Gläubiger die Zahlungsunfä-

---

[169] Crocq, RD 2008, 2104, 2107; Dammann/Podeur, RD 2008, 2300, 2304; MüKo/Niggemann, *InsO*, Länderberichte – Frankreich, Rn. 29.

[170] Dammann/Podeur, RD 2007, 319 f; Dammann/Podeur, RD 2007, 1359, 1362; Lucas/Sénéchal, RD 2008, 29, 30.

[171] Für die Beurteilung der Nichtigkeit kommt es auf den Abschluss des Sicherungsvertrages, nicht auf die Vornahme der Publizität an, vgl. Fitzau, *Mobiliarsicherheiten im französischen und deutschen Insolvenzrecht*, 258 m. Fn. 1124; Die Nichtigkeit kann u.a. vom Insolvenzverwalter oder der Staatsanwaltschaft geltend gemacht werden, vgl. Dammann/Podeur, RD 2007, 1359, 1362; MüKo/Niggemann, *InsO*, Länderberichte – Frankreich, Rn. 43.

higkeit des Schuldners bekannt war und die anderen Gläubiger durch die Sicherungsabtretung benachteiligt werden (§ 130 InsO).

Besondere Bedeutung kommt den Nichtigkeitsbestimmungen im französischen Recht deswegen zu, weil das Insolvenzgericht befugt ist, den Eintritt der Zahlungsunfähigkeit auf einen Zeitpunkt festzulegen, der bis zu 18 Monate vor Eröffnung des Insolvenzverfahrens liegt (Art. L.631-8 c.com.).[172] Wird die *fiducie* daher während der Verdachtsperiode abgeschlossen (Art. L.632-1 Nr. 9 c.com.) oder die gesicherte Forderung ausgetauscht (Art. L.632-1 Nr. 10 c.com.), ist die *fiducie* als nichtig zu betrachten.[173] Etwas anderes gilt jedoch, wenn die *fiducie* zwar während der Verdachtsperiode abgeschlossen wird, aber der Sicherung einer gleichzeitig eingegangenen Verbindlichkeit dient (Art. L.632-1 Nr. 9 c.com.). Erstreckt sich die *fiducie*, welche vor Beginn der Verdachtsperiode geschlossen wurde, auch auf künftige Gegenstände oder deren Surrogate, so ist es unschädlich, wenn diese künftigen Gegenstände oder Surrogate erst während der Verdachtsperiode erworben werden. Sie gelten nämlich bereits mit Abschluss des Sicherungsvertrages als wirksam erworben und zum Zweckvermögen gehörig.[174]

e) **Anwendbarkeit der insolvenzrechtlichen Vorschriften auf die *fiducie***

Mit Eröffnung eines Insolvenzverfahrens über das Vermögen des Schuldners unterliegen Mobiliarsicherheiten grundsätzlich den oben genannten insolvenzrechtlichen Regeln (Art. 2287 c.civ.). Interessanterweise verweist diese Bestimmung nur auf das vierte Buch, nicht aber auf das dritte Buch des *Code civil*, in welchem die *fiducie* geregelt ist.[175] Hierbei dürfte es sich jedoch nach Ansicht der Verfasserin um einen Redaktionsfehler handeln, der dem Gesetzgeber aufgrund der Doppelfunktion der *fiducie* als Verwaltungs- und Sicherungsinstrument unterlaufen ist.

---

[172] Dammann/Undritz, NZI 2005, 198 f; MüKo/Niggemann, *InsO*, Länderberichte – Frankreich, Rn. 44.

[173] Dammann/Podeur, RD 2008, 2300, 2305; Kuhn, Dr.et patr. 2007, 32, 41; Lienhard, RD 2009, 110, 118.

[174] Dieser Schluss ergibt sich aus einer analogen Anwendung der Rechtsprechung zur Abtretung künftiger *gewerblicher Forderungen* und den gesetzlichen Bestimmungen zu den neuen *besitzlosen Pfandrechten*, vgl. Dammann/Podeur, RD 2007, 1359, 1362 m. Fn. 25.

[175] Dammann/Podeur, RD 2007, 1359, 1360.

f) Verwertungsmöglichkeiten im Rahmen der *fiducie*

aa) Gerichtliche Verwertung

Im Sicherungsfall bleibt den Mobiliarsicherungsgläubigern in der Regel nichts anderes übrig, als sich auf ihre Mobiliarsicherheiten zu berufen. Am Insolvenzverfahren nehmen sie nur dann wie ungesicherte Gläubiger teil, wenn sich der Schuldner ihnen gegenüber zusätzlich persönlich verpflichtet hat.[176]

Es stellt sich die Frage, ob der Gläubiger ab Erlass des Liquidationsbeschlusses die Gerichte anrufen kann, um seine *fiducie* verwerten zu lassen.

Eine der gerichtlichen Verwertungsmöglichkeiten stellt die richterliche Eigentumszuweisung dar. Diese ergibt für den Gläubiger einer *fiducie* schon deshalb keinen Sinn, weil das Eigentum bereits mit Abschluss des Sicherungsvertrages rechtsgeschäftlich auf den Gläubiger übergegangen ist. Im Übrigen bezieht sich Art. 2347 c.civ. ausdrücklich nur auf Pfandrechte und ist damit nicht auf die *fiducie* anwendbar.

Aus letzterem Grund scheidet auch die zweite Variante der gerichtlichen Verwertungsmöglichkeiten, die öffentliche Versteigerung der in *fiducie* gegebenen Gegenstände nach Art. 2346 c.civ, aus. Dass der Gesetzgeber keine Bestimmungen zur gerichtlichen Verwertung der *fiducie* getroffen hat, zeigt, dass er offensichtlich von einem fehlenden Schutzbedürfnis der Sicherungseigentümer ausgeht.

bb) Außergerichtliche Verwertung

Wie bereits erwähnt, verstieß es bis zur Reform vom 23.03.2006 gegen das Verbot der Verfallklausel, dem Gläubiger für den Sicherungsfall ein sofortiges Aneignungs- und Verwertungsrecht ohne richterliche Kontrolle zu eröffnen (Artt. 2078 Abs. 2 c.civ. a.F, L.93 Abs. 3 c.com.).[177]

Hintergrund dieses Verbots der Verfallklausel war, dass es dem Gläubiger in der Regel nicht auf die Erzielung des bestmöglichen, sondern lediglich eines solchen Verwertungserlöses ankommt, der zur Befriedigung seiner Forderung gerade ausreicht. Selbst bei Erzielung eines angemessenen Verwertungserlöses besteht die Ge-

---

[176] Klein/Tietz, RIW 2007, 101, 103.
[177] Vgl. z.B. Drobnig, RabelsZ 1996, 40, 53.

fahr, dass er durch die Verwertung der Sicherheit besser gestellt wird als bei ordnungsgemäßer Erfüllung seiner Forderung.[178]

Wo jedoch eine solche Ausbeutung des Schuldners ausgeschlossen war, ließ die ständige höchstrichterliche Rechtsprechung schon vor der Reform Ausnahmen vom Verbot der Verfallklausel zu:[179]

– Eine richterliche Kontrolle war in den Fällen nicht gerechtfertigt, in denen der Wert der Sicherungsgegenstände objektiv bestimmbar war und damit kein Risiko bestand, dass sich der Gläubiger einen höheren Wert einverleibte, als ihm nach seiner Forderung zustand.[180] In einem solchen Fall war eine Missbrauchsmöglichkeit schon durch die Verpflichtung des Gläubigers ausgeschlossen, dem Schuldner eine etwaige Wertdifferenz auszuzahlen.

– Eine außergerichtliche Verwertung war außerdem dann zulässig, wenn die Verfallvereinbarung der Bestellung der Sicherheit zeitlich nachfolgte. Denn in einem solchen Fall konnte der Gläubiger bei Kreditvergabe keinen Druck mehr auf den Schuldner ausüben.[181]

– Schließlich war ein unzulässig vereinbarter Verfall lediglich im Verhältnis zum Schuldner unwirksam, so dass dieser einen Verfall im Nachhinein als gültig akzeptieren konnte.[182]

Mit Aufhebung des Verbots der Verfallklausel in Art. 2078 Abs. 1 c.civ. wurde nicht nur das Institut der *fiducie* als solches, sondern auch eine außergerichtliche Verwertung des Sicherungsgutes ermöglicht.

---

[178] Witz, *La fiducie en droit privé français*, 252; Wolter, *Treuhandrecht im Umbruch?*, 43 f.

[179] Für einen Überblick vgl. Cass.com. v. 05.10.2004, RD 2005, 2083 m. Anm. Crocq; Hébert, RD 2007, 2052, 2054.

[180] Dies wurde insbesondere für Wertpapiere, Garantieschecks und Sicherungsgegenstände angenommen, die einen Markt- oder Börsenwert hatten, vgl. Cass.com. v. 09.04.1996, RD 1996, 399, 400 m. Anm. Larroumet; Cass.com. v. 05.10.2004, RD 2005, 2083 m. Anm. Crocq m.w.N; Drobnig, RabelsZ 1996, 40, 46; Hébert, RD 2007, 2052, 2055; Dies wurde teilweise sogar für Forderungen angenommen, vgl. Crocq, RTDciv. 2007, 160, 163; Larroumet, RD 2007, 344, 346.

[181] Drobnig, RabelsZ 1996, 40, 42; Hébert, RD 2007, 2052, 2053; Wolter, *Treuhandrecht im Umbruch?*, 41; Jedenfalls genügt es, wenn die Verfallklausel erst ein Jahr nach der Verpfändung geschlossen wird, vgl. Cass.civ. v. 17.11.1959, RD 1960, 37.

[182] Cass.com. v. 05.10.2004, RD 2005, 2083 m. Anm. Crocq; Crocq, RTDciv. 2007, 160, 162.

Die Parteien können die Folgen einer Vertragsbeendigung zunächst selbst bestimmen.[183]

(1) Herausgabe der Sicherungsgegenstände

Das Eigentum als das stärkste aller dinglichen Rechte wird als die „Königin der Sicherheiten" bezeichnet, als einzige Sicherheit, die dem Insolvenzverfahren perfekt standhält.[184] Die *fiducie* verleiht dem Gläubiger aufgrund seines Eigentums ein Aussonderungsrecht, welches ihm in jeder Phase des Insolvenzverfahrens erlaubt, den Besitz an den Sicherungsgegenständen vom Schuldner heraus zu verlangen (Artt. L.624-16 Abs. 1, L.631-18 Abs. 1, L.641-14 Abs. 1 c.com.).[185]

Grundsätzlich muss der Gläubiger hierfür binnen drei Monaten ab Bekanntmachung der Insolvenzeröffnung einen Aussonderungsantrag beim Insolvenzverwalter oder -gericht stellen, um eine Präklusion zu verhindern (Artt. L.624-9, L.624-17 c.com.). Ob dies auch im Rahmen der *fiducie* gilt, liegt nicht ohne Weiteres auf der Hand. Gläubiger, deren Eigentumsrechte ordnungsgemäß publiziert wurden, sind *de lege lata* grundsätzlich von dieser formellen Aussonderungsfrist ausgenommen (Artt. L.624-10, R.624-15 c.com.).[186] Ob jedoch die Eintragung in das nationale *fiducie*-Register hierfür ausreicht, ist mangels öffentlicher Einsehbarkeit fraglich. Im Hinblick darauf, dass nicht einmal dem Insolvenzgericht oder -verwalter ein Einsichtsrecht in das *fiducie*-Register gewährt wird, eine Aussonderung ohne deren Kenntnis jedoch sinnwidrig wäre, dürfte die Registereintragung der *fiducie* den Aussonderungsantrag des Gläubigers kaum entbehrlich machen.

Der Gläubiger kann die Herausgabe der Sicherungsgegenstände allerdings nicht sofort, sondern erst nach Auflösung des Überlassungsvertrages verlangen, der dem Schuldner den rechtmäßigen Besitz über das Sicherungsgut einräumt.[187] Es stellt sich die Frage, ob die als Sicherungsinstrument genutzte *fiducie* als „laufender Vertrag" im Sinne des Art. L.622-13 c.com. angesehen werden muss, der unter Um-

---

[183] Dammann/Podeur, RD 2008, 2300, 2302.
[184] Dammann/Podeur, RD 2007, 1359; Lucas/Sénéchal, RD 2008, 29, 30.
[185] Zum Aussonderungsrecht des Eigentümers vgl. MüKo/Niggemann, *InsO*, Länderberichte – Frankreich, Rn. 29.
[186] Vgl. MüKo/Niggemann, *InsO*, Länderberichte – Frankreich, Rn. 29 f.
[187] Dammann/Podeur, RD 2007, 1359, 1361; Dammann/Podeur, RD 2008, 2300, 2304.

ständen vom Insolvenzverwalter beendet werden kann.[188] Für die Qualifikation als laufenden Vertrag spricht, dass der *fiducie*-Vertrag einige Regelungen (zum Beispiel zur Rechenschaftspflicht des Treuhänders gegenüber dem Treugeber) treffen kann, welche das Verhältnis zwischen den Sicherungsparteien langfristig regeln. Relevant sind derartige Bestimmungen allerdings fast nur im Fall der Verwaltungstreuhand. Im Fall der Sicherungstreuhand sind die wesentlichen Wirkungen des Vertrages – insbesondere für den zahlungsunfähigen Schuldner – bereits mit der sofortigen Eigentumsübertragung eingetreten. Es ist daher davon auszugehen, dass der Insolvenzverwalter sich im Fall der Sicherungstreuhand nicht für die Beendigung des Vertragsverhältnisses entscheiden und auf diesem Wege die Sicherungsgegenstände zur Insolvenzmasse ziehen kann.[189] Die Überlassung endet daher, sobald der Sicherungsfall eingetreten ist.

(2) Freies Verwertungsrecht

Während die Befugnisse des Gläubigers vor Eintritt des Sicherungsfalles noch hinter denen eines normalen Eigentümers zurückbleiben,[190] fällt mit Eröffnung des Insolvenzverfahrens jegliche treuhänderische Belastung weg. Das Sicherungsgut stellt mangels treuhänderischer Bindung nun keine vom Privatvermögen des Gläubigers zu unterscheidende Vermögensmasse im Sinne des Art. 2011 c.civ. mehr dar,[191] sondern geht endgültig in sein Privatvermögen über. Das Sicherungsgut fällt auch nicht automatisch in das Eigentum des Schuldners zurück, da der Gläubiger zugleich Begünstigter der *fiducie* ist (Artt. 2030 Abs. 1 c.civ, L.641-12-1 c.com.). Sofern der Sicherungsvertrag also nichts anderes bestimmt, erlangt der Gläubiger mit Eintritt des Sicherungsfalles die freie Verfügungsmacht über das Sicherungsgut (Art. 2372-3 Abs. 1 c.civ.). Die gesetzlichen Bestimmungen zur *fiducie* machen

---

[188] Nach Art. L.622-13 Abs. 6 S. 2 c.com. findet diese Vorschrift ausdrücklich Anwendung auf die *fiducie*, wenn der Besitz an den Treugegenständen beim Treugeber verbleibt.

[189] Dieser Ansicht sind wohl auch Dammann/Podeur, RD 2007, 1359, 1361; vgl. auch Vallens, RLDA 2005, 13.

[190] Der Gläubiger kann die Sicherungsgegenstände beispielsweise nicht beliebig verwerten, vgl. Kuhn, Dr.et patr. 2007, 32, 40.

[191] Der Anerkennung eines Zweckvermögens stand zunächst der Grundsatz der Einheit des Vermögens entgegen, wonach das Vermögen in seiner Gesamtheit für die Verbindlichkeiten des Vermögensinhabers haftet (Art. 2284 c.civ.), vgl. Dammann/Podeur, RD 2007, 1359, 1360; Leroyer/Rochfeld, RTDciv. 2007, 412, 418; Mit Gesetz Nr. 2007-211 vom 19.02.2007 liegt nun die zur Durchbrechung dieses Prinzips erforderliche gesetzliche Grundlage vor, vgl. Wolter, *Treuhandrecht im Umbruch?*, 105.

letztlich die Vereinbarung einer Verfallklausel entbehrlich.[192]

(3) Schutzbestimmungen

Zwar mag das Verbot der Verfallklausel abgeschafft worden sein, der ihm zugrundeliegende Schutzgedanke wurde jedoch gesetzlich aufgegriffen: Damit der Gläubiger durch die Gewährung der Sicherheit nicht besser gestellt wird als bei ordnungsgemäßer Befriedigung, muss er dem Schuldner den Differenzbetrag zwischen dem Wert des Sicherungsguts und dem Restbetrag seiner Forderung herausgeben (Art. 2372-4 Abs. 1 c.civ.).[193] Dass das Gesetz auf den Wert des Sicherungsgegenstandes und nicht auf einen etwaigen Verwertungserlös abstellt, kann nur bedeuten, dass der Gläubiger keinerlei Zwang unterliegt, das Sicherungsgut zu verwerten. Macht der Gläubiger jedoch von seinem vertraglich eingeräumten Verwertungsrecht Gebrauch, muss er dem Schuldner den entsprechenden Mehrerlös herausgeben (Art. 2372-4 Abs. 2 c.civ.).

Um den Differenzbetrag feststellen zu können, muss der Sicherungsgegenstand zwingend[194] durch einen Sachverständigen geschätzt werden. Etwas anderes gilt nur, wenn es sich bei dem Sicherungsgut um eine Geldsumme handelt oder sich dessen Wert objektiv aus einer Notierung auf einem Finanzmarkt[195] ergibt (Art. 2372-3 Abs. 3 c.civ.).

g) Prioritätskonflikte der *fiducie*

aa) Vorrang vor Massegläubigern

Die *fiducie* gewährt dem Gläubiger ausschließliches Eigentum am Sicherungsgut (Art. 2023 c.civ.) und entzieht dieses dem Vermögen des Schuldners, auch wenn letzterer den tatsächlichen Besitz am Sicherungsgut behalten hat. Wird also später ein Insolvenzverfahren über das Vermögen des Schuldners eröffnet, bleibt das Sicherungsgut davon unberührt (Art. 2024 c.civ.). Der Gläubiger steht damit grund-

---

[192] Der Verfall tritt damit auf gesetzlichem Wege ein, vgl. Crocq, RD 2007, 1354, 1356; Dammann/Podeur, RD 2008, 2300, 2302; Dargent, RD 2008, 2133, 2134; Kuhn, Dr.et patr. 2007, 32, 39.
[193] Gallois, RD 2010, 335, Rn. 11 ff..
[194] Diese Bestimmung ist nicht disponibel, vgl. Art. 2372-3 Abs. 3 S. 2 c.civ.
[195] Nach dem eindeutigen Wortlaut beschränkt sich die Notierung auf einen im Sinne des *Code monétaire et financier* geregelten Markt. Damit ist in allen anderen Fällen, selbst bei eindeutiger Wertbestimmung, ein Wertgutachten unentbehrlich.

sätzlich nicht mit den übrigen, ungesicherten Gläubigern des Schuldners in Konkurrenz.[196]

Eine Ausnahme besteht lediglich für solche Gläubiger, deren Forderungen sich aus der Verwahrung oder Verwaltung des Sicherungsgutes ergeben: Diese Gläubiger dürfen ausnahmsweise auf das Sicherungsgut zugreifen (Art. 2025 Abs. 1 c.civ.).[197] Da der Schuldner die Sicherungsgegenstände in der Regel in seinem Besitz behält und weder Verwahrung noch Verwaltung aus der Hand geben wird, dürfte diese Variante so gut wie nie einschlägig sein.

bb) Vorrang vor privilegierten Gläubigern

Es stellt sich die Frage, ob dasselbe in einer Konkurrenzsituation zwischen *fiducie* und Insolvenzprivilegien gilt.

(1) Funktion der gesetzlichen Privilegien

In der Insolvenz des Schuldners gewährt das französische Gesetz bestimmten Gläubigern ein Privileg, das ihnen zwar kein Verwertungsrecht, aber grundsätzlich das Recht verleiht, vor anderen, auch gesicherten Gläubigern befriedigt zu werden (Artt. 2324 ff, 2328 c.civ.).[198] Die Anerkennung solcher Privilegien ist Ausdruck einer sozial- und arbeitsmarktpolitischen Entscheidung des Gesetzgebers, mit der er häufig die Interessen des Staates oder besonders schutzwürdiger Gläubigergruppen bevorzugt.[199] Der früher bestehende Streit hinsichtlich der Rechtsnatur von Privilegien wurde von Art. 2329 Nr. 1 c.civ. nun eindeutig zugunsten einer Mobiliarsi-

---

[196] Barrière, JCP EA 2007, 13, 14; Dupichot, JCP 2007, 5, 7; Der Sinn des Zweckvermögens zeigt sich aber vor allem in der Insolvenz des Gläubigers, wo es einem Zugriff seiner Gläubiger entzogen ist (Art. 2024 c.civ.), vgl. Aynès, RD 2007, 961 f.

[197] Auch diese Vorschrift ist eher auf die Vermögensverwaltung zugeschnitten. Auf den ersten Blick erscheint es zweifelhaft, ob auch der Gläubiger als Treuhänder vom Wortlaut des Art. 2025 Abs. 1 c.civ. erfasst wird. Denn seine Forderung entsteht nicht im Zusammenhang mit der Verwahrung oder Verwaltung der Sicherungsgegenstände, sondern setzt sich im Wesentlichen aus Darlehensvaluta und Zinsen zusammen. Es entspricht jedoch gerade der *ratio* dieses Rechtsinstituts, dass der durch die *fiducie* Begünstigte auf das Treuhandvermögen zugreifen kann. Der Gläubiger zählt damit selbst zu den tauglichen Gläubigern i.S.d. Art. 2025 Abs. 1 c.civ, vgl. Dammann/Podeur, RD 2007, 1359, 1360; Kuhn, Dr.et patr. 2007, 32, 41.

[198] Zu den vielen verschiedenen Privilegien vgl. Ferid/Sonnenberger, *Das französische Zivilrecht*, Rn. 3 D 208 ff, 3 D 228 ff; Legeais, *Sûretés et garanties du crédit*, Rn. 640, 648 ff, 669 ff; Simler, „Das Recht der Mobiliarsicherheiten in Frankreich" in Kreuzer, *Mobiliarsicherheiten - Vielfalt oder Einheit?*, 105, 121 ff.

[199] Legeais, *Sûretés et garanties du crédit*, Rn. 639; Simler, „Das Recht der Mobiliarsicherheiten in Frankreich" in Kreuzer, *Mobiliarsicherheiten - Vielfalt oder Einheit?*, 105, 106.

cherheit entschieden.²⁰⁰

Traditionell genießen die Forderungen der Arbeitnehmer absoluten Vorrang („*super-privilège*") vor allen anderen Privilegien (Artt. L.625-7 f. c.com. i.V.m. Art. L.641-14 c.com.), dicht gefolgt vom Gerichtskostenprivileg.²⁰¹ Ihnen folgt in der Rangstellung das Privileg der Neugläubiger (Art. L.622-17 i.V.m. Artt. L.611-11, L.641-13 c.com.).²⁰² In der Regel schließen sich dann die Privilegien des Fiskus und der Sozialversicherungsträger²⁰³ und erst dann die allgemeinen Privilegien an (Artt. 2330 bis 2332-3 c.civ.).²⁰⁴

(2) Rangstellung der gesetzlichen Privilegien

Die Inhaber der eben genannten Privilegien hatten bisher Vorrang vor allen anderen, auch dinglich gesicherten Gläubigern. Selbst drittwirksame und noch vor Eröffnung des Insolvenzverfahrens entstandene Mobiliarsicherheiten traten hinter ihnen zurück.²⁰⁵ Etwas anderes muss jedoch im Verhältnis zur *fiducie* gelten: Da der Gläubiger der *fiducie* ein Aussonderungsrecht hat und das Sicherungsgut nicht vom Insolvenzverwalter verwertet wird, stellt sich die Frage nach dem Rangverhältnis hier erst gar nicht.

cc) Vorrang vor gutgläubigen Erwerbern des Sicherungsgegenstandes

Eine weitere Konkurrenzsituation entsteht, wenn der Schuldner nach Bestellung der *fiducie*, aber noch vor Eintritt des Sicherungsfalles unberechtigt über den Siche-

---

[200] Legeais, *Sûretés et garanties du crédit*, Rn. 637; Zum früheren Streitstand vgl. Ferid/Sonnenberger, *Das französische Zivilrecht*, Rn. 3 D 201, 3 D 215ff. m.w.N.

[201] MüKo/Niggemann, *InsO*, Länderberichte – Frankreich, Rn. 36.

[202] Crocq, RD 2006, 1306 ff; Lucas/Sénéchal, RD 2008, 29, 30; Neugläubiger sind Darlehensgeber, welche dem Schuldner im Rahmen eines Sanierungsversuchs Finanzmittel gewähren, um dessen Geschäftsfortführung zu ermöglichen. Ihnen gleichgestellt sind Investoren, die Gesellschafterdarlehen einbringen sowie Lieferanten und Dienstleistungsunternehmen, die auf sofortige Barzahlung verzichten.

[203] Zur Kritik an den Privilegien der Steuerbehörden und Sozialversicherungsträger vgl. Witz, *Gedächtnisschrift für Dietrich Schultz*, 399 f.

[204] Die Reform hat nur ihre Rangfolge, nicht aber ihren Inhalt beeinflusst, vgl. Ministère de la Justice, „Rapport au Président de la République relatif à l'ordonnance n° 2006-346", Rn. 1.2.2.1; Zur früheren Rangfolge und Effizienz der Privilegien vgl. Ferid/Sonnenberger, *Das französische Zivilrecht*, Rn. 3 D 285 ff; Hübner/Constantinesco, *Einführung in das französische Recht*, 207.

[205] Fitzau, *Mobiliarsicherheiten im französischen und deutschen Insolvenzrecht*, 30; Simler, „Das Recht der Mobiliarsicherheiten in Frankreich" in Kreuzer, *Mobiliarsicherheiten - Vielfalt oder Einheit?*, 105, 115 f.

rungsgegenstand verfügt. Vorausgesetzt, ein gutgläubiger Erwerber erlangt die tatsächliche Sachherrschaft an dem Sicherungsgegenstand (Art. 1141 c.civ.), wird nach dem Grundsatz *„en fait de meubles possession vaut titre"* grundsätzlich vermutet, dass der Schuldner – obwohl er sein Eigentum mit Bestellung der *fiducie* auf den Gläubiger übertragen hat – als Eigentümer verfügt (Art. 2276 Abs. 1 c.civ.). Nach Ansicht der Verfasserin ist ein solch gutgläubig lastenfreier Erwerb des Sicherungsgegenstandes, welcher für andere Treuhandverhältnisse anerkannt ist,[206] auch im Rahmen der *fiducie* möglich. Im Falle eines solchen gutgläubigen Erwerbs verliert der Gläubiger der *fiducie* sein Eigentum und kann sich damit in der Schuldnerinsolvenz nicht mehr auf seine frühere dingliche Sicherungsposition berufen.

dd) Prioritätskonflikte mit konkurrierenden Mobiliarsicherheiten

Dem Gläubiger einer *fiducie* gehen solche Sicherungsgläubiger des Schuldners vor, deren Sicherungsrecht schon vor Registrierung der *fiducie* „publiziert" wurde (Art. 2025 Abs. 1 c.civ.). Früher eingetragene Sicherungsrechte bleiben also bestehen, und zwar unabhängig davon, ob es sich bei diesen um Pfandrechte oder um konkurrierende *fiducies* handelt.[207] Aus dem eben Gesagten ergibt sich zwanglos, dass sich der Rang sukzessiver besitzloser *fiducies* aus der Reihenfolge ihrer Eintragungen ergibt (Art. 2372-5 Abs. 3 S. 2 c.civ.).

Es stellt sich jedoch die Frage, ob dann etwas anderes gilt, wenn eine der konkurrierenden *fiducies* mit einer tatsächlichen Besitzübertragung einhergeht. Man könnte einerseits daran denken, dass auch die Besitzübertragung als Form der Publizität im Sinne des Art. 2025 Abs. 1 c.civ. zu verstehen ist, andererseits aber auch daran, dass gemäß Art. 1141 c.civ. demjenigen Gläubiger der Vorrang gebührt, welcher vor oder nach der Eintragung anderer *fiducies* in den Besitz des Sicherungsgegenstandes gelangt ist.[208]

Wenn Art. 2025 Abs. 1 c.civ. einen Vorrang früher „publizierter" Sicherheiten vorsieht, so ist davon auszugehen, dass damit nur solche Sicherheiten gemeint sind, die in ein Register eingetragen wurden. Zwar handelt es sich bei der Besitzübertragung regelmäßig um eine Form der Publizität. Da sich jedoch dem Besitz nicht ansehen

---

[206] Assfalg, NJW 1970, 1902, 1905.

[207] Nach Art. 2372-5 Abs. 2 S. 1 c.civ. können sukzessive *fiducies* nicht nur zwischen den ursprünglichen Sicherungsparteien, sondern auch zugunsten neuer Gläubiger vereinbart werden; vgl. hierzu Kapitel 2, B, I, 2, c), dd), (4), S. 37.

[208] Näher zu Art. 1141 c.civ. vgl. Ferid/Sonnenberger, *Das französische Zivilrecht*, Rn. 3 B 115.

lässt, ob er der Eintragung einer *fiducie* vorausging oder nachfolgte, würde die Bestimmung des Art. 2025 Abs. 1 c.civ. ihren Sinn verlieren, wenn man auch die Besitzübertragung als Publizitätsform in diesem Sinne begreifen wollte.

Gegen die Anwendung des Art. 1141 c.civ. spricht, dass es an einem gesetzlichen Verweis auf diese Vorschrift fehlt. Art. 1141 c.civ. spricht außerdem von einer mehrfachen Verpflichtung zur Besitzeinräumung, welche bei der Bestellung einer besitzlosen *fiducie* gerade nicht besteht.

Nach Ansicht der Verfasserin ist also davon auszugehen, dass der Gesetzgeber ein striktes Prioritätsprinzip schaffen wollte, welches sich ausschließlich an der Reihenfolge der Eintragung von Sicherheiten orientiert. Der Gläubiger einer besitzlosen *fiducie* muss daher keinen Rangverlust befürchten, selbst wenn konkurrierende Gläubiger – vor oder nach Bestellung der besitzlosen *fiducie* - die tatsächliche Sachherrschaft über den Sicherungsgegenstand erlangt haben.

Das zuerst bestellte Pfandrecht oder die zuerst bestellt *fiducie* hat Vorrang vor allen später bestellten Sicherheiten.

ee) Verwertungsrecht konkurrierender Sicherungsgläubiger

Das Gesetz trifft keine Bestimmungen darüber, welcher der konkurrierenden Sicherungsgläubiger den Sicherungsgegenstand vom Schuldner heraus verlangen und verwerten darf. Für Pfandrechte findet sich lediglich die Feststellung, dass die Pfandgläubiger entsprechend ihrer Rangfolge aus dem Verkaufserlös zu befriedigen sind.[209]

Würde das Verwertungsrecht lediglich dem Gläubiger zuerkannt, der die beste Rangposition hat, müssten die anderen Gläubiger warten, bis dieser aktiv wird. Der Gläubiger mit der besten Rangposition hat aber unter Umständen kein Interesse an einer sofortigen Verwertung, beispielsweise weil er über weitere Personalsicherheiten verfügt, weil er dem Schuldner die Chance geben will, mit seinem Sicherungsgut weiter zu wirtschaften oder weil er seine Geschäftsbeziehung mit diesem nicht gefährden will.

---

[209] Legeais, *Sûretés et garanties du crédit*, Rn. 478; Simler, „Das Recht der Mobiliarsicherheiten in Frankreich" in Kreuzer, *Mobiliarsicherheiten - Vielfalt oder Einheit?*, 105, 113.

Eine Bevorzugung vorrangiger Sicherungsgläubiger ist gesetzlich weder vorgesehen noch unter rechtlichen oder wirtschaftlichen Gesichtspunkten geboten. Denn vorrangige Gläubiger haben bei einer Verwertung durch nachrangige Gläubiger nichts zu befürchten. Letzteren ist in der Regel daran gelegen, einen Verwertungserlös zu erzielen, der ausreicht, um nicht nur vorrangige Gläubiger, sondern auch ihre Forderungen zu befriedigen.

Es ist daher davon auszugehen, dass jeder Sicherungsgläubiger zur Verwertung schreiten darf, solange sich nicht vorrangige Gläubiger auf ihren besseren Rang berufen.[210] In jedem Fall ist der erzielte Verwertungserlös entsprechend der Rangfolge der Gläubiger zu verteilen.

4. Abschließende Betrachtung der neu eingeführten *fiducie*

Abschließend lässt sich feststellen, dass die *fiducie* zumindest derzeit eher als Verwaltungs- denn als Sicherungsinstrument konzipiert ist. Dies zeigen vor allem die Vorschriften, die zum Schutz des Schuldners eine sachgerechte Vermögensverwaltung sicherstellen sowie vor einem Missbrauch der *fiducie* schützen sollen.[211]

Mittlerweile wurden jedoch die gröbsten Unstimmigkeiten beseitigt[212] und auch ein gesundes Mittelmaß zwischen Insolvenz- und Sachenrecht gefunden. Trotz erster Anlaufschwierigkeiten ist die *fiducie* also durchaus als Eigentumssicherheit geeignet.

Die mit der abschließenden Kodifikation der *fiducie* verbundene Rechtssicherheit wäre an sich geeignet, die Kreditwirtschaft anzukurbeln. Dass ihr in der Praxis dennoch mit Vorsicht begegnet wird, dürfte zum einen daran liegen, dass der traditio-

---

[210] Simler, „Das Recht der Mobiliarsicherheiten in Frankreich" in Kreuzer, *Mobiliarsicherheiten - Vielfalt oder Einheit?*, 105, 113 f.

[211] Zu nennen sind hier u.a. die Beschränkung des tauglichen Treuhänderkreises sowie die Möglichkeit, die Treuhand zu widerrufen oder den Treuhänder zu ersetzen, vgl. Marini, RD 2007, 1347, 1349.

[212] So war es anfangs beispielsweise umstritten, ob die *fiducie* zu Sicherungszwecken vereinbart werden kann. Mit Einführung der Artt. 2372-1, 2373, 2329 Nr. 4 c.civ. wurde diese Frage bejaht, vgl. hierzu Kapitel 2, A, II, S. 21. Auch die Artt. 2372-1 bis 2372-5 c.civ., welche die Sicherungsübereignung betreffen, wurden erst mit Verordnung Nr. 2009-112 vom 30.01.2009 - also fast 2 Jahre nach Einführung der *fiducie* - geschaffen und mit Gesetz Nr. 2009-526 vom 12.05.2009 modifiziert. Das nach Art. 2020 c.civ. vorgesehene nationale *fiducie*-Register wurde erst mit Dekret Nr. 2010-219 vom 02.03.2010 geschaffen. Bis dahin herrschte große Ungewissheit hinsichtlich seiner genauen Ausgestaltung, bis zu diesem Zeitpunkt konnte die *fiducie* also nicht wirksam eingetragen werden.

FIDUCIE AN GEGENSTÄNDEN

nell gegen Eigentumssicherheiten bestehende Argwohn tief in der französischen Seele verwurzelt ist[213] und zum anderen, dass sich die schon bisher bestehenden Kreditsicherheiten im Laufe der Zeit durchaus bewährt haben.[214] Im Hinblick darauf, dass erst kurz vor Einführung der *fiducie* auch das Pfandrechtssystem deutlich optimiert wurde, darf ernsthaft bezweifelt werden, dass sich die *fiducie* gegen die neuen besitzlosen Pfandrechte durchsetzen kann.[215]

---

[213] Mit Einführung der *fiducie* wurde das Tabu beseitigt, das Eigentum an körperlichen Gegenständen als Sicherungsinstrument zu verwenden, vgl. Crocq, RD 2007, 1354, 1357; es dürfte sich daher nur um eine Frage der Zeit handeln, bis sich die französische Kreditsicherungspraxis an dieses Rechtsinstitut gewöhnt hat.

[214] Barrière, JCP EA 2007, 13, 14.

[215] So jedoch Dammann/Podeur, RD 2007, 1359; Nach Ansicht von Witz, RD 2007, 1369 hängt der Erfolg in großem Maße von der Findigkeit der Praktiker ab.

II. Die *fiducie* an körperlichen Gegenständen im Vergleich zur deutschen Sicherungsübereignung

1. Allgemeines

a) Entstehungsgeschichte der Sicherungsübereignung

Um die Unannehmlichkeiten des Faustpfandrechts zu überwinden, wurde schon im 19. Jahrhundert die *Sicherungsübereignung* unter Rückgriff auf die *fiducia cum creditore* des römischen Rechts entwickelt.[216] Zwar stieß dieses Rechtsinstitut anfangs auf dieselben Bedenken, denen sich die *fiducie* ausgesetzt sah: Die *Sicherungsübereignung* stelle ein nichtiges Scheingeschäft, eine Gesetzesumgehung und einen Verstoß gegen den *numerus clausus* der Sachenrechte dar.[217] Letztlich verwarfen die deutschen Gerichte diese Zweifel mit derselben Begründung, die auch im Rahmen der französischen *fiducie* vertreten wurde[218] und erkannten die *Sicherungsübereignung* schon früh als Kreditsicherungsmittel an.[219] Inzwischen hat die *Sicherungsübereignung* das wirtschaftlich unzulängliche Faustpfandrecht abgelöst und sich zu einem wichtigen Sicherungsinstrument entwickelt.[220]

b) Rechtlicher Rahmen der Sicherungsübereignung

Im Gegensatz zur allgemeinen und abschließenden Regelung der französischen *fiducie* wurde die *Sicherungsübereignung* nie kodifiziert. Die einzige im Bürgerlichen Gesetzbuch als solche geregelte Mobiliarsicherheit ist das Faustpfandrecht. Daneben finden sich lediglich Bestimmungen zu einzelnen gesetzlichen Treuhandverhältnissen,[221] aber keine allgemeingültige Legaldefinition der Treuhand.[222]

---

[216] Zur Theorie vom fiduziarischen Rechtsgeschäft vgl. Coing, *Die Treuhand kraft privaten Rechtsgeschäfts*, 28-47.

[217] Zur früheren Kritik an der *Sicherungsübereignung* vgl. Lange, NJW 1950, 565, 566; zur Vereinbarkeit von Verfallklausel und *Sicherungsübereignung* vgl. Gaul, AcP 1968, 351 ff.

[218] Die *Sicherungsübereignung* scheitert nicht an § 117 Abs. 1 BGB, da die Parteien ihr Ziel nicht durch den bloßen Schein einer Eigentumsübertragung erreichen wollen, vgl. Gernhuber, JuS 1988, 355, 356; §§ 449, 216 Abs. 2 BGB und § 51 Nr. 1 InsO zeigen, dass der Gesetzgeber die *Sicherungsübereignung* gesetzlich anerkannt hat, vgl. Weber, NJW 1976, 1601, 1604; Schließlich weicht auch nicht das Sicherungseigentum selbst vom Typenzwang ab, erst dessen Behandlung in der Zwangsvollstreckung und Insolvenz ist dem Gesetz fremd, vgl. Reinhardt/Erlinghagen, JuS 1962, 41, 49; Staudinger/Bund, *BGB*, Einl. SachR, Rn. 44.

[219] RG, RGZ 52, 385, 394; RG, RGZ 59, 146, 147.

[220] Statt vieler Wolter, *Treuhandrecht im Umbruch?*, 6.

[221] Vgl. z.B. die Bestimmungen zur Zwangsvollstreckung (§ 847a Abs. 1 und 2 ZPO), Insolvenzverwaltung (§ 313 InsO), Zwangsverwaltung (§§ 165 Abs. 2, 171 c Abs. 3 ZVG), Testamentsvollstreckung (§ 2205 BGB), Vor- und Nacherbschaft (§§ 2100 f. BGB) und Stiftungen (§§ 80 f.

c) **Dogmatische Erklärung des Sicherungseigentums**

Der Mechanismus der *Sicherungsübereignung* ist demjenigen der *fiducie* in einigen Punkten ähnlich: Um die Forderung des Gläubigers abzusichern, überträgt der Schuldner diesem das absolute Eigentum an den Sicherungsgegenständen.[223] Dieses verleiht dem Gläubiger unbeschränkte Rechtsmacht gegenüber Dritten, und zwar unabhängig davon, ob die Übereignung unbedingt oder ausnahmsweise unter der auflösenden Bedingung der Forderungstilgung erfolgt (§ 158 Abs. 2 BGB).[224] Im Innenverhältnis zum Schuldner hingegen ist der Gläubiger treuhänderisch gebunden und verpflichtet, nicht über das Sicherungsgut zu verfügen und dieses auf den Schuldner zurück zu übertragen, sobald der Sicherungszweck entfallen ist.[225]

In beiden Rechtsordnungen fallen also rechtliches Können im Außenverhältnis und vertragliches Dürfen im Innenverhältnis auseinander.[226] Während jedoch die deutsche Rechtsordnung mit ihrer Unterscheidung zwischen schuldrechtlichem Verpflichtungs- und dinglichem Verfügungsgeschäft eine brauchbare dogmatische Erklärung für die überschießende Rechtsmacht des Gläubigers liefert,[227] stoßen die französischen Erklärungsversuche auf beachtliche theoretische Schwierigkeiten. Sie können sich weder auf das Abstraktionsprinzip des deutschen Rechts noch auf die dem *common law* eigene Dualität von *legal ownership* und *equitable ownership* be-

---

BGB); Zu den gesetzlichen Treuhandverhältnissen vgl. Gernhuber, JuS 1988, 355; Wolter, *Treuhandrecht im Umbruch?*, 2.

[222] Einsele, JZ 1990, 1005, 1010.

[223] RG, RGZ 124, 73 f; Westermann, Harm P, *Sachenrecht*, § 44 I 1.

[224] Mangels anderweitiger Vereinbarung besteht in der Regel nur ein schuldrechtlicher Rückübertragungsanspruch. Es gibt keine Auslegungsregel, nach der die Parteien im Zweifel eine auflösend bedingte Einigung gewollt haben, vgl. BGH NJW 1984, 1184 ff; BGH NJW 1991, 353, 354; Palandt/Bassenge, *BGB*, § 930, Rn. 28; Lediglich eine Mindermeinung geht grundsätzlich von einem aufschiebend bedingten Rückgewähranspruch des Schuldners oder einer auflösenden Bedingung aus, vgl. Serick, *Eigentumsvorbehalt und Sicherungsübertragung - neue Rechtsentwicklungen*, 169 f; vgl. auch die Nachweise bei Westermann, Harm P, *Sachenrecht*, § 44 III 4.

[225] Coing, *Die Treuhand kraft privaten Rechtsgeschäfts*, 99-101; Gruber, AcP 2002, 435 f; In beiden Rechtsordnungen sollte daher von „fiduziarischem Eigentum", „Sicherungseigentum" oder „Treuhandeigentum" gesprochen werden, um es von normalem Eigentum abzugrenzen; Näher zur Funktion des Sicherungseigentums vgl. Grimaldi, *La fiducie – réflexions*, Art. 35085, Rn. 6 f; MüKo/Oechsler, *BGB*, §§ 929-936, Rn. 1 ff; Serick, *Eigentumsvorbehalt und Sicherungsübertragung - neue Rechtsentwicklungen*, 38 ff; Staudinger/Wiegand, *BGB*, Anh. zu §§ 929-931, Rn. 58 - 63.

[226] BGH NJW 1954, 190, 192; Henssler, AcP 1996, 37, 46; BeckOK/Fritzsche, *BGB*, § 903, Rn. 9; MüKo/Kindler, *BGB*, Rn. 289; Palandt/Bassenge, *BGB*, § 930, Rn. 33 ff.

[227] Henssler, AcP 1996, 37, 47.

rufen, um die quasidinglichen Wirkungen der Sicherungsabrede[228] zu erklären. Im französischen Recht bewirkt der Abschluss des Sicherungsvertrages nicht nur den dinglich vollwirksamen Eigentumsübergang,[229] sondern regelt zugleich auch die treuhänderische Beschränkung des Gläubigers. Die oftmals konträren Interessen von Gläubiger und Schuldner werden durch die gesetzlichen Bestimmungen zur *fiducie* in Einklang gebracht. Im Zweifel jedenfalls ist der Eigentümerstellung des Gläubigers Vorrang zu gewähren, da diese Definitionsbestandteil der *fiducie* ist.[230]

d) Anwendungsbereich von *fiducie* und Sicherungsübereignung

Wie im Rahmen der *fiducie* gemäß Art. 2011 c.civ. kann auch im Rahmen der *Sicherungsübereignung* grundsätzlich jeder übertragbare Gegenstand als Sicherungsgut dienen. Der Anwendungsbereich der *Sicherungsübereignung* unterliegt in sachlicher Hinsicht lediglich der Beschränkung auf bewegliche Sachen.

Beide Rechtsinstitute haben außerdem gemeinsam, dass die Eigentumsübertragung in einem Zwei-Personen-Verhältnis zwischen Schuldner und Gläubiger erfolgt. Beide Parteien sind als Begünstigte des Sicherungsvertrages anzusehen: Der Gläubiger hat ein unmittelbares Eigeninteresse an der *Sicherungsübereignung*, weil sie ihm als Sicherheit für seine Forderung dient. Sie kommt aber – wie im Rahmen der *fiducie* – auch dem Schuldner insofern zugute, als die Kreditgewährung von der Gewährung der Sicherheit abhängt.[231]

Allerdings gibt es große Unterschiede hinsichtlich des persönlichen Anwendungsbereichs von *fiducie* und *Sicherungsübereignung*: Während der Kreis der tauglichen Gläubiger im Rahmen der *fiducie* – primär zur Verhinderung von Steuerhinterziehung – beschränkt wurde, steht die ohne gesetzgeberische Hilfe entwickelte *Sicherungsübereignung* jedermann offen.[232]

---

[228] Da der schuldrechtliche Sicherungsvertrag das Eigentum des Gläubigers im Innenverhältnis beschränkt, wird teilweise von einer „quasidinglichen Wirkung" der Sicherungsabrede gesprochen, vgl. Einsele, JZ 1990, 1005, 1010; Gernhuber, JuS 1988, 355, 358.

[229] Nach h.M. wird weder ein unbenanntes dingliches Recht geschaffen noch findet eine Eigentumszersplitterung statt, vgl. Crocq, *Propriété et garantie*, Rn. 250; Witz, *La fiducie en droit privé français*, 242.

[230] Cantin Cumyn, RD 1992, 117, 119.

[231] Zur Sicherungstreuhand als Form der eigennützigen Treuhand vgl. Gernhuber, JuS 1988, 355, 356 f; Gottwald/Bertram, *InsO*, § 40, Rn. 46; Henssler, AcP 1996, 37, 42 f; Wolter, *Treuhandrecht im Umbruch?*, 5 f.

[232] Witz, RD 2007, 1369, 1370.

2. Wirksamkeitsvoraussetzungen von *fiducie* und Sicherungsübereignung

a) Terminologie

Sicherheiten an beweglichen Sachen werden nach französischer Systematik als Realsicherheiten (*sûreté réelle*) verstanden. Dieser Begriff ist nicht ohne Weiteres mit dem deutschen Begriff der „dinglichen Sicherheit" gleichzusetzen. Zwar stehen beide im Gegensatz zu Personalsicherheiten (*droit personnel*) und gewähren dem Gläubiger ein Zugriffsrecht auf bestimmte Gegenstände. Anders jedoch als ein deutsches dingliches Sicherungsrecht ist eine Realsicherheit nicht automatisch dinglich ausgestaltet. Sie entfaltet vielmehr zunächst nur zwischen den Sicherungsparteien Wirksamkeit[233] und bedarf zur Drittwirksamkeit in der Regel eines zusätzlichen Publizitätsaktes.

b) Unterscheidung zwischen Wirksamkeit *inter partes* und *erga omnes*

Bei der *fiducie* macht sich die Unterscheidung zwischen der Wirksamkeit *inter partes* und derjenigen *erga omnes* kaum bemerkbar, da schon erstere eine Registereintragung erfordert. Ist die *fiducie* erst einmal zwischen den Parteien wirksam, kann sie zugleich auch Dritten entgegengesetzt werden.

Auch im deutschen Recht wird grundsätzlich zwischen der internen Rechtsbeziehung der Parteien, welche durch den schuldrechtlichen Sicherungsvertrag geregelt wird, und dem Eigentumsübergang, der durch das dingliche Verfügungsgeschäft bewirkt wird, unterschieden (Trennungsprinzip).[234] Beide Geschäfte sind aufgrund des im deutschen Recht anerkannten Abstraktionsprinzips hinsichtlich Existenz und Wirksamkeit voneinander unabhängig.[235]

---

[233] CA Angers v. 26.03.1985, RD 1986, 537, 539 m. Anm. Contamine-Raynaud; Fitzau, *Mobiliarsicherheiten im französischen und deutschen Insolvenzrecht*, 1 f; Legeais, *Sûretés et garanties du crédit*, Rn. 342.

[234] BGH, WM 1968, 1170, 1171; MüKo/Kindler, *BGB*, Rn. 290.

[235] Zum Abstraktionsprinzip des deutschen Rechts vgl. Stadler, *Gestaltungsfreiheit und Verkehrsschutz durch Abstraktion*, 4 ff, 46 ff; Allerdings kann die Wirksamkeit der Sicherungsabrede zur Bedingung der *Sicherungsübereignung* gemacht werden (§ 158 BGB); Darüber hinaus können die Parteien beide Geschäfte zusammenfassen, so dass sich die Unwirksamkeit der Sicherungsabrede auch auf die *Sicherungsübereignung* erstreckt (§ 139 BGB); Zu den Durchbrechungen des Abstraktionsprinzips vgl. Stadler, *Gestaltungsfreiheit und Verkehrsschutz durch Abstraktion*, 87 ff; zur Einheitlichkeit des Rechtsgeschäfts vgl. näher Eisenhardt, JZ 1991, 271, 272 ff.

Anders als im Rahmen der *fiducie* spielt die schuldrechtliche Sicherungsabrede, welche die *causa* für den Eigentumserwerb darstellt, auf den ersten Blick keine Rolle für die Drittwirksamkeit der *Sicherungsübereignung*. Falls die Sicherungsabrede unwirksam sein sollte, wäre das Eigentum nicht kondiktionsfest und unterläge einem bereicherungsrechtlichen Ausgleichsanspruch nach §§ 812 ff. BGB, welcher jedoch nur das Innenverhältnis zwischen den Parteien berührt.[236] Indirekt spielt die Wirksamkeit der Sicherungsabrede jedoch insofern eine Rolle, als diese mittlerweile als taugliches Besitzkonstitut im Sinne des § 868 BGB anerkannt ist und insofern die *Sicherungsübereignung* ohne Besitzübertragung ermöglicht (§§ 929 S. 1, 930 BGB).[237] Die Wirksamkeit der Sicherungsabrede berührt damit nicht nur das Innenverhältnis zwischen den Parteien, sondern schlägt – da ein im Wege des Besitzkonstituts begründetes Sicherungseigentum nur drittwirksam ist, wenn auch das zugrundeliegende Besitzmittlungsverhältnis wirksam ist – auf das Verhältnis *erga omnes* durch.

c) Drittwirksamkeitsvoraussetzungen von *fiducie* und Sicherungsübereignung

aa) Sicherungsvertrag

Sowohl *fiducie* als auch *Sicherungsübereignung* setzen zunächst einen Vertrag zwischen den Parteien voraus, um drittwirksam zu sein.[238] Welcher Art dieser Vertrag sein muss, soll im Folgenden untersucht werden.

Für die Bestellung der *fiducie* und die damit verbundene Eigentumsübertragung genügt es aufgrund des in Frankreich geltenden Konsensprinzips, dass die Parteien einen schriftlichen Sicherungsvertrag abschließen, ohne dass ein zusätzlicher dinglicher Vertrag erforderlich wäre.[239]

Zur dinglichen Wirksamkeit der *Sicherungsübereignung* kommt es zunächst auf eine Einigung der Parteien dahingehend an, das Eigentum auf den Gläubiger übertragen zu wollen (§ 929 S. 1 BGB).[240] Für diesen dinglichen Vertrag besteht kein

---

[236] Gernhuber, JuS 1988, 355, 357.

[237] Zur Sicherungsabrede als Besitzkonstitut vgl. Kapitel 2, B, II, 2, c), aa), S. 62.

[238] Weder die *Sicherungsübereignung* noch die *fiducie* können durch einseitige Willenserklärung begründet werden, wie dies z.B. beim Trust der Fall ist, vgl. Coing, *Die Treuhand kraft privaten Rechtsgeschäfts*, 107; Witz, RD 2007, 1369, 1371 m.w.N.

[239] Zum französischen Sicherungsvertrag vgl. bereits S. 28; Zusätzlich ist schon zur Wirksamkeit *inter partes* eine Registereintragung erforderlich, vgl. hierzu S. 30.

[240] MüKo/Gruber, *BGB*, Art. 31 CISG, Rn. 27.

Formzwang, wenngleich sich aus Beweisgründen eine schriftliche Niederlegung anbietet. Wie im französischen Recht müssen die Parteien hinreichend deutlich machen, welche Gegenstände übereignet werden sollen. Auch hier sind die Anforderungen des Bestimmtheitsgrundsatzes jedoch gelockert: Gattungsmäßige Umschreibungen sind beispielsweise zugelassen, wenn sich die Sicherungsgegenstände mittels „Markierung" oder „Raumsicherung" individualisieren lassen.[241]

Das deutsche Sachenrecht sieht für die Eigentumsübertragung zwar grundsätzlich einen Publizitätsakt in Form einer Besitzübertragung vor, lässt aber auch die formlose Vereinbarung eines Besitzkonstituts genügen (§§ 929 S. 1, 930 BGB).[242] Soll die *Sicherungsübereignung* also ohne Besitzübertragung erfolgen, müssen die Parteien nicht nur den dinglichen Eigentumsübergang, sondern darüber hinaus auch ein Rechtsverhältnis vereinbaren, kraft dessen der Schuldner den Besitz behalten kann. Heute ist auch die Sicherungsabrede als ausreichend konkretes Besitzmittlungsverhältnis anerkannt.[243]

Letztendlich erfordern also beide Rechtsordnungen den Abschluss eines Sicherungsvertrages. Die Anforderungen an den französischen Sicherungsvertrag (vgl. Art. 2018 c.civ.) entsprechen im Wesentlichen den *essentialia negotii*, welche die Parteien auch im schuldrechtlichen Sicherungsvertrag nach deutschem Recht regeln müssen.[244] Anders als in Frankreich unterliegt der deutsche Sicherungsvertrag in der Regel keinen besonderen Formerfordernissen.[245]

Der Hauptunterschied zwischen den vertraglichen Anforderungen an *fiducie* und *Sicherungsübereignung* ist daher in den strengeren französischen Vertragsformalitäten

---

[241] Staudinger/Wiegand, *BGB*, Anh. zu §§ 929-931, Rn. 77, 95-102, 112 ff, 123 ff; So wird die Bestellung einer Sicherungsübereignung an Sachgesamtheiten mit wechselndem Bestand ermöglicht, vgl. Drobnig, „Vergleichender Generalbericht" in Kreuzer, *Mobiliarsicherheiten - Vielfalt oder Einheit?*, 9, 21.

[242] MüKo/Gruber, *BGB*, Art. 31 CISG, Rn. 27.

[243] BGH NJW 1979, 2308 f; Drobnig, „Vergleichender Generalbericht" in Kreuzer, *Mobiliarsicherheiten - Vielfalt oder Einheit?*, 9, 21; Gernhuber, JuS 1988, 355, 357; BeckOK/Kindl, *BGB*, § 930, Rn. 5; Palandt/Bassenge, *BGB*, § 930, Rn. 7.

[244] Die Sicherungsparteien müssen Sicherungsgegenstand, Sicherungszweck sowie ihre Rechte und Pflichten festlegen.

[245] Etwas anderes könnte sich höchstens aus der Natur des Sicherungsgegenstandes ergeben, was bei beweglichen Sachen aber nicht der Fall ist. Anders als bei Grundstücksübereignungen (vgl. § 311b Abs. 1 BGB) erfordert die Übereignung beweglicher Gegenstände keine notarielle Beurkundung.

sowie der Notwendigkeit eines zusätzlichen dinglichen Vertrages im deutschen Recht zu sehen.

Hingegen ist es *fiducie* und *Sicherungsübereignung* gemeinsam, dass sie nicht abhängig von der gesicherten Forderung sind und auch dann entstehen, wenn die Forderung gar nicht existiert.[246] Gleichwohl ist die deutsche *Sicherungsübereignung* nicht auf Verkehrsfähigkeit angelegt: Der Sicherungsnehmer würde sich nach deutschem Recht schadensersatzpflichtig machen, wenn er das *Sicherungseigentum* ohne die zugrunde liegende Forderung übertragen würde. Dasselbe dürfte wohl auch für die *fiducie* gelten, so dass auch diese nicht zirkulationsfähig ist.

bb) Publizitätsakt

(1) Registereintragung

Die Begründung einer *fiducie* erfordert zwingend die Vornahme einer Registereintragung, welche jedoch nicht öffentlich eingesehen werden kann.

Im Gegensatz hierzu verfügt das deutsche System noch nicht einmal über ein Register, in welches die *Sicherungsübereignung* eingetragen werden könnte.[247] Auch die Begründung eines Besitzkonstituts entfaltet keine Publizitätswirkung. Der Schuldner hält den Sicherungsgegenstand zwar nicht mehr in unmittelbarem Eigen-, sondern in unmittelbarem Fremdbesitz. Diese Änderung ist jedoch für Dritte nicht erkennbar.[248]

(2) Separate Verwahrung des Zweckvermögens

Die Schaffung eines Zweckvermögens ist wesentliches Charakteristikum der *fiducie* (Art. 2011 c.civ.). Im deutschen Recht war lange Zeit unklar, was unter dem Begriff

---

[246] Zur fehlenden Akzessorietät der *fiducie* vgl. Kapitel 2, B, I, 2, b), aa), S. 30; Zur fehlenden Akzessorietät der *Sicherungsübereignung* vgl. BGH, NJW 1991, 353 f; Gernhuber, JuS 1988, 355, 357; Palandt/Bassenge, *BGB*, § 930, Rn. 13; Allerdings lässt das Fehlen einer zu sichernden Forderung den Sicherungszweck entfallen und berechtigt den Schuldner gegebenenfalls zu einer bereicherungsrechtlichen Rückabwicklung, vgl. Baur/Stürner, *Sachenrecht* § 57 B II; Erman/Michalski, *BGB*, Anh. §§ 929-931, Rn. 3.

[247] Grundbücher bieten lediglich die Möglichkeit der Erfassung von Grundstücksrechten.

[248] Drobnig, „Vergleichender Generalbericht" in Kreuzer, *Mobiliarsicherheiten - Vielfalt oder Einheit?*, 9, 23 f; Einsele, JZ 1990, 1005, 1007; BeckOK/Kindl, *BGB*, § 930, Rn. 1; MüKo/Oechsler, *BGB*, §§ 929-936, Rn. 2; Diese fehlende Publizität ist gerade der Grund für die Beliebtheit der deutschen Sicherungsübereignung, vgl. Rimmelspacher, *Kreditsicherungsrecht*, Rn. 123 ff, 311.

„Zweckvermögen" zu verstehen ist.²⁴⁹ Heutzutage ist darunter meist Treuhandvermögen zu verstehen, das dem Eigentum des Treugebers zuzurechnen ist.

Im Unterschied zum französischen Recht werden jedoch die Sicherungsgegenstände im Rahmen der *Sicherungsübereignung* zu einem normalen Vermögensbestandteil des Gläubigers und müssen nicht von seinen persönlichen Vermögensgegenständen getrennt verwahrt werden.²⁵⁰ Dass die Vermögensbestandteile in beiden Rechtsordnungen ohnehin faktisch dadurch getrennt werden, dass der Schuldner im Besitz der Sicherungsgegenstände verbleibt, ändert nichts an der Tatsache, dass sich hiermit in keiner der beiden Rechtsordnungen Publizitätswirkung erzielen lässt.

d) Sicherungsgegenstand von *fiducie* und Sicherungsübereignung

aa) Künftige Gegenstände

Wie die *fiducie* kann sich auch die deutsche *Sicherungsübereignung* auf zukünftige Sachen erstrecken. Hierzu vereinbaren die Parteien schon im Zeitpunkt des Sicherungsgeschäfts den künftigen Eigentumsübergang und antizipieren das Besitzmittlungsverhältnis.²⁵¹ Wie im französischen Recht müssen die künftigen Sachen hinreichend bestimmt sein.

bb) Surrogate

Um die Rechtsunsicherheit gering zu halten, die durch die fehlende Publizität der *Sicherungsübereignung* entstehen kann, vertritt die wohl herrschende Meinung, dass nur diejenigen Gegenstände in das Sicherungsvermögen fallen, welche der Schuldner unmittelbar aus seinem Vermögen in dasjenige des Gläubigers übertragen hat.²⁵² Dieses „Unmittelbarkeitsprinzip" schließt eine Ersetzung der ursprünglichen, möglicherweise veräußerten oder zerstörten Sicherungsgegenstände im Wege der dingli-

---

²⁴⁹ Schmidt, VerwArch 1969, 293–331.

²⁵⁰ Teilweise wird vertreten, die *fiducie* entspreche nach deutscher Dogmatik am ehesten einer unselbständigen Stiftung. Auch bei einer solchen werden Vermögenswerte auf einen Treuhänder mit der Maßgabe übertragen, diese getrennt vom übrigen Vermögen des Treuhänders zu verwalten, vgl. MüKo/Reuter, *BGB*, vor § 80, Vorbemerkung (63) m.w.N.

²⁵¹ Palandt/Bassenge, *BGB*, § 930, Rn. 10; Westermann, Harm P, *Sachenrecht*, § 44 II 2.

²⁵² Das Unmittelbarkeitsprinzip hat immer wieder Kritik erfahren, ist aber bis heute geltendes Richterrecht, vgl. RG, RGZ 133, 84, 87; Wolter, *Treuhandrecht im Umbruch?*, 9 m.w.N; Dieses Prinzip kann durch Hin- und Herübertragen einfach umgangen werden; Es findet außerdem keine strikte Anwendung beim „Geschäft für den, den es angeht", bei Treuhandkonten oder wenn ein Dritter auf Anweisung des Schuldners direkt an den Gläubiger übereignet, vgl. BGH, NJW 1959, 1223, 1225.

chen Surrogation aus.[253] Damit ist die Rechtslage strenger als diejenige, die sich im französischen Recht aus Art. 2011 c.civ. ergibt.

cc) Sachgesamtheit

Sachgesamtheiten wie Warenlager können auch in Deutschland zur Sicherheit übereignet werden, auch wenn deren Zusammensetzung veränderlich ist. Damit dem sachenrechtlichen Bestimmtheitsgrundsatz Genüge getan ist, müssen die einzelnen die Sachgesamtheit bildenden Gegenstände nicht von Anfang an bestimmt sein. Es genügt, wenn sie sich mittels einfacher äußerer Abgrenzungskriterien bestimmen lassen.[254] Die Abgrenzung ist insbesondere bei der *Sicherungsübereignung* von Warenlagern schwierig, kann hier aber beispielsweise durch Raumsicherungsklauseln bewerkstelligt werden, nach welchen alle Waren erfasst werden, die sich gegenwärtig in den Sicherungsräumen befinden oder künftig dorthin verbracht werden. Wie im französischen Recht ist bei Raumsicherungsverträgen eine getrennte Aufbewahrung und Lagerung des Sicherungsgutes erforderlich.[255]

Mittels Vorausabtretungs- oder Verarbeitungsklauseln kann die *Sicherungsübereignung* vertraglich auf Surrogate erstreckt werden. Eine solche *verlängerte Sicherungsübereignung* erlaubt es dem Sicherungsgeber, das Sicherungsgut – beispielsweise die Waren eines Warenlagers – zu verarbeiten und zu veräußern, ohne dass der Sicherungsnehmer sein Sicherungsrecht verliert.[256]

e) Interessenkollision und Grenzen der Privatautonomie

Wie bereits oben erläutert, ist es in beiden Rechtsordnungen zulässig, dem Gläubiger durch die Übertragung des vollen Eigentums an den Sicherungsgegenständen mehr Rechtsmacht zu verleihen, als der Sicherungszweck unter wirtschaftlichen Gesichtspunkten gebietet.[257]

---

[253] RG, RGZ 84, 214, 217 f; RG, RGZ 91, 12, 16; BGH, NJW-RR 1993, 367, 368; Einsele, JZ 1990, 1005, 1012 f; Gernhuber, JuS 1988, 355, 361.

[254] BGH, NJW 1992, 1161; BGH, NJW 1996, 2654, 2655; Erman/Michalski, *BGB*, Anh. §§ 929-931, Rn. 6.

[255] Eine räumliche Trennung ist dann nicht erforderlich, wenn die Bestimmung der Sicherungsgegenstände mittels eines Markierungsvertrages erfolgt.

[256] Zur *verlängerten Sicherungsübereignung* vgl. Gottwald/Bertram, *InsO*, § 43, Rn. 49.

[257] Ein beschränkt dingliches Pfandrecht würde schon genügen, um dem Gläubiger ein bevorzugtes Befriedigungsrecht einzuräumen, vgl. Wolter, *Treuhandrecht im Umbruch?*, 6 f.

Die maximal zulässige Laufzeit der *fiducie* beträgt 99 Jahre (Art. 2018-2 c.civ.). Da die Laufzeit der zu Sicherungszwecken abgeschlossenen *fiducie* – wie auch diejenige der *Sicherungsübereignung* – regelmäßig von der Laufzeit des Darlehens abhängt und dieses wohl kaum jemals für einen Zeitraum von über 99 Jahren gewährt werden wird, dürfte es dem französischen Gesetzgeber weniger um den Schutz des Schuldners vor einer unangemessen langen Verpflichtung gegangen sein. Die Laufzeitbeschränkung lässt sich vielmehr darauf zurückführen, dass der französische Gesetzgeber bei dieser Regelung die Verwaltungstreuhand vor Augen hatte.

Vor allem bei Globalsicherheiten besteht außerdem die Gefahr einer Übersicherung des Gläubigers.

In Frankreich wird eine solche nur dann relevant, wenn über das Vermögen des Schuldners das Insolvenzverfahren eröffnet wird (Art. L.650-1 c.com.). Das deutsche Recht versucht hingegen schon früher einzugreifen, ohne die *Sicherungsübereignung* vorschnell für nichtig zu erklären. Sicherungsverträge unterliegen einer Sittenwidrigkeitskontrolle nach §§ 138, 826 BGB[258] und im Fall der Verwendung von AGB einer Inhaltskontrolle nach §§ 305 ff. BGB. Praktische Relevanz erlangt die Sittenwidrigkeitskontrolle jedoch auch im deutschen Recht erst im Zwangsvollstreckungs- und Insolvenzfall.

Es ist nicht ungewöhnlich, dass *Sicherungsübereignungen* große Teile, manchmal sogar das gesamte Vermögen des Schuldners erfassen. Dies allein genügt jedoch nicht, um eine Sittenwidrigkeit zu bejahen.[259] Wenn ein solches Geschäft jedoch die wirtschaftliche Bewegungsfreiheit des Schuldners in einer Weise beschneidet, die ihn an einem eigenverantwortlichen Wirtschaften hindert, ist eine Knebelung im Sinne des § 138 BGB zu bejahen.[260] Hauptanwendungsfall der Knebelung im Sinne des § 138 BGB ist die Übersicherung. Subjektive Umstände wie eigensüchtige Beweggründe des Gläubigers und sein Bewusstsein der Sittenwidrigkeit sind hierfür zwar bedeutsam, nicht aber notwendig. Erforderlich ist vielmehr eine unerträgliche, seine wirtschaftliche Stellung vernichtende Abhängigkeit des Schuldners vom Gläubiger.

---

[258] BGH, BGHZ 10, 228, Rn. 8 ff; ausführlich zur Sittenwidrigkeit der Bestellung von Kreditsicherheiten vgl. Obermüller, *Insolvenzrecht in der Bankpraxis*, Sechster Teil A. I.

[259] BGH, NJW 1984, 728; Obermüller, *Insolvenzrecht in der Bankpraxis*, Rn. 6.11.

[260] BGH, BGHZ 19, 12 (Leitsatz); Westermann, Harm P. *Sachenrecht*, § 44 VI.

Im Gegensatz zum französischen Recht kann eine Übersicherung auch dann angenommen werden, wenn sich der Gläubiger mehrere Sicherheiten einräumen lässt, die für sich betrachtet jeweils rechtmäßig sind. Die Gesamtheit der Sicherungsverträge kann möglicherweise den Tatbestand der Knebelung erfüllen. Die Rechtsfolge ist jedoch nicht die Nichtigkeit aller Verträge, sondern nur desjenigen, durch den der Kreditnehmer erstmals geknebelt wird.[261]

Während das französische Recht zur Beurteilung einer Übersicherung auf den Zeitpunkt der Kreditgewährung abstellt, kommt es nach deutschem Recht darauf an, ob im späteren Verwertungsfall ein auffälliges Missverhältnis zwischen dem realisierbaren Wert der Sicherheit und der gesicherten Forderung besteht, welches sich schon bei Abschluss des Sicherungsvertrags abgezeichnet hat.

Im Zusammenhang mit Globalsicherheiten wird eine Übersicherung im Sinne der §§ 138, 305 ff. BGB widerlegich vermutet, wenn der realisierbare Wert des Sicherungsgutes die Deckungsgrenze von 110 % bezogen auf den Wert der gesicherten Forderung erreicht. Eine entsprechende unwiderlegliche Vermutung besteht, wenn der geschätzte Verkehrswert des Sicherungsgegenstandes die Grenze von 150 % bezogen auf den Wert der gesicherten Forderung übersteigt.[262] In den Fällen anfänglicher Übersicherung stellt der Bundesgerichtshof für das Vorliegen eines auffälligen Missverhältnisses auf den realisierbaren Wert der Sicherheit ab, welcher im Einzelfall bestimmt werden muss.[263] Nach wohl herrschender Meinung ist nicht nur der schuldrechtliche Sicherungsvertrag, sondern auch die dingliche *Sicherungsübereignung* sittenwidrig und damit nichtig, wenn die Übersicherung von Anfang an besteht.[264] Im Falle einer nachträglichen Übersicherung bei revolvierenden Globalsicherungen – welche beispielsweise durch ratenweises Begleichen der gesicherten Forderung entstehen kann – folgt aus der Treuhandnatur des Sicherungsvertrages

---

[261] Obermüller, *Insolvenzrecht in der Bankpraxis*, Rn. 6.31.

[262] Vgl. BGH, NJW 1998, 671, 672 ff, der diese Grenze aus § 237 S. 1 BGB ableitet; Baur/Stürner, *Sachenrecht*, § 57 B III Rn. 28 m.w.N.

[263] Baur/Stürner, *Sachenrecht*, § 57 B III Rn. 29e.

[264] Die Nichtigkeit der Sicherungsabrede lässt das Besitzmittlungsverhältnis i.S.d. §§ 930, 868 BGB entfallen, sodass auch die Übereignung unwirksam ist. Wäre nur die Sicherungsabrede nichtig, erhielte der Gläubiger das volle Eigentum ohne treuhänderische Bindung, was den Schutz des Schuldners ins Gegenteil verkehren würde, vgl. Reinicke/Tiedtke *Kreditsicherung*, Rn. 728 f, 735; vgl. zum Streitstand Baur/Stürner, *Sachenrecht*, § 57 B III Rn. 29d.

ein ermessensunabhängiger Freigabeanspruch des Schuldners, selbst wenn ein solcher gar nicht oder nur ermessensabhängig vereinbart wurde (§§ 157, 242 BGB).[265]

3. Verwertung von *fiducie* und Sicherungsübereignung in der Insolvenz des Schuldners

a) Unterschiedliche rechtspolitische Zwecke des Insolvenzverfahrens

Während das deutsche Insolvenzrecht seit seiner Reform im Jahre 1999 einigermaßen stabil geblieben ist, wurde es in Frankreich zwischen 1967 und 2009 bereits fünf Mal grundlegend reformiert.[266] Diese Reformwut dürfte auf die Unzulänglichkeit des französischen Insolvenzrechts, aber auch darauf zurückzuführen sein, dass Frankreich stets nach besseren Wegen sucht, eine erfolgreiche Sanierung krisenbefangener Unternehmen zu ermöglichen. Das deutsche Insolvenzverfahren stellt hingegen eher ein vollstreckungsrechtliches Mittel zur gleichmäßigen Gläubigerbefriedigung dar (§ 1 Abs. 1 S. 1 InsO). Das erklärt, warum das deutsche Insolvenzverfahren nicht auf bestimmte Gläubiger oder Schuldner begrenzt ist und der Insolvenzverwalter im Interesse aller Parteien handeln muss. Die weite Verbreitung der *Sicherungsübereignung* führt in einer Vielzahl der deutschen Insolvenzfälle dazu, dass die Eröffnung eines Insolvenzverfahrens mangels Masse abgelehnt und eine erfolgreiche Sanierung damit unmöglich wird.[267]

b) Nichtigkeit in der Verdachtsperiode

Während der Verdachtsperiode ist die Bestellung oder Aufladung der *fiducie* nichtig (Art. L.632-1 Nr. 9, Nr. 10 c.com.). Dies dient vor allem dem Schutz anderer Gläubiger und ist daher am ehesten mit der deutschen Insolvenzanfechtung nach §§ 129 ff. InsO vergleichbar: Auch die *Sicherungsübereignung* ist anfechtbar, wenn sie in der Verdachtsperiode vorgenommen wurde.[268]

---

[265] BGH, BGHZ 98, 303, Rn. 32; BGH, NJW 1998, 671 (Leitsatz); Die frühere Rechtsprechung vertrat hingegen, dass die Globalsicherheit im Falle nachträglicher Übersicherung unwirksam ist, wenn der Sicherungsvertrag oder die AGB keine ausdrückliche oder nur eine ermessenabhängige Freigaberegelung enthalten oder wenn eine zahlenmäßig bestimmte Deckungsgrenze fehlt, vgl. BGH, NJW 1990, 716, 718; BGH, BGHZ 125, 83, 89; Baur/Stürner, *Sachenrecht*, § 57 B III Rn. 19.

[266] Lienhard, RD 2008, 340. Zuletzt wurde das französische Insolvenzrecht durch die Verordnung Nr. 2008-1345 vom 18.12.2008 reformiert.

[267] Dammann, RD 2005, 2447, 2452; Burkhardt, *Recht und Gesetz im deutsch-französischen Dialog*, 180, 184.

[268] Fitzau, *Mobiliarsicherheiten im französischen und deutschen Insolvenzrecht*, 24; MüKo/Niggemann, *InsO*, Länderberichte – Frankreich, Rn. 42; Zur Anfechtung von Sicherheiten,

c) Verwertungsmöglichkeiten in der Insolvenz des Schuldners

Sowohl im Rahmen der *fiducie* als auch der *Sicherungsübereignung* soll dem Gläubiger für den Fall, dass die gesicherte Forderung nicht beglichen wurde und damit der Sicherungsfall eingetreten ist,[269] ermöglicht werden, sich an dem Sicherungsgut schadlos zu halten. In der französischen Literatur ist inzwischen anerkannt, dass das Eigentum im Sicherungsfall endgültig beim Gläubiger verbleibt. Eine solche Verfallklausel ist zum Schutz des Schuldners stets an die Bedingung geknüpft, dass der Gläubiger dem Schuldner einen etwaigen Differenzbetrag ausbezahlen muss (Art. 2372-4 c.civ.). In deutschen Sicherungsverträgen wird für den Sicherungsfall regelmäßig die Herausgabe des Sicherungsgutes zum Zweck der Verwertung vereinbart.[270] Es ist jedoch nach wie vor umstritten, ob eine – im Zusammenhang mit Pfandrechten gemäß § 1229 BGB verbotene – Verfallklausel im Rahmen einer *Sicherungsübereignung* vereinbart werden kann. Ein Teil der Literatur spricht sich gegen die Zulässigkeit einer Verfallklausel aus.[271] Letztendlich steht hinter diesem Verbot der auch der französischen Regelung zugrundeliegende Gedanke, dass eine Bereicherung des Gläubigers verhindert werden soll. Mit der Begründung, die Schutzbedürftigkeit des Schuldners sei im Rahmen der *Sicherungsübereignung* geringer als im Rahmen eines Pfandrechts, spricht sich die wohl h.M. jedoch für die Zulässigkeit einer Verfallvereinbarung aus.[272]

---

die im Vorfeld eines Insolvenzverfahrens bestellt wurden, vgl. Obermüller, *Insolvenzrecht in der Bankpraxis*, Sechster Teil A. II; zur Nichtigkeit der *fiducie* während der Verdachtsperiode vgl. Kapitel 2, B, I, 3, d), S. 43.

[269] Bei ordnungsgemäßer Forderungserfüllung besteht entweder eine schuldrechtliche Verpflichtung zur Rückübereignung oder das Eigentum fällt automatisch an den Schuldner zurück, wenn die *Sicherungsübereignung* an die auflösende Bedingung der Forderungserfüllung geknüpft war, vgl. Westermann, Harm P, *Sachenrecht*, § 44 III 4; Zur französischen Rechtslage vgl. Kapitel 2, B, I, 3, f), bb), (2), S. 48 f.

[270] Hierbei wird zumeist vereinbart, dass die Verwertung durch freihändigen Verkauf oder Versteigerung durch den Gerichtsvollzieher erfolgen soll. Die Treuepflicht gebietet regelmäßig eine vorherige Androhung im Sinne des § 1234 Abs. 1 BGB sowie die Herausgabe eines etwaigen Mehrerlöses.

[271] Für diese Ansicht vgl. Staudinger/Wiegand, *BGB*, § 1229, Rn. 15 m.w.N; Jauernig, *BGB*, § 930, Rn. 37 m.w.N.

[272] Vgl. BGH NJW 1980, 226, 227 m.w.N; vgl. auch die Nachweise bei Staudinger/Wiegand, *BGB*, § 1229, Rn. 14; Einen Kompromiss finden zum Beispiel Reinicke/Tiedtke *Kreditsicherung*, Rn. 530-532, welche eine „abrechnungspflichtige Verfallklausel", bei welcher der Überschuss an den Schuldner ausgekehrt wird, für zulässig halten.

Allerdings unterscheidet sich die Reichweite der durch das Eigentum verliehenen Rechtsmacht in beiden Rechtsordnungen, sobald ein Insolvenzverfahren über das Vermögen des Schuldners eröffnet wird:

Während die *fiducie* dem Gläubiger das Recht verleiht, das Sicherungsgut heraus zu verlangen und nach Belieben zu verwerten,[273] wird die dingliche Wirkung des *Sicherungseigentums* nach deutschem Insolvenzrecht abgeschwächt: Da das *Sicherungseigentum* nicht auf Dauer angelegt ist und dem Gläubiger nur ein Verwertungsrecht sichern soll, steht es dem Pfandrecht wirtschaftlich näher als dem herkömmlichen Eigentum. Daher steht dem Gläubiger, obwohl er formell Eigentümer ist, kein Aussonderungsrecht nach § 47 InsO zu. Vielmehr wird dieser auf ein Absonderungsrecht verwiesen, welches er beim Insolvenzverwalter geltend machen muss (§§ 49, 51 Nr. 1 InsO).[274] Nur dem Insolvenzverwalter steht das Recht zu, den Sicherungsgegenstand in Besitz zu nehmen und zu verwerten (§§ 148, 166 Abs. 1 InsO).[275] Dem absonderungsberechtigten Gläubiger steht jedoch der Verwertungserlös zu, der um die Feststellungs- und evtl. Verwertungskosten gekürzt wird (§§ 170 Abs. 1 S. 2, 171 InsO).[276]

Mit der Absonderung des deutschen Rechts hat die *fiducie* außerdem gemein, dass der Gläubiger durch die Verwertung der Sicherheit nicht besser gestellt werden darf als bei ordnungsgemäßer Forderungserfüllung: Während der Gläubiger in Frankreich einen etwaigen Mehrerlös an den Insolvenzverwalter abzuführen hat (Art. 2372-4 c.civ.), zahlt der deutsche Insolvenzverwalter dem Gläubiger von vornherein nur einen solchen Betrag aus, welcher der gesicherten Forderung entspricht (vgl. § 170 Abs. 1 InsO).[277]

Ähnlich wie im französischen Recht kann der Mobiliarsicherungsgläubiger seine Forderung nur dann wie ein ungesicherter Gläubiger zur Insolvenztabelle anmelden, wenn ihm der Schuldner daneben auch persönlich haftet (§ 52 S. 1 InsO). Um eine

---

[273] Zur außergerichtlichen Verwertung der *fiducie* vgl. Kapitel 2, B, I, 3, f), bb), S. 47 f.

[274] BGH, JZ 1990, 241, 242 f. m. Anm. Gerhardt; Jahn, „Deutschland" in Jahn/Sahm *Insolvenzen in Europa*, 65, 82; MüKo/Oechsler, *BGB*, §§ 929-936, Rn. 55; MüKo/Ganter, *InsO*, § 47, Rn. 381; MüKo/Ganter, *InsO*, § 51, Rn. 4; Uhlenbruck/Brinkmann, *InsO*, § 47, Rn. 37 m.w.N; Westermann, Harm P, *Sachenrecht*, § 44 IV 2.

[275] Er ist aber auch berechtigt, die Verwertung dem Gläubiger zu überlassen, vgl. § 170 Abs. 2 InsO.

[276] Diese Kosten können bis zu 9 % des Verwertungserlöses betragen.

[277] Drobnig, „Vergleichender Generalbericht" in Kreuzer, *Mobiliarsicherheiten - Vielfalt oder Einheit?*, 9, 24; Gernhuber, JuS 1988, 355, 359 f.

doppelte Befriedigung zu vermeiden, stellt § 52 S. 2 InsO ausdrücklich klar, dass er zu anteilsmäßigen Befriedigung aus der Insolvenzmasse nur berechtigt ist, soweit er auf eine abgesonderte Befriedigung verzichtet oder bei ihr ausgefallen ist. Auch ohne gesetzliche Klarstellung gelangt das französische Recht zu demselben Ergebnis, indem es die Verpflichtung des Gläubigers statuiert, einen etwaigen Überschussbetrag herauszugeben.

In Frankreich umgeht der *fiducie*-Gläubiger mit seinem Aussonderungsrecht den *pari passu*-Grundsatz des Insolvenzverfahrens. Er erhält hierdurch nicht nur eine bessere Gläubigerstellung als die ungesicherten Insolvenzgläubiger und die Inhaber privilegierter Insolvenzforderungen – auch im Verhältnis zu allen später bestellten Sicherheiten gebührt ihm der Vorrang.[278]

Das deutsche Insolvenzrecht gewährt einzelnen Gläubigern prozessuale Institute wie Aus- oder Absonderungsrechte, die der gesetzlichen Sicherung von Forderungen dienen und insofern das Pendant zu den materiellrechtlichen Privilegien der französischen Rechtsordnung darstellen.[279]

Aussonderungsberechtigte Gläubiger – wie beispielsweise einfache Eigentumsvorbehaltsverkäufer – haben die stärkste Stellung im Insolvenzverfahren und können die Herausgabe des Sicherungsgegenstandes aus der Insolvenzmasse fordern.

Auch die *Sicherungsübereignung* ist – selbst ohne die Schaffung eines autonomen Zweckvermögens – geeignet, den Zugriff der Massegläubiger auf das Sicherungsgut zu erschweren. Aufgrund seines Absonderungsrechts wird der Sicherungseigentümer vorzugsweise befriedigt. Er nimmt zwar im Vergleich zu aussonderungsberechtigten Gläubigern des Schuldners eine nachrangige, im Vergleich zu den übrigen Gläubigern jedoch eine vorrangige Stellung ein:

aa) aussonderungsberechtigte Gläubiger
bb) absonderungsberechtigte Gläubiger
cc) Massegläubiger
dd) nicht nachrangige Insolvenzgläubiger und
ee) nachrangige Insolvenzgläubiger

---

[278] Zu den Prioritätskonflikten der *fiducie* vgl. Kapitel 2, B, I, 3, g), S. 49 f.
[279] Ferid/Sonnenberger, *Das französische Zivilrecht*, Rn. 3 D 226; Staudinger/Stoll, ISR, Rn. 275.

Aussonderungsberechtigte und absonderungsberechtigte Gläubiger sind vorrangig zu befriedigen. Dem Anspruch des Sicherungseigentümers gehen die Feststellungs- und evtl. Verwertungskosten (§§ 170 f. InsO) vor. Das Vermögen des Schuldners, das nach Aus- und Absonderung übrig bleibt, gelangt in die Insolvenzmasse und dient zunächst der Befriedigung von Masseverbindlichkeiten.[280] Erst nach Verfahrensbeendigung sind die Insolvenzgläubiger, die ihre Forderungen zur Insolvenztabelle angemeldet haben, quotal zu befriedigen.

Kollidiert beispielsweise eine antizipierte *Sicherungsübereignung*[281] mit einem einfachen Eigentumsvorbehalt, setzt sich letzterer in der Liquidation durch, da er ein Aussonderungsrecht nach § 47 InsO verleiht.

d) Prioritätskonflikte von *fiducie* und Sicherungsübereignung

Im deutschen Recht kommt es kaum zu Prioritätskonflikten zwischen der *Sicherungsübereignung* und anderen Sicherungsrechten, die ein Absonderungsrecht nach §§ 49 bis 51 InsO verleihen. Im Verhältnis der *Sicherungsübereignung* zu einem verlängerten Eigentumsvorbehalt gilt nämlich – im Gegensatz zur französischen Lösung – dass der Schuldner nach Vornahme einer *Sicherungsübereignung* die Berechtigung zur Vornahme weiterer Übereignungen verliert. Selbst durch einen gutgläubigen Erwerb des bereits zur Sicherheit übereigneten Gegenstandes – was nach §§ 930, 933 BGB eine tatsächliche Besitzübertragung auf den späteren gutgläubigen Erwerber erfordert[282] – entsteht kein Prioritätskonflikt: Der erste Gläubiger verliert sein Eigentum an den gutgläubigen Erwerber, letzterer erhält damit das alleinige Recht an dem Sicherungsgegenstand.

Eine echte Konkurrenzsituation kann jedoch zwischen einer *Sicherungsübereignung* und Besitzpfandrechten entstehen, wenn das sicherungsübereignete Objekt vor seiner *Sicherungsübereignung* verpfändet wurde.[283] Nach § 1207 BGB i.V.m. §§ 932,

---

[280] Hierzu gehören die Gerichtskosten, die Vergütung des Insolvenzverwalters und die Verbindlichkeiten, die der Insolvenzverwalter durch die vorübergehende Weiterführung des Unternehmens selbst begründet hat.

[281] Bei der *antizipierten Sicherungsübereignung* übereignet der Vorbehaltskäufer und zugleich Schuldner sein Anwartschaftsrecht zur Sicherheit an seinen neuen Sicherungsgläubiger.

[282] Im Gegensatz hierzu wird das Prioritätsprinzip im Rahmen der *fiducie* auch nicht durch eine tatsächliche Besitzübertragung durchbrochen, vgl. hierzu Kapitel 2, B, I, 3, g), dd), S. 52.

[283] Da die *Sicherungsübereignung* keine Besitzübertragung auf den neuen Gläubiger erfordert, kann eine solche auch dann noch vorgenommen werden, wenn bereits zuvor ein Besitzpfandrecht an demselben Gegenstand bestellt wurde. Dies führt jedoch grundsätzlich dazu, dass das Sicherungseigentum von Anfang an mit einem Pfandrecht belastet ist. Sofern der Gläubiger eine Kenntnis

934, 935 BGB kann ein Besitzpfandrecht auch an einem bereits zur Sicherheit übereigneten Gegenstand bestellt werden. Erforderlich ist lediglich, dass der Pfandnehmer gutgläubig ist und den Besitz an dem Sicherungsgegenstand erlangt. Wurde bereits ein Besitzpfandrecht bestellt, so kann später grundsätzlich nur belastetes Sicherungseigentum entstehen. Denn mangels Besitzeinräumung fehlt dem Eigentumserwerber die Grundlage für einen gutgläubig lastenfreien Erwerb im Sinne des § 936 Abs. 1, 2 BGB.[284] In beiden Fällen ist das Sicherungseigentum mit dem Besitzpfandrecht belastet.

Ein weiterer Prioritätskonflikt ist denkbar, wenn ein Gegenstand sicherungsübereignet wird, der bereits mit einem besitzlosen Vermieterpfandrecht (§ 562 BGB) belastet ist. Auch hier ist ein lastenfreier Eigentumserwerb nach § 936 Abs. 1 S. 3 BGB in der Regel ausgeschlossen, da der Schuldner den Besitz regelmäßig nicht auf den Gläubiger überträgt. Dieser erwirbt das Sicherungseigentum als mit dem Pfandrecht belastet.[285]

Letztlich bleibt also festzuhalten, dass das deutsche *Sicherungseigentum* grundsätzlich eine exklusive Rechtsposition verleiht und lediglich Prioritätskonflikte mit Pfandrechten kennt.

---

von dem Pfandrecht hat, kann letzteres durch gutgläubigen lastenfreien Erwerb des Sicherungseigentums erlöschen (§ 936 BGB). Ein Besitzpfandrecht kann einer bereits vorgenommenen *Sicherungsübereignung* – welche zum Verlust der dinglichen Berechtigung des Schuldners führt – nur dann nachfolgen, wenn der Pfandgläubiger gutgläubig ist.

[284] Etwas anderes gilt, wenn dem Sicherungseigentümer später der Besitz am Sicherungsgut eingeräumt wird.

[285] BGH, NJW 1992, 1156 (Leitsatz).

C. Die *fiducie* an Forderungen

I. Die *fiducie* an Forderungen im Vergleich zur früheren Rechtslage im französischen Recht

1. Anwendungsbereich der Sicherungsabtretungen von Forderungen

Die Bankenpraxis hat schon lange vor Einführung der *fiducie* Wege gefunden, ihre Ansprüche durch die Abtretung von Forderungen zu sichern. Diesen Möglichkeiten soll die *fiducie* im Folgenden gegenüber gestellt werden. Des Weiteren wird zu untersuchen sein, ob die Sicherungsabtretung zivilrechtlicher Forderungen (*einfache Sicherungsabtretung*) auch nach der Reform noch als unzulässig anzusehen ist. Auf die Sicherungsabtretung sonstiger Rechte, insbesondere von Gesellschafterrechten, Geschäftsanteilen und Wertpapierrechten, kann aufgrund des beschränkten Umfangs dieser Arbeit nicht näher eingegangen werden.

a) Einfache Sicherungsabtretung

Die im allgemeinen Zivilrecht (Artt. 1689-1695 c.civ.) geregelte Abtretung erfasst grundsätzlich Forderungen aller Art. Es war jedoch vor Einführung der *fiducie* höchst umstritten, ob diese Abtretung auch zu Sicherungszwecken (*einfache Sicherungsabtretung*) erfolgen kann.[286] Zwar griff insbesondere die Bankenpraxis häufig auf die Vorschriften der einfachen Forderungsabtretung zurück, wenn die Abtretung gewerblicher Forderungen nicht einschlägig war.[287] Auch Gesetzesentwürfe[288] und Rechtsprechung[289] bewegten sich tendenziell auf die Zulässigkeit der *einfachen Sicherungsabtretung* zu, bis deren Unzulässigkeit mit Urteil vom 19.12.2006, welches

---

[286] Die Abtretung *gewerblicher Forderungen* war nicht verallgemeinerungsfähig, vgl. Stoufflet, JCP 2006, 19; Nach Ansicht von Dammann/Podeur, RD 2008, 928 ist die *einfache Sicherungsabtretung* nur für vertretbare Sachen zulässig (vgl. Art. 2341 Abs. 2 c.civ.). Zu den Voraussetzungen der *einfachen Sicherungsabtretung* vgl. Kapitel 2, C, I, 2, S. 81 f, 83 f.

[287] Larroumet, RD 2007, 344, 345.

[288] Die Zulässigkeit der *einfachen Sicherungsabtretung* zeigte sich im Laufe der parlamentarischen Arbeiten zur Einführung der *fiducie*, vgl. Crocq, RTDciv. 2007, 160, 165 ff; Auch wurde im Rahmen der Schuldrechtsreform im Jahr 2005 die Normierung der *einfachen Sicherungsabtretung* in Art. 1257-1 c.civ. in Erwägung gezogen, vgl. Dammann/Podeur, RD 2007, 319; Larroumet, RD 2007, 344, 346.

[289] Cass.com. v. 04.10.2005, Rev.dr.banc.fin. 2005, AL, Nr. 209 m. Anm. Cerles nimmt mit der „*délégation de loyer*" die Wirksamkeit einer *Sicherungsabtretung* auch außerhalb eines gewerblichen Kontextes an; Die Zulässigkeit der *einfachen Sicherungsabtretung* andeutend auch Cass.civ. v. 20.03.2001, RD 2001, 3110 m. Anm. Aynès; Cass.civ. v. 20.03.2001, JCP 2002, Jur, Nr. II 10124 m. Anm. Goaziou; vgl. hierzu auch Crocq, RTDciv. 2007, 160.

mit Urteil vom 26.05.2010 bestätigt wurde, höchstrichterlich und unmissverständlich festgestellt wurde.[290]

Da diese Entscheidungen jedoch noch auf der Grundlage des alten, vor der Reform vom März 2006 geltenden Rechts ergingen, stellt sich die Frage, ob ihnen auch für das neue Kreditsicherungsrecht Wirkung beizumessen ist.

aa) Verbot der Verfallklausel

Das höchstrichterliche Urteil vom 19.12.2006 stützte die Ablehnung der *einfachen Sicherungsabtretung* im Wesentlichen auf das pfandrechtliche Verbot der Verfallklausel und folgte damit der herrschenden Meinung in der Literatur.[291] Das Verbot der Verfallklausel besagte, dass das Eigentum am Sicherungsgegenstand nicht schon vor Eintritt des Sicherungsfalles zur Befriedigung des Gläubigers auf diesen übertragen werden durfte.[292] Nachdem das Verbot der Verfallklausel inzwischen aufgehoben wurde, wäre es denkbar, dass die *einfache Sicherungsabtretung* mittlerweile zulässig ist.

bb) Grundsatz des *numerus clausus*

Die *Cour de cassation* stellte aber in ihrer Entscheidung vom 19.12.2006 nicht nur auf das Verbot der Verfallklausel ab, sondern betonte, dass eine Forderungsabtretung zu Sicherungszwecken nur dann zulässig sei, wenn sie spezialgesetzlich zugelassen ist.[293] Ohne eine gesetzliche Grundlage könne die Abtretung höchstens im Wege einer geltungserhaltenden Reduktion in eine Forderungsverpfändung umqua-

---

[290] Cass.com. v. 19.12.2006, JCP EA 2007, 13 m. Anm. Cohen-Branche/Legeais; Crocq, RTDciv. 2007, 160, 161; Cass.com. v. 26.05.2010, RD 2010, 1340 m. Anm. Lienhard; Dammann/Podeur, RD 2007, 319; Crocq, RTDciv. 2010, 597 ff; Diese Entscheidungen wurden vielfach kritisiert, vgl. Borga, RD 2010, 2201.

[291] Vgl. die Nachweise bei Crocq, RTDciv. 2007, 160, 162; Delpech, RD 2007, 76 m.w.N; Lediglich eine Mindermeinung in der Literatur lehnte eine Anwendung des Verbots der Verfallklausel auf Fälle außerhalb des Pfandrechts ab und befürwortete die Zulässigkeit der *einfachen Sicherungsabtretung*, vgl. Aynès, RD 2007, 961; Zum Verbot der Verfallklausel vgl. bereits Kapitel 2, A, II, S. 20 und Kapitel 2, B, I, 3, f), bb), 45 f.

[292] Zur *ratio* des Verbotes der Verfallklausel vgl. Kapitel 2, A, II, S. 20.

[293] Cass.com. v. 22.11.2005, Rev.dr.banc.fin. 2006, AL, Nr. 16 m. Anm. Cerles; Crocq, RTDciv. 2007, 160, 162; Dammann/Podeur, RD 2007, 319, 320; Larroumet, RD 2007, 344, 345; Zur Zeit der Entscheidung war die Einführung der *fiducie* noch nicht ernsthaft zu erwarten, vgl. Delpech, RD 2007, 76, 77.

lifiziert werden.[294] Hinter dieser Erwägung steht letztlich der Grundsatz des *numerus clausus*.[295]

Auch nach der Reform lassen sich nur die *Sicherungsabtretung gewerblicher Forderungen* (Art. L.313-24 Abs. 1 c.mon.fin.) sowie die *fiducie zu Sicherungszwecken* (Art. 2011 c.civ.) auf eine gesetzliche Grundlage stützen, die *einfache Sicherungsabtretung* ist hingegen – anders als die einfache, nicht zu Sicherungszwecken erfolgende Abtretung – nicht normiert. Dennoch ist die *einfache Sicherungsabtretung* nicht als unzulässig anzusehen. Denn der *numerus clausus*-Grundsatz steht, was die *Cour de cassation* verkannt hat, nur der Abspaltung neuer, dauerhafter Teilrechte vom Vollrecht Eigentum entgegen, nicht aber einer neuen, vorübergehenden Nutzungsweise des Eigentums. Dies ist im Rahmen des Eigentumsvorbehalts[296] und der Sicherungsabtretung von Mietforderungen[297] anerkannt und muss auch für die *einfache Sicherungsabtretung* gelten, bei der es den Sicherungsparteien nicht auf die Abspaltung eines beschränkt dinglichen Rechts ankommt, sondern auf die Übertragung des vollen Eigentums.

Mittlerweile hat sich die *Cour de cassation* von der viel kritisierten Entscheidung vom 19.12.2006 distanziert und beispielsweise die Zulässigkeit von Eigentumssicherheiten an Geldsummen auch ohne spezialgesetzliche Ermächtigungsgrundlage anerkannt.[298] Der Wert von Forderungen ist wie derjenige von Geldsummen objektiv bestimmbar. Damit kann ohne Weiteres festgestellt werden, welchen Differenzbetrag der Gläubiger dem Schuldner auszuzahlen hat, um zu verhindern, dass er durch die Gewährung der Sicherheit besser gestellt wird als bei ordnungsgemäßer Befriedigung. Da also Eigentumssicherheiten an Geldsummen wie auch an Forderungen unter dem Aspekt des Schuldnerschutzes vergleichbar sind, dürfte die Entscheidung der *Cour de cassation* auch für die Zulässigkeit der *einfachen Sicherungsabtretung* sprechen.[299]

---

[294] Kritisch zur Umqualifizierung vgl. Aynès, RD 2007, 961; Crocq, RTDciv. 2007, 160, 163; Das in ein Forderungspfandrecht umqualifizierte Sicherungsrecht verleiht dem Gläubiger auch in der Schuldnerinsolvenz ein alleiniges Einziehungsrecht, vgl. Crocq, RTDciv. 2010, 597.

[295] Dammann/Podeur, RD 2007, 319.

[296] Aynès, RD 2007, 961, 962 m.w.N; Crocq, RTDciv. 2007, 160, 164.

[297] Cass.com. v. 03.05.2006, RD 2006, 1364 f. m. Anm. Avena-Robardet; Cass.com. v. 03.05.2006, Rev.dr.banc.fin. 2006, AL, Nr. 94 m. Anm. Legeais.

[298] Cass.com. v. 09.05.2007, JCP EA 2008, 19 m. Anm. Simler/Delebecque.

[299] Crocq, RTDciv. 2007, 373, 374.

cc) Schutz des Schuldners

Wie noch zu sehen sein wird, sind die formalen Anforderungen an die Bestellung der *einfachen Forderungsabtretung inter partes* zwar geringer als im Rahmen der *Abtretung gewerblicher Forderungen* oder der *fiducie* – an die Drittwirksamkeitsvoraussetzungen der *einfachen Forderungsabtretung* werden jedoch höhere Anforderungen gestellt. Die Zulässigkeit der *einfachen Sicherungsabtretung* dürfte damit kaum am Schutzbedürfnis des Schuldners scheitern.[300]

dd) Fazit

Es ist kein Grund ersichtlich, der ernsthaft gegen die Zulässigkeit der *einfachen Sicherungsabtretung* spricht.[301]

b) Sicherungsabtretung gewerblicher Forderungen

Die *Sicherungsabtretung gewerblicher Forderungen* (*cession de créances professionnelles* oder *cession Dailly*) war schon lange vor der Reform als echtes Kreditsicherungsinstrument anerkannt (Art. L.313-24 c.mon.fin.).[302]

Sie ist allerdings nur anwendbar, wenn ein dreifach gewerblicher Kontext gegeben ist: (1) Die abzutretende Forderung muss gewerblicher Natur sein und (2) kann nur Darlehensforderungen von Kreditinstituten absichern, (3) welche im Zusammenhang mit der Finanzierung gewerblicher Tätigkeit entstanden sind. Als gewerblich sind alle Forderungen gegen juristische Personen anzusehen sowie Forderungen gegen natürliche Personen, die in Ausübung ihrer gewerblichen Tätigkeit entstanden sind (Art. L.313-23 Abs. 1 c.mon.fin.).[303] Der Anwendungsbereich der *Sicherungsabtretung gewerblicher Forderungen* ist daher noch beschränkter als derjenige der *fiducie*.

---

[300] Larroumet, RD 2007, 344, 345.

[301] Larroumet, RD 2007, 344, 345.

[302] Vgl. Cass.com. v. 28.05.1996, JCP EA 1996, 251 m. Anm. Bouteiller; Aynès, RD 2007, 961, 962; Kuhn, Dr.et patr. 2007, 32, 33; Der Begriff „*cession Dailly*" ist eine Anspielung auf Senator Dailly, der den Gesetzesvorschlag eingebracht hat.

[303] Cass.civ. v. 20.03.2001, RD 2001, 3110, 3111 m. Anm. L. Aynès; Cabrillac/Mouly, *Droit des sûretés*, Rn. 775.

c) *Fiducie* an Forderungen

Dass eine *fiducie* zu Sicherungszwecken bestellt werden darf, wurde im Zusammenhang mit körperlichen Gegenständen bereits festgestellt.[304] Es liegt aber nicht auf der Hand, dass eine solche *fiducie* auch an Forderungen begründet werden kann. Artikel 2011, 2018 c.civ. erwähnen nur die Übertragung von Rechten im Allgemeinen. Es ist jedoch kein Grund ersichtlich, Forderungen nicht unter den Begriff der „Rechte" zu subsumieren.[305] Denn zum einen handelt es sich bei Forderungen um persönliche Rechte, zum anderen lassen auch die Gesetzesmaterialien den Willen des Gesetzgebers erkennen, Forderungen zu erfassen.[306]

Der sachliche Anwendungsbereich der *fiducie* unterliegt keinerlei Einschränkungen und umfasst Forderungen unabhängig davon, ob diese gegenwärtig oder künftig, einzeln oder zu einer Forderungsmehrheit zusammengefasst sind (Art. 2011 c.civ.).[307]

Wie die *fiducie* an körperlichen Gegenständen kann auch die *fiducie* an Forderungen in der Regel nur zwischen Sicherungsparteien mit Sitz in der Europäischen Union und nur zugunsten bestimmter juristischer Personen bestellt werden (Art. 2015 c.civ.).[308]

d) Gesetzeskonkurrenz

Mit Einführung der *fiducie* an Forderungen stellt sich die Frage, ob die klassischen Formen der Sicherungsabtretung verdrängt werden oder zumindest den Vorschriften der *fiducie* genügen müssen.[309] Nach der hier vertretenen Ansicht ist beides abzulehnen.

Zwar trifft das Gesetz Nr. 2007-211 vom 19.02.2007 diesbezüglich keine Bestimmungen. In den Gesetzesmaterialien finden sich aber auch keine Anhaltspunkte da-

---

[304] Zur Zulässigkeit der Bestellung einer *fiducie* zu Sicherungszwecken vgl. Kapitel 2, A, II, S. 21.

[305] Larroumet, RD 2007, 344, 346; Leroyer/Rochfeld, RTDciv. 2007, 412, 413.

[306] Artikel 1 des von Senator Marini eingebrachten Gesetzesentwurfs ließ ursprünglich eine Übertragung von Rechten aller Art („*droits de toute nature*") zu. Mit der Streichung dieses Zusatzes sollte der Anwendungsbereich sicherlich nicht eingeschränkt, sondern lediglich der Wortlaut vereinfacht werden; Zu dem Gesetzesentwurf vgl. oben Fn. 4.

[307] Zum sachlichen Anwendungsbereich der *fiducie* vgl. bereits Kapitel 2, B, I, 1, b), aa), S. 24.

[308] Zum persönlichen Anwendungsbereich der *fiducie* vgl. bereits Kapitel 2, B, I, 1, b), bb), S. 24 f.

[309] Crocq, RD 2007, 1354; Didier, RD 2007, 2556, 2558.

für, dass der Gesetzgeber das bestehende, in der Praxis reibungslos funktionierende Sicherheitsrecht abschaffen wollte. Wenn er dies beabsichtigte, hätte er die entsprechenden Bestimmungen – zum Beispiel hinsichtlich der Sicherungsabtretung gewerblicher Forderungen (Artt. L.313-23 bis L.313-29-1 c.mon.fin.) – schon längst gestrichen.

Gegen eine Streichung der bisher vorhandenen Formen der Sicherungsabtretung spricht außerdem, dass andernfalls die Gläubiger, die nicht vom persönlichen Anwendungsbereich der *fiducie* erfasst werden, jeglicher Möglichkeit zur Sicherungsabtretung beraubt wären.[310]

Es ist auch nicht davon auszugehen, dass die neuen *fiducie*-Vorschriften für alle Rechtsinstitute Geltung beanspruchen. Denn diese fordern zwingend die Schaffung eines Zweckvermögens (Art. 2011 c.civ.). Wenn der Gesetzgeber die Intention gehabt hätte, auch andere Sicherungsabtretungen an die Begründung eines Zweckvermögens zu knüpfen und damit die grundsätzlich bestehende Vertrags- oder Dispositionsfreiheit der Parteien (Artt. 1134, 544 c.civ.) einzuschränken, hätte er dies für das jeweilige Sicherungsrecht ausdrücklich klarstellen müssen.[311]

Es bleibt damit festzuhalten, dass die traditionellen Formen der Sicherungsabtretung unverändert Anwendung finden und mangels entgegenstehender Bestimmungen auch solchen Rechtspersönlichkeiten zur Verfügung stehen, die auf die *fiducie* zurückgreifen können.[312]

2. Drittwirksamkeitsvoraussetzungen der Sicherungsabtretungen von Forderungen

a) Vereinbarung und Formvorschriften

Alle oben genannten Formen der Sicherungsabtretung setzen zumindest den Abschluss eines Sicherungsvertrages zwischen den Parteien voraus.

---

[310] Didier, RD 2007, 2556, 2558.
[311] Aynès, RD 2007, 961, 962; Crocq, RD 2007, 1354, 1355; Witz, RD 2007, 1369, 1370.
[312] Crocq, RD 2007, 1354, 1355; Didier, RD 2007, 2556, 2558.

aa) *Fiducie*

Der Vertrag über die *fiducie* muss schriftlich geschlossen werden und gewisse *essentialia negotii* enthalten. Unter anderem muss er die zu sichernde und die zu übertragende Forderung bestimmen und den geschätzten Wert der abgetretenen Forderung angeben (Artt. 2018, 2372-2 c.civ.).[313]

bb) Einfache Sicherungsabtretung

Die *einfache Sicherungsabtretung* hat mit der *fiducie* gemeinsam, dass die Parteien die Abtretung der Forderung zu Sicherungszwecken vereinbaren. Im Gegensatz zur *fiducie* unterliegt der Vertrag über die *einfache Sicherungsabtretung* nach allgemeinen zivilrechtlichen Grundsätzen keinerlei Formerfordernissen, um zwischen den Parteien wirksam zu sein (Art. 1108 ff. c.civ.).[314] Selbstverständlich müssen aber auch hier die *essentialia negotii* gewahrt sein und damit nicht nur die gesicherte, sondern auch die abzutretende Forderung bestimmbar sein und die Sicherungsparteien feststehen. Darüber hinaus stellt der Vertragsschluss wie auch im Rahmen der *fiducie* eine notwendige, nicht aber hinreichende Voraussetzung für die Wirksamkeit der Abtretung gegenüber Dritten dar (Art. 1689 f. c.civ.).[315]

Wie im Rahmen der *fiducie* begründen die Parteien ein Zweckvermögen und übertragen die Forderung in das Vermögen des Gläubigers. Im Unterschied zur französischen Regelung müssen die Sicherungsgegenstände jedoch nicht von den übrigen Vermögensgegenständen des Gläubigers getrennt werden. Den deutschen Sicherungsgläubiger trifft lediglich die Verpflichtung, die Forderung wieder auf den Schuldner zu übertragen, wenn letzterer seine Schuld beglichen hat.[316]

cc) Sicherungsabtretung gewerblicher Forderungen

Der Vertrag über die Abtretung *gewerblicher Forderungen* muss hingegen vom Schuldner unterschrieben und datiert sein, als „Abtretung gewerblicher Forderun-

---

[313] Zum Sicherungsvertrag der *fiducie* vgl. bereits Kapitel 2, B, I, 2, b), aa), S. 28.

[314] Gewisse Formvorschriften sind nur dann zu wahren, wenn die Abtretung ein formbedürftiges Rechtsgeschäft betrifft, vgl. Graham-Siegenthaler, *Kreditsicherungsrechte im internationalen Rechtsverkehr*, 321 m.w.N; Eine solche Formbedürftigkeit ist jedoch lediglich bei der Abtretung von Grundstücksrechten vorstellbar.

[315] Der Abtretungsvertrag hat zwar Übertragungswirkung, ist aber nicht drittwirksam, vgl. Graham-Siegenthaler, *Kreditsicherungsrechte im internationalen Rechtsverkehr*, 321 f.

[316] Aynès, RD 2007, 961, 962.

gen" bezeichnet werden und einen Hinweis auf die Artt. L.313-23 ff. c.mon.fin. enthalten (Art. L.313-23 Abs. 3 c.mon.fin.).[317] Es handelt sich um einen Rahmenvertrag, der die wesentlichen Bedingungen für die Kreditvergabe und die Sicherungsabtretung festlegt[318] und wie der *fiducie*-Vertrag bestimmte Mindestangaben enthält: So muss die Gläubigerbank bezeichnet und angegeben werden, auf welche Weise die abzutretenden Forderungen bestimmt werden sollen (Art. L.313-23 Abs. 5 c.mon.fin.).[319]

Die abzutretenden Forderungen selbst sind in ein schriftliches oder elektronisches Forderungsverzeichnis („*bordereau*") einzutragen (Art. L.313-23 Abs. 4 c.mon.fin.) und gehen in dem Moment auf den Gläubiger über, in dem ihm das Forderungsverzeichnis übergeben wird (Art. L.313-27 Abs. 3 c.mon.fin.). Auf diese Art und Weise war es schon vor der Reform möglich, in einem einzigen Akt eine Mehrzahl *gewerblicher Forderungen* mit unterschiedlichen Fälligkeiten abzutreten.[320]

b) Publizität

aa) *Fiducie*

Wie bereits oben erläutert, muss der *fiducie*-Vertrag spätestens einen Monat nach Vertragsschluss registriert werden, um überhaupt wirksam zu sein (Art. 2019 c.civ.). Dritten gegenüber gilt die *fiducie* oder ihr Nachtrag schon als zu dem Zeitpunkt entstanden, der auf dem Vertrag vermerkt ist (Art. 2018-2 S. 1 c.civ.). Eine Besonderheit gilt aber im Verhältnis zum Drittschuldner: Zwar wird auch dieser von der Definition des „Dritten" erfasst.[321] Ihm kann die Abtretung aber erst entgegen gehalten werden, wenn sie ihm in irgendeiner Form mitgeteilt wurde (Art. 2018-2 S. 2 c.civ.).

---

[317] Simler, „Das Recht der Mobiliarsicherheiten in Frankreich" in Kreuzer, *Mobiliarsicherheiten - Vielfalt oder Einheit?*, 105, 120.

[318] Fitzau, *Mobiliarsicherheiten im französischen und deutschen Insolvenzrecht*, 252.

[319] Die Bestimmung kann auch mittels EDV-Verfahrens erfolgen, vgl. Delpech, RD 2007, 793.

[320] Vgl. Fitzau, *Mobiliarsicherheiten im französischen und deutschen Insolvenzrecht*, 250 und oben S. 84.

[321] „Dritte" sind alle, die nicht Partei des Abtretungsvertrages sind, aber ein Interesse daran haben, dass der Zedent ihr Gläubiger bleibt, vgl. CA Paris v. 04.01.1990, RD 1990, 44.

bb) Einfache Sicherungsabtretung

Auch die *einfache Sicherungsabtretung* muss einen gewissen Publizitätstatbestand erfüllen: Sie erfordert zwar keine Registereintragung, war aber nach früher herrschender Meinung nur dann drittwirksam, wenn der Gläubiger dem Drittschuldner eine schriftliche Anzeige durch den Gerichtsvollzieher hat zustellen lassen (Art. 1690 Abs. 1 c.civ, Artt. 651 ff. c.proc.civ.). Alternativ konnte der Drittschuldner die Abtretung auch im Sicherungsvertrag selbst oder in einer separaten, öffentlichen Urkunde anerkennen (Art. 1690 Abs. 2 c.civ.). Die Rechtsprechung hat diese gesetzlichen Publizitätserfordernisse inzwischen abschwächt und lässt eine konkludente Mitteilung – beispielsweise durch Zahlungsanweisung oder durch einen einfachen Vermerk auf der Rechnung – an den Drittschuldner genügen, wenn sie über den Forderungsübergang hinreichend bestimmt informiert.[322] Eine förmliche Abtretungsanzeige soll sogar gänzlich entbehrlich sein, wenn der Drittschuldner Kenntnis von der Abtretung hatte und er unzweideutig – wenn auch stillschweigend – mit dieser einverstanden war.[323]

Obwohl Art. 1690 c.civ. auf den ersten Blick schwerfällig erscheint, ist mit dieser Vorschrift im Endeffekt ein geringerer Formalismus verbunden als mit der *fiducie*.[324] Darüber hinaus sind die Anforderungen der *einfachen Sicherungsabtretung* insofern leichter zu erfüllen, als das Gesetz keinen Zeitrahmen setzt, innerhalb dessen die Publizitätserfordernisse erfüllt sein müssen. Während die *fiducie* nichtig ist, wenn sie nicht innerhalb der Monatsfrist registriert wird, spielt die Publizität im Rahmen der *einfachen Sicherungsabtretung* lediglich eine Rolle für deren Drittwirksamkeit.

cc) Sicherungsabtretung gewerblicher Forderungen

Im Unterschied zur *fiducie* und der einfachen Sicherungsabtretung hat der französische Gesetzgeber im Rahmen der *Abtretung gewerblicher Forderungen* auf jegliche Publizitätserfordernisse – insbesondere auf eine Abtretungsanzeige oder die Kennt-

---

[322] Vgl. hierzu Cass.com. v. 18.02.1969, RD 1969, 354.

[323] Cass.plén. v. 14.02.1975, RD 1975, 349; Cass.com. v.15.07.1986, RTDciv. 1987, 758 m. Anm. Mestre; Graham-Siegenthaler, *Kreditsicherungsrechte im internationalen Rechtsverkehr*, 323 m.w.N.

[324] Dammann/Podeur, RD 2008, 2300, 2302; Dargent, RD 2008, 2133, 2134.

nis Dritter – verzichtet.[325] Die Abtretung erfolgt allein durch Übergabe des Forderungsverzeichnisses an den Gläubiger (Art. L.313-23 Abs. 1 c.mon.fin.) und wird Dritten gegenüber mit dem auf dem Forderungsverzeichnis vermerkten Datum wirksam (Art. L.313-27 Abs. 1 c.mon.fin.).[326]

Eine Mitteilung an den Drittschuldner ist nur dann erforderlich, wenn das Kreditinstitut die alleinige Berechtigung zur Einziehung der abgetretenen Forderung erlangen will. Denn grundsätzlich obliegt die Einziehung gewerblicher Forderungen weiterhin dem Schuldner, der im Auftrag oder als stiller Vertreter des Kreditinstituts handelt. Erst wenn dem Drittschuldner eine ausdrückliche Aufforderung zugeht, nicht mehr an den Schuldner zu leisten oder wenn der Drittschuldner die Abtretung schriftlich anerkennt, kann dieser nicht mehr mit befreiender Wirkung an den Schuldner leisten (Artt. L.313-28, L.313-29 c.mon.fin.).[327]

Die *Abtretung gewerblicher Forderungen* wird damit zwar gegenüber *fiducie* und einfacher Sicherungsabtretung erleichtert, birgt aber auch größere Gefahren: Mangels Benachrichtigung des Schuldners oder anderweitiger Publizitätsformen besteht das Risiko, dass Forderungen mehrfach oder unberechtigterweise abgetreten werden oder dass die Zahlungen, welche auf die zur Sicherheit abgetretenen Forderungen erbracht werden, an nicht empfangsberechtigte Dritte fließen.[328]

c) **Sicherungsgegenstand der Sicherungsabtretungen von Forderungen**

Mit der *einfachen Forderungsabtretung* ist es aufgrund des Mitteilungserfordernisses nicht möglich, künftige Forderungen oder eine Mehrheit von Forderungen mit unterschiedlichen Fälligkeiten zu erfassen (Art. 1689 c.civ.).

Genau dies sollte für *gewerbliche Forderungen* mithilfe des Forderungsverzeichnisses ermöglicht werden.[329] Schon vor der Reform war es möglich, mehrere, auch künftige *gewerbliche Forderungen* auf einmal abzutreten, solange diese nur be-

---

[325] Cass.civ. v. 20.03.2001, RD 2001, 3110, 3111 m. Anm. Aynès; Ghestin/Jamin/Billiau *Traité de droit civil*, Rn. 743; Mezger, RIW 1981, 213, 214.

[326] Ghestin/Jamin/Billiau *Traité de droit civil*, Rn. 743 m.w.N; Vasseur, RD 1982, 273 ff, 278; Wolter, *Treuhandrecht im Umbruch?*, 76 f; Dies betrifft auch die Wirksamkeit gegenüber dem Drittschuldner, vgl. CA Paris v. 04.01.1990, RD 1990, 44.

[327] Näher zum Ganzen Fitzau, *Mobiliarsicherheiten im französischen und deutschen Insolvenzrecht*, 254.

[328] Fitzau, *Mobiliarsicherheiten im französischen und deutschen Insolvenzrecht*, 253 m. Fn. 1096.

[329] Mezger, RIW 1981, 213, 215.

stimmbar waren (Art. L.313-23 Abs. 2 S. 2, Abs. 3 Nr. 4 c.mon.fin).[330] Hierfür musste lediglich die geschätzte Höhe der Forderungen auf dem Forderungsverzeichnis angegeben werden (Art. L.313-24 Abs. 1 c.mon.fin.).[331] Allerdings handelt es sich bei der *Abtretung gewerblicher Forderungen* um nichts anderes als eine Mantelzession, bei der sich der Schuldner bereits im Rahmenvertrag verpflichtet, künftige Forderungen an den Gläubiger abzutreten, sobald diese entstanden sind. Der Schuldner verspricht lediglich, eine künftige Abtretung vorzunehmen. Für den Gläubiger ist dies also mit dem Risiko verbunden, dass der Schuldner die künftigen Forderungen noch vor ihrer Abtretung anderweitig abtritt.

Auch die *fiducie* ermöglicht die Abtretung einer Mehrzahl – auch künftiger – Forderungen (Art. 2011 c.civ.). Nach dem Konsensprinzip geht die Forderung zwar grundsätzlich schon mit Abschluss des Sicherungsvertrages auf den Gläubiger über[332] – etwas anderes muss jedoch gelten, wenn die Parteien einen späteren Übergangszeitpunkt vereinbaren oder sich die Sicherungsabtretung auf künftige Forderungen bezieht: Die künftige Forderung kann erst in dem Zeitpunkt auf den Gläubiger übergehen, in welchem sie entsteht. Der Gläubiger genießt daher im Rahmen der *fiducie* keinen effektiveren Schutz als im Rahmen der *Abtretung gewerblicher Forderungen*, für welche im Zusammenhang mit künftigen Forderungen ebenfalls eine Ausnahme von dem Grundsatz zu machen ist, dass gewerbliche Forderungen mit Übergabe des Forderungsverzeichnisses übertragen werden (Art. L.313-27 Abs. 3 c.mon.fin.).

Wird die *fiducie* an einer Gesamtheit von Forderungen bestellt, von denen nur einzelne nicht bestimmbar sind, dürfte aufgrund der Teilbarkeit der *fiducie* von einer Teilnichtigkeit auszugehen sein.

---

[330] Cass.civ. v. 20.03.2001, RD 2001, 3110, 3111 m. Anm. Aynès; Cass.civ. v. 20.03.2001, Rev.dr.banc.fin. 2001, AL, Nr. 224 m. Anm. Legeais; Zur Funktion des Forderungsverzeichnisses vgl. bereits S. 82.

[331] Fitzau, *Mobiliarsicherheiten im französischen und deutschen Insolvenzrecht*, 250 f; Stoufflet, JCP 2006, 19, 20.

[332] Ferid/Sonnenberger, *Das französische Zivilrecht*, Rn. 2 G 131, 2 G 201 ff; Zum Konsensprinzip vgl. oben Fn. 57.

3. Verwertung der Sicherungsabtretungen von Forderungen in der Insolvenz des Schuldners

a) Nichtigkeit in der Verdachtsperiode

Nach Art. L.632-1 Nr. 9 c.com. ist die Übertragung von Rechten in ein Zweckvermögen und damit die Begründung einer *fiducie* während der Verdachtsperiode nichtig. Dasselbe gilt für deren „Aufladung" (Art. L.632-1 Nr. 10 c.com.).

Da weder die *einfache Sicherungsabtretung* noch die *Abtretung gewerblicher Forderungen* die Begründung eines Zweckvermögens erfordern, werden sie nicht von der oben genannten Vorschrift erfasst. Sie fallen auch nicht unter die Nichtigkeitsvorschrift des Art. L.632-1 Nr. 6 c.com, welche sich ausdrücklich nur auf Pfandrechte bezieht.[333]

Allerdings wird die Zahlung eines Drittschuldners, die aufgrund einer *einfachen Sicherungsabtretung* an den Sicherungsgläubiger erfolgt, als übliche Zahlungsweise im Wirtschaftsverkehr angesehen und ist damit nach Art. L.632-1 Nr. 4 c.com. nichtig,[334] während die Abtretung *gewerblicher Forderungen* ausdrücklich vom Wortlaut dieser Bestimmung ausgenommen ist.[335]

Aus dem eben Gesagten ergibt sich, dass die Abtretung *gewerblicher Forderungen* – im Gegensatz zur Bestellung einer *fiducie* oder einer *einfachen Sicherungsabtretung* – auch in der Verdachtsperiode wirksam vorgenommen werden kann.

Die *einfache Sicherungsabtretung* bietet gegenüber der *fiducie* außerdem den Vorteil, dass sie während der Verdachtsperiode durch eine andere Sicherheit ersetzt werden darf, wenn sie vor Beginn der Verdachtsperiode wirksam bestellt worden ist.[336] Die „Aufladung" der *fiducie* ist hingegen in diesem Zeitraum unwirksam (Art. L.632-1 Nr. 10 c.com.).

---

[333] Zum gleichlautenden Art. L.621-107 Abs. 1 Nr. 6 c.com. a.F. vgl. Cass.com. v. 28.05.1996, JCP EA 1996, 251 m. Anm. Bouteiller; Dammann/Podeur, RD 2007, 1359, 1362; Fitzau, *Mobiliarsicherheiten im französischen und deutschen Insolvenzrecht*, 258 m.w.N.

[334] Fitzau, *Mobiliarsicherheiten im französischen und deutschen Insolvenzrecht*, 259 f. m.w.N.

[335] Cass.com. v. 28.05.1996, JCP EA 1996, 251 f. m. Anm. Bouteiller; Cass.com. v. 09.04.1996, RTDcom. 1996, 508 f. m. Anm. Cabrillac.

[336] Cass.com. v. 20.01.1998, Bull.civ. IV 1998, Nr. 28, S. 20.

Der Wirksamkeit einer vor Beginn der Verdachtsperiode bestellten Sicherungsabtretung ist es nicht abträglich, wenn deren Drittwirksamkeitsvoraussetzungen – zum Beispiel die Mitteilung an den Drittschuldner im Rahmen der *einfachen Sicherungsabtretung*[337] oder die Übergabe des Forderungsverzeichnisses im Rahmen der *Abtretung gewerblicher Forderungen*[338] – erst während der Verdachtsperiode eintreten.

Hingegen bleibt eine Sicherungsabtretung wirksam, wenn sie zum Zeitpunkt der Insolvenzeröffnung bereits Drittwirksamkeit erlangt hatte. Dies stellt Art. 2024 c.civ. ausdrücklich für die *fiducie* klar, gilt aber auch im Rahmen der übrigen Sicherungsabtretungen.[339] Denn mit der wirksamen Abtretung ist die Forderung bereits aus dem Vermögen des Schuldners ausgeschieden ist und fällt nicht mehr in dessen Insolvenzmasse.[340] Das gilt selbst dann, wenn die Forderung erst nach Insolvenzeröffnung entsteht, denn für die Wirksamkeit der Abtretung kommt es auf den Zeitpunkt des Vertragsschlusses beziehungsweise auf den auf dem Forderungsverzeichnis vermerkten Zeitpunkt und nicht auf das Entstehen der einzelnen Forderung an.[341]

b) Einziehungsrecht des Gläubigers

Unter anderem aufgrund dieser Insolvenzfestigkeit entfalten *fiducie* und die übrigen *Sicherungsabtretungen* ihren Hauptzweck im Insolvenzverfahren des Schuldners. Ein weiterer, sehr wichtiger Aspekt ist jedoch die einfache Verwertung der abgetretenen Forderung:

Unabhängig von der Art der *Sicherungsabtretung* erlangt der Gläubiger die Inhaberschaft an der abgetretenen Forderung (Artt. 2011, 2372-3, 2023, 1689 c.civ, L.313-24 Abs. 1 c.mon.fin.)[342] und damit grundsätzlich das ausschließliche Recht, die ab-

---

[337] Cass.com. v. 04.10.2005, Rev.dr.banc.fin. 2005, AL, Nr. 209 m. Anm. Cerles; Cass.com. v. 14.02.2006, RD 2006, 2862 m. Anm. Crocq.

[338] Cass.com. v. 28.05.1996, RTDciv. 1996, 671 m. Anm. Bandrac/Crocq.

[339] Zur grundsätzlichen Insolvenzfestigkeit drittwirksamer Sicherheiten vgl. bereits Fn. 149; Speziell zur Abtretung *gewerblicher Forderungen* vgl. Cass.com. v. 22.11.2005, Rev.dr.banc.fin. 2006, 18 f. m. Anm. Cerles; Dammann, RD 2005, 2447, 2449; Zur *einfachen Sicherungsabtretung* vgl. Graham-Siegenthaler, *Kreditsicherungsrechte im internationalen Rechtsverkehr*, 324 f, 333 f.

[340] Dammann/Undritz, NZI 2005, 198, 201 m. Fn. 34.

[341] Cass.com. v. 07.12.2004, RD 2005, 77 m. Anm. Lienhard; Dammann, RD 2006, 1298, 1299.

[342] Für die *fiducie* vgl. Barrière, JCP EA 2007, 13, 15 f; Larroumet, RD 2007, 1350; Cabrillac/Mouly, *Droit des sûretés*, Rn. 849 ff; Wenn der Gesetzgeber von „transport" spricht, meint er eigentlich „cession de créance", vgl. Delpech, RD 2007, 76, 77.

getretene Forderung direkt und im eigenen Namen beim Drittschuldner einzuziehen.[343] In der Praxis wird der Schuldner häufig aus Vertrauens-, Kosten- und Praktikabilitätsgründen dazu ermächtigt, die Forderungen als Vertreter des Gläubigers einzuziehen.[344] Üblicherweise wird der Gläubiger jedoch die dem Schuldner eingeräumte Einziehungsbefugnis widerrufen, sobald sich die Insolvenz des Schuldners abzeichnet. Im Rahmen der Abtretung *gewerblicher Forderungen* erfolgt der Widerruf meist konkludent durch Offenlegung der Sicherungsabtretung an den Drittschuldner gemäß Art. L.313-28 c.mon.fin.[345]

Der Gläubiger kann die Forderung spätestens im Rahmen der Schuldnerliquidation unter Umgehung des insolvenzrechtlichen *pari passu*-Grundsatzes direkt beim Drittschuldner einziehen.[346] Dem Gläubiger steht damit ein Aussonderungsrecht an der Forderung zu.

c) Prioritätskonflikte der Sicherungsabtretungen von Forderungen

aa) Grundsätzliche Umgehung des *pari passu* Grundsatzes

Wie soeben gesehen, gewähren alle Formen der *Sicherungsabtretung* dem Gläubiger ein Aussonderungsrecht in der Insolvenz des Schuldners und ermöglichen damit eine absolut bevorzugte Befriedigung des Gläubigers, ohne dass der in Art. 2285 c.civ. normierte Grundsatz der gleichmäßigen Gläubigerbefriedigung zu beachten wäre.[347] Da Forderungen mit ihrer *Sicherungsabtretung* nicht mehr zur Insolvenzmasse gehören, sich aber Privilegien immer auf die Insolvenzmasse beziehen, wird den Sicherungsgläubigern zugleich der Vorrang vor den Inhabern von Privilegien eingeräumt.

---

[343] Delpech, RD 2007, 793 (*gewerbliche Forderungen*).

[344] Fitzau, *Mobiliarsicherheiten im französischen und deutschen Insolvenzrecht*, 263 f; Zum Einziehungsrecht bei der Abtretung *gewerblicher Forderungen* vgl. bereits S. 84.

[345] Fitzau, *Mobiliarsicherheiten im französischen und deutschen Insolvenzrecht*, 266 m.w.N.

[346] Zur Einziehung *gewerblicher Forderungen* vgl. Fitzau, *Mobiliarsicherheiten im französischen und deutschen Insolvenzrecht*, 115; Zur Einziehung im Rahmen der *fiducie* vgl. bereits S. 47 f. und Dammann/Podeur, RD 2007, 319, 320.

[347] Zu Prioritätskonflikten der *fiducie* vgl. bereits Kapitel 2, B, I, 3, g), S. 49.

bb) Prioritätskonflikt mit Pfandrechten

Im Zusammenhang mit der *fiducie* wurde bereits festgestellt, dass ihr solche Sicherungsrechte vorgehen, die an demselben Sicherungsgegenstand bestellt und zeitlich früher eingetragen wurden (Art. 2025 Abs. 1 c.civ.).

Es stellt sich die Frage, ob ein solches Prioritätsprinzip auch im Verhältnis zu anderen *Sicherungsabtretungen* gilt. Nach allgemeinen zivilrechtlichen Grundsätzen wird mit der *Sicherungsabtretung* die Forderung in ihrem jeweiligen Bestand, also samt Sicherheiten und Nebenrechten, auf den Gläubiger übertragen.[348] Ein bereits an der Forderung bestelltes, drittwirksames Forderungspfandrecht bleibt damit bestehen und kann dem Gläubiger entgegengesetzt werden. Wird hingegen die Verpfändungsmitteilung im Sinne des Art. 2075 c.civ. und damit die Drittwirksamkeit erst nach Vornahme der *Sicherungsabtretung* bewirkt, hat der Zessionarsgläubiger Vorrang vor dem Pfandgläubiger.[349] Der Konflikt zwischen *Sicherungsabtretungen* jeglicher Art und Pfandrechten beurteilt sich damit nach dem Prioritätsgrundsatz.

cc) Prioritätskonflikt mit anderen Sicherungsabtretungen

Fraglich ist, ob dies auch für Konflikte zwischen mehreren *Sicherungsabtretungen* gilt:

Während sich die Rangfolge mehrerer *fiducies*, die an derselben Forderung bestellt wurden, nach der Reihenfolge ihrer Eintragungen bestimmt (Art. 2372-5 Abs. 3 S. 2 c.civ.), stellt sich die Rechtslage für die übrigen *Sicherungsabtretungen* anders dar: Da es an einer dem Art. 2372-5 c.civ. vergleichbaren Vorschrift fehlt, ist es nicht möglich, einfache oder gewerbliche Forderungen mehrfach abzutreten.[350] Denn die Forderung ist bereits mit der ersten drittwirksamen Abtretung aus dem Vermögen des Schuldners ausgeschieden, so dass eine spätere Abtretung keine Inhaberschaft mehr an der Forderung vermitteln kann. Letztlich existiert nur die *Sicherungsabtretung*, die zuerst drittwirksam wurde, so dass streng genommen nicht von einem Prioritätskonflikt gesprochen werden kann.[351] Die Abtretung einfacher und gewerb-

---

[348] Fitzau, *Mobiliarsicherheiten im französischen und deutschen Insolvenzrecht*, 248 m.w.N.

[349] Fitzau, *Mobiliarsicherheiten im französischen und deutschen Insolvenzrecht*, 280 m.w.N.

[350] Nach a.A. ist eine Mehrfachabtretung nach Art. 1690 c.civ. möglich – Vorrang soll derjenige Gläubiger haben, der dem Drittschuldner zuerst die Abtretung offengelegt hat, vgl. Graham-Siegenthaler, *Kreditsicherungsrechte im internationalen Rechtsverkehr*, 324.

[351] CA Paris v. 04.01.1990, RD 1990, 44; Ghestin/Jamin/Billiau *Traité de droit civil*, Rn. 750 m.w.N.

licher Forderungen unterscheidet sich hier in einem wichtigen Punkt: Während die *einfache Sicherungsabtretung* zur Drittwirksamkeit der Offenlegung nach Art. 1690 Abs. 1 c.civ. bedarf,[352] ist eine solche im Rahmen der *Abtretung gewerblicher Forderungen* entbehrlich.[353] Hier kommt es vielmehr auf die Übergabe des Forderungsverzeichnisses an.

Weiterhin kann eine *Sicherungsabtretung* auch mit einem inzwischen gesetzlich anerkannten verlängerten Eigentumsvorbehalt[354] kollidieren. Dies ist beispielsweise dann der Fall, wenn der Schuldner die unter Eigentumsvorbehalt erworbenen Waren weiterverkauft und die aus der Veräußerung resultierende Kaufpreisforderung anschließend oder schon im Voraus an einen anderen Gläubiger abtritt.[355] Hat der Schuldner diese Kaufpreisforderung aber schon im Voraus an den Vorbehaltsverkäufer abgetreten, gebührt dem Vorbehaltsverkäufer nach einer Grundsatzentscheidung der *Cour de cassation* grundsätzlich – unabhängig vom Zeitpunkt der Bestellung – der Vorrang. Dies lässt sich damit erklären, dass die Kaufpreisforderung im Wege der dinglichen Surrogation an die Stelle der weiterveräußerten Waren tritt, die bis zuletzt im Eigentum des Vorbehaltsverkäufers standen.[356] Voraussetzung ist aber, dass die Vorbehaltswaren in ihrem ursprünglichen Zustand weiter veräußert wurden (Art. L.624-16 Abs. 1 c.com.).[357] Während die Entscheidung ohne Weiteres auf die *einfache Sicherungsabtretung* übertragbar ist, hat die *fiducie* Vorrang vor dem Eigentumsvorbehalt, wenn sie zuerst bestellt wurde (Art. 2025 Abs. 1 c.civ.).

---

[352] Cass. com. v. 19.03.1980, Bull. civ. IV 1980, Nr. 137; Graham-Siegenthaler, *Kreditsicherungsrechte im internationalen Rechtsverkehr*, 322 f.

[353] CA Paris v. 04.01.1990, RD 1990, 44; Cass.com. v. 19.05.1992, JCP EA 1992, 297; Ghestin/Jamin/Billiau *Traité de droit civil*, Rn. 743; a.A. Trib.com. Paris v. 24.05.1988, RD 1988, 533 m. Anm. Martin (Leitsatz); Zum Streitstand vgl. Delpech, RD 2007, 793.

[354] Der verlängerte Eigentumsvorbehalt ist seit der Reform vom 23.03.2006 auch in Frankreich anerkannt und in Artt. 2369 ff. c.civ. kodifiziert, vgl. hierzu bereits Fn. 51.

[355] Eine solche Konstellation war bisher schon im Rahmen der Abtretung *gewerblicher Forderungen* möglich, vgl. Graham-Siegenthaler, *Kreditsicherungsrechte im internationalen Rechtsverkehr*, 331.

[356] Cass.com. v. 20.06.1989, RD 1989, 235; Hauptmann, RJcom. 1992, 45.

[357] Erfasst werden daher vor allem Zwischenhändler, welche die Vorbehaltsware nicht verarbeiten, sondern lediglich weiter veräußern, vgl. Fitzau, *Mobiliarsicherheiten im französischen und deutschen Insolvenzrecht*, 277 m.w.N.

II. Die *fiducie* an Forderungen im Vergleich zur deutschen Sicherungsabtretung

1. Allgemeines

a) Generelle Ausrichtung von *fiducie* und Sicherungsabtretung

Im Gegensatz zur *fiducie* ist im deutschen Recht schon lange anerkannt, dass eine Forderungsabtretung zu Sicherungszwecken erfolgen kann.[358] Wie die *fiducie* ist auch die *Sicherungsabtretung* der äußeren Form nach eine Vollrechtsübertragung, welche sich nach §§ 398 bis 411 BGB richtet. Im Unterschied zur herkömmlichen Forderungsabtretung dient sie jedoch nur einem beschränkten Sicherungszweck.[359]

b) Anwendungsbereich von *fiducie* und Sicherungsabtretung

Wie die *fiducie* wird auch die *Sicherungsabtretung* von der herrschenden Meinung als Anwendungsfall der eigennützigen Treuhand gesehen, bei welcher sowohl Schuldner als auch Gläubiger begünstigt werden.[360] Der persönliche Anwendungsbereich ist in beiden Rechtsordnungen auf ein Zweipersonenverhältnis reduziert, ist aber im Rahmen der *Sicherungsabtretung* im Gegensatz zur *fiducie* nicht auf einen bestimmten Gläubigerkreis beschränkt.

Der sachliche Anwendungsbereich ist in beiden Rechtsordnungen unbeschränkt, was unter anderem mit der fehlenden Akzessorietät der *Sicherungsabtretung* zu der zu sichernden Forderung zusammenhängt.

2. Drittwirksamkeitsvoraussetzungen von *fiducie* und Sicherungsabtretung

a) Vereinbarung und Formvorschriften

Aufgrund des Abstraktionsprinzips ist die *Sicherungsabtretung* als dingliches Verfügungsgeschäft von ihrem Rechtsgrund – in der Regel einer Sicherungsabrede – unabhängig.[361] Entscheidend ist allein, ob sich Gläubiger und Schuldner darüber ei-

---

[358] Die *Sicherungsabtretung* ist ähnlich entstanden wie die *Sicherungsübereignung*, vgl. hierzu S. 57.

[359] MüKo/Roth, *BGB*, § 398, Rn. 100; Staudinger/Busche, *BGB*, Einl. zu §§ 398 ff, Rn. 65.

[360] MüKo/Roth, *BGB*, § 398, Rn. 100 ff. m.w.N.

[361] RG, RGZ 102, 385, 386; MüKo/Roth, *BGB*, § 398, Rn. 23; Palandt/Heinrichs, *BGB*, § 398, Rn. 3; Zum Abstraktionsprinzip und der Möglichkeit, eine Abhängigkeit zwischen Sicherungsabrede und dinglicher Verfügung herzustellen, vgl. Stadler, *Gestaltungsfreiheit und Verkehrsschutz durch Abstraktion*, 87 ff; MüKo/Roth, *BGB*, § 398, Rn. 25 und oben Kapitel 2, B, II, 2, b), S. 60.

nig sind, die Inhaberschaft an der Forderung auf den Gläubiger zu übertragen (§ 398 S. 1 BGB). Im Gegensatz zur *fiducie*, welche eine über die wesentlichen Vertragsbedingungen hinausgehende Einigung verlangt, sind die Anforderungen an die Bestellung der *Sicherungsabtretung* erleichtert.[362] Insbesondere sehen die §§ 398 ff. BGB keine speziellen Formvorschriften vor. Während die *fiducie* eines schriftlichen Vertrages bedarf (Artt. 2018, 2019, 2372-2 c.civ.), kann die *Sicherungsabtretung* grundsätzlich formlos erfolgen, und zwar selbst dann, wenn die abgetretene Forderung auf einem formpflichtigen Kausalgeschäft beruht.[363]

Beide Rechtsinstitute haben gemeinsam, dass die Parteien den Zeitpunkt vereinbaren können, in dem die Forderung auf den Gläubiger übergehen soll – im Rahmen der *fiducie* geschieht dies, indem dieser Zeitpunkt auf dem Vertrag vermerkt wird, im Rahmen der *Sicherungsabtretung* durch entsprechende, auch formlose Vereinbarung zwischen den Parteien.

b) Publizität

Während die *fiducie* zwingend einer Registereintragung bedarf (Art. 2019 c.civ.),[364] unterliegt die *Sicherungsabtretung* keinerlei Publizitätsvorschriften (§ 398 BGB). Der Unterschied dürfte daher rühren, dass nach deutscher Rechtsauffassung kein Besitz an unkörperlichen Forderungen begründet werden kann,[365] wohingegen das französische Recht von der Besitzfähigkeit von Forderungen ausgeht:[366] Da eine Besitzübergabe an einer Forderung aber auch im französischen Recht physikalisch unmöglich ist, musste sie durch eine Registerpublizität ersetzt werden.

Allerdings sind die Regelungen hinsichtlich der Abtretungsanzeige an den Drittschuldner vergleichbar: Die *fiducie* kann dem Drittschuldner nur entgegen gehalten werden, wenn sie diesem mitgeteilt wurde (Art. 2018-2 S. 2 c.civ.). Auch im deutschen Recht ist eine Abtretungsanzeige nicht zwingend erforderlich: In der Regel

---

[362] Zur Vereinbarung der *fiducie* vgl. bereits Kapitel 2, B, I, 2, b), aa), S. 28, Kapitel 2, C, I, 2, a), aa), S. 81.

[363] BGH, MDR 1967, 398 f; MüKo/Roth, *BGB*, § 398, Rn. 13.

[364] Zur Publizität der *fiducie* vgl. bereits Kapitel 2, C, I, 2, b), S. 82.

[365] Drobnig, „Vergleichender Generalbericht" in Kreuzer, *Mobiliarsicherheiten - Vielfalt oder Einheit?*, 9, 14.

[366] Gemäß Art. 2255 c.civ. ist unter „Besitz" nicht nur die tatsächliche Verfügungsgewalt über eine Sache (*détention d'une chose*) zu verstehen, sondern auch die tatsächliche Ausübung eines Rechtes (*jouissance d'un droit*), vgl. Ferid/Sonnenberger, *Das französische Zivilrecht*, Rn. 3 A 120 f.

wird die *Sicherungsabtretung* dem Drittschuldner zunächst nicht angezeigt (stille Zession). Stattdessen wird der Schuldner – wie auch im Rahmen der *fiducie* – vom Gläubiger ermächtigt, die abgetretene Forderung im eigenen Namen geltend zu machen und je nach Vereinbarung Leistung an sich oder den Gläubiger zu verlangen.[367] Zumindest bei Eintritt des Sicherungsfalles ist eine Abtretungsanzeige jedoch sinnvoll, denn erst durch eine solche wird dem Drittschuldner die Möglichkeit genommen, mit befreiender Wirkung an den Schuldner zu leisten (§ 407 Abs. 1 BGB).[368]

c) Konsequenzen der (fehlenden) Registerpublizität

aa) Vor- und Nachteile der Registerpublizität

Die Vor- und Nachteile der Registerpublizität wurden bereits im Zusammenhang mit körperlichen Gegenständen dargestellt.[369]

bb) Sicherungsgegenstand von *fiducie* und Sicherungsabtretung

Interessant sind aber vor allem ihre unterschiedlichen Folgen für den sachlichen Anwendungsbereich des Sicherungsrechts.

(1) Künftige Forderungen

Die *Sicherungsabtretung* künftiger Forderungen ist nicht nur im Rahmen der *fiducie* (Art. 2011 c.civ.), sondern auch im deutschen Recht zulässig und weit verbreitet.[370] Keine der beiden Rechtsordnungen stellt allzu hohe Anforderungen an die Bestimmtheit der Forderungen. Insbesondere muss das Entstehen der künftigen Forderung lediglich wahrscheinlich sein und sich im Moment der Sicherungsabtretung noch nicht auf ein konkretes Rechtsverhältnis oder eine bestimmte Rechtsgrundlage stützen lassen.[371] Es genügt, dass die künftigen Forderungen im Zeitpunkt der Abtre-

---

[367] BGH NJW 1993, 1640, 1641; MüKo/Ganter, *InsO*, § 51, Rn. 181; MüKo/Roth, *BGB*, § 398, Rn. 19; Palandt/Heinrichs, *BGB*, § 398, Rn. 29 f.
[368] MüKo/Roth, *BGB*, § 398, Rn. 3, 12 m.w.N.
[369] Zu den Vor- und Nachteilen der Registerpublizität vgl. bereits S. 102 ff.
[370] RG, RGZ 67, 166, 167; BGH, BGHZ 108, 98, 104.
[371] BGH, NJW 1991, 2897, 2898; BeckOK/Rohe, *BGB*, § 398, Rn. 33; MüKo/Ganter, *InsO*, § 51, Rn. 164; MüKo/Roth, *BGB*, § 398, Rn. 81.

tung bestimmbar sind.[372]

In beiden Rechtsordnungen geht eine künftige Forderung naturgemäß erst im Zeitpunkt ihres Entstehens auf den Gläubiger über.[373] Dementsprechend ist auch die Insolvenzfestigkeit der Abtretung künftiger Forderungen vergleichbar. Für die Wirksamkeit der Vorausabtretung ist also nicht auf die dingliche Einigung, sondern auf das Entstehen der Forderung abzustellen.

(2) Forderungsmehrheiten

Wie die *fiducie* (Art. 2011 c.civ.) bietet auch das deutsche Recht mit der *Globalzession* die Möglichkeit, eine Vielzahl auch künftiger Forderungen auf einmal an den Gläubiger abzutreten.[374] Dabei haben *fiducie* und *Sicherungsabtretung* gemeinsam, dass die gegenwärtigen Forderungen schon mit Abschluss des Abtretungsvertrages auf den Gläubiger übergehen, die künftigen Forderungen hingegen erst in dem Zeitpunkt, in dem sie entstehen.[375] Die etwaige Übergabe eines Schriftstückes oder Forderungsverzeichnisses hat nur deklaratorische Bedeutung. Wie schon im Rahmen der Abtretung künftiger Forderungen genügt es auch zur Wirksamkeit der Abtretung einer Forderungsmehrheit, wenn die Forderungen bestimmbar sind.[376]

(3) Surrogate

Auch im Rahmen der *Sicherungsabtretung* schließt das Unmittelbarkeitsprinzip eine dingliche Surrogation der ursprünglich abgetretenen Forderungen grundsätzlich

---

[372] BGH, NJW 1974, 1130; BGH, NJW 1995, 1668, 1669; BeckOK/Rohe, *BGB*, § 398, Rn. 33; MüKo/Roth, *BGB*, § 398, Rn. 67 ff, 81; Im deutschen Recht wurde die Bestimmbarkeit beispielsweise bejaht für die Abtretung aller Forderungen aus einem bestimmten Geschäftsbetrieb, einer bestimmten Art von Rechtsgeschäften oder einem bestimmten Zeitraum, oder gegen alle Drittschuldner mit bestimmten Anfangsbuchstaben, vgl. hierzu BeckOK/Rohe, *BGB*, § 398, Rn. 34 m.w.N.

[373] BGH, NJW 1995, 1668, 1671; MüKo/Ganter, *InsO*, § 51, Rn. 165; Zur *fiducie* an künftigen Forderungen vgl. S. 85.

[374] In der Praxis stellt die *Globalzession* die wichtigste Form der Sicherungsabtretung dar und dient vor allem der Kreditsicherung von Banken, vgl. MüKo/Roth, *BGB*, § 398, Rn. 145; Palandt/Heinrichs, *BGB*, § 398, Rn. 24; Zur Abtretung einer Vielzahl von Forderungen im Rahmen der *fiducie* vgl. S. 85.

[375] MüKo/Ganter, *InsO*, § 51, Rn. 165, 172.

[376] OLG Stuttgart, NJW 1964, 666; MüKo/Roth, *BGB*, § 398, Rn. 79.

aus.³⁷⁷ Aufgrund der zahlreichen richterrechtlich gebildeten Ausnahmen ist es jedoch wie im Rahmen der *fiducie* (Art. 2011 c.civ.) möglich, die fällig gewordenen Forderungen sukzessive zu erneuern und so sicherzustellen, dass die Kredite durch einen ausreichenden Betrag von Forderungen abgesichert sind.

(4) Sukzessive Abtretung derselben Forderung

Während die Registerpublizität der *fiducie* eine mehrfache Abtretung derselben Forderung ermöglicht, gilt für die deutsche *Sicherungsabtretung* das bereits zur Sicherungsübereignung Gesagte entsprechend: Sobald der Schuldner seine Forderung abgetreten hat, verliert er seine Berechtigung zu weiteren Abtretungen an andere Gläubiger. Auch ein gutgläubiger Forderungserwerb ist im deutschen Recht völlig ausgeschlossen.³⁷⁸ Dennoch bietet die *fiducie* dem Schuldner mit der Möglichkeit der Mehrfachabtretung im Vergleich zur deutschen *Sicherungsabtretung* keinen Vorteil: Denn oftmals wird der erste Gläubiger, zu dessen Gunsten eine *fiducie* bestellt wird, die gesamte Forderung als Sicherheit benötigen. Die Einräumung einer weiteren *fiducie* an derselben Forderung eröffnet dem zweiten Gläubiger damit keine große Realisierungschance und stellt ihn damit nicht besser, als wenn ihm – wie im deutschen Recht – überhaupt keine Sicherheit an derselben Forderung eingeräumt worden wäre. Sollte der erste Gläubiger lediglich einen Teil der Forderung als Sicherheit benötigen und die Forderung damit noch zur Befriedigung des zweiten Gläubigers ausreichen, kann dieses Ergebnis auch im deutschen Recht im Wege einer Teilabtretung erzielt werden.

d) Interessenkollisionen und Grenzen der Privatautonomie

Im deutschen Recht können grundsätzlich alle Forderungen übertragen werden, solange keine gesetzlichen oder vertraglichen Ausnahmen bestehen:³⁷⁹ Eine Forderungsabtretung ist jedoch kraft Gesetzes unwirksam, wenn sich durch die Abtretung der Inhalt der Leistung verändert oder die Forderung unpfändbar ist (§§ 399, 400 BGB). Das ist grundsätzlich dann der Fall, wenn der Drittschuldner mit dem

---

³⁷⁷ Zur dinglichen Surrogation im Rahmen von *fiducie* und Sicherungsübereignung vgl. bereits Kapitel 2, B, I, 2, c, dd), (3), S. 35 ff, Kapitel 2, C, II, 2, c), bb), (3), S. 64.

³⁷⁸ Zur Möglichkeit des Schuldners, sein Anwartschaftsrecht auf Rückübereignung zur Sicherheit zu übereignen, vgl. BGH, NJW 1970, 699; Drobnig, „Vergleichender Generalbericht" in Kreuzer, *Mobiliarsicherheiten - Vielfalt oder Einheit?*, 9, 24; Staudinger/Wiegand, *BGB*, Anh. zu §§ 929-931, Rn. 206 ff.

³⁷⁹ Zu gesetzlichen und vertraglichen Abtretungsverboten vgl. MüKo/Roth, *BGB*, § 398, Rn. 62; Palandt/Heinrichs, *BGB*, § 398, Rn. 9; Palandt/Heinrichs, *BGB*, § 399, Rn. 4 ff.

Schuldner einen Abtretungsausschluss vereinbart hat (§ 399 BGB).[380] Etwas anderes gilt jedoch für eine *Sicherungsabtretung*, die Geldforderungen aus beiderseitigen Handelsgeschäften betrifft. Eine solche trotz Abtretungsverbots vorgenommene Abtretung ist als dinglich voll wirksam anzusehen, allerdings stehen dem Drittschuldner erweiterte Befugnisse zu (§ 354a HGB).[381]

Vor allem die *Globalzession* birgt die Gefahr einer Übersicherung des Gläubigers,[382] einer wirtschaftlichen Knebelung des Schuldners[383] sowie der Sittenwidrigkeit wegen Verleitung zum Vertragsbruch.[384]

Bei formularmäßiger Vereinbarung unterliegt die *Sicherungsabtretung* einer strengen Inhaltskontrolle nach §§ 305 ff. BGB, wobei regelmäßig nur § 307 BGB einschlägig ist.

Im Gegensatz hierzu geht das französische Recht grundsätzlich davon aus, dass die *fiducie* ordnungsgemäß bestellt wurde und ahndet eine Übersicherung lediglich dann mit Nichtigkeit, wenn sie zur Insolvenz des Schuldners beigetragen hat (Art. L.650-1 Abs. 2 c.com.).

---

[380] BGH NJW 1978, 813, 814; Das Abtretungsverbot kann auch nach Entstehen der Forderung und konkludent vereinbart werden, vgl. MüKo/Roth, *BGB*, § 398, Rn. 30 m.w.N.

[381] Insbesondere kann er selbst dann noch mit befreiender Wirkung an den ursprünglichen Gläubiger leisten oder gegen dessen Ansprüche aufrechnen, wenn er die Abtretung kennt, vgl. HK/Ruß, *HGB*, § 354a Rn. 1 - 4; MüKo/Roth, *BGB*, § 399, Rn. 39-44.

[382] MüKo/Roth, *BGB*, § 398, Rn. 15 m.w.N; Insofern sind die Ausführungen zur Sittenwidrigkeit der Sicherungsübereignung auf S. 65 f. entsprechend anwendbar.

[383] Eine Knebelung liegt insbesondere dann vor, wenn die im Voraus abgetretenen Forderungen selbst dann nicht anderweitig abgetreten werden dürfen, wenn der Gläubiger ausreichend gesichert ist, vgl. MüKo/Ganter, *InsO*, vor §§ 49-52, Rn. 80 f; MüKo/Ganter, *InsO*, § 51, Rn. 173; MüKo/Roth, *BGB*, § 398, Rn. 130.

[384] Eine Verleitung zum Vertragsbruch wird angenommen, wenn der Schuldner seinem Gläubiger im Rahmen einer *Globalzession* alle Forderungen sicherungshalber abtritt, auch solche künftigen Forderungen, welche er aufgrund eines verlängerten Eigentumsvorbehalts an seine Lieferanten abtreten muss. Da er die entsprechenden Forderungen jedoch nur einmal abtreten kann, müsste der Schuldner Vertragsbruch gegenüber seinen Lieferanten begehen. Die *Globalzession* ist nur dann nicht wegen Verleitung zum Vertragsbruch sittenwidrig, wenn sie sich aufgrund einer dinglichen Freigabeklausel von vornherein nur auf solche Forderungen erstreckt, die nicht unter die Vorausabtretung aus dem verlängerten Eigentumsvorbehalt fallen, vgl. BGH NJW 1991, 2144, 2147; BGH NJW 1995, 1668, 1669; MüKo/Roth, *BGB*, § 398, Rn. 148 f; Mit der schuldrechtlichen Freigabeklausel, welche die Rechtsprechung auch ohne ausdrückliche Vereinbarung aus §§ 133, 157, 242 BGB herleitet, lässt sich hingegen eine solche Sittenwidrigkeit nicht vermeiden. Denn mit einer solchen verpflichtet sich der Globalzessionar nur schuldrechtlich, hinter den Ansprüchen des Vorbehaltsverkäufers zurückzutreten.

3. Verwertung von *fiducie* und Sicherungsabtretung in der Insolvenz des Schuldners

a) Nichtigkeit in der Verdachtsperiode

Die Nichtigkeit der Bestellung oder „Aufladung" der *fiducie* während der Verdachtsperiode erinnert an die deutsche Insolvenzanfechtung nach §§ 129 ff. InsO:[385] Während die *fiducie*, welche während der Verdachtsphase bestellt oder wieder „aufgeladen" wird, nichtig ist (Art. L.632-1 Nr. 9, Nr. 10 c.com), hat der Insolvenzverwalter im deutschen Insolvenzverfahren das Recht, solche *Forderungsabtretungen* anzufechten, welche der Schuldner vor Erlass eines Verfügungsverbots im Insolvenzantragsverfahren oder vor Insolvenzeröffnung vorgenommen hat und die sich als nachteilig für die Insolvenzmasse erweisen.[386] Hat der Schuldner künftige Forderungen zwar noch vor Eröffnung des Insolvenzverfahrens abgetreten, entstehen diese aber erst nach Insolvenzeröffnung, so ist die Abtretung nicht schon wegen des Verfügungsverbots nach § 81 InsO unwirksam, sondern unterliegt lediglich den anfechtungsrechtlichen Vorschriften.[387]

b) Verwertungsmodalitäten

Die durch die *Sicherungsabtretung* vermittelte Rechtsmacht geht wie diejenige der *fiducie* über ihren wirtschaftlichen Zweck hinaus, indem sie dem Gläubiger die volle Inhaberschaft an der Forderung vermittelt (§ 398 S. 2 BGB). Doch im Gegensatz zur *fiducie* bedeutet das nicht, dass dem Gläubiger auch in der Insolvenz des Schuldners die Befugnis zusteht, die gegen den Drittschuldner bestehenden Forderungen im eigenen Namen einzuziehen. Eine etwaige Einziehungsbefugnis des Gläubigers[388] entfällt automatisch, wenn das Insolvenzverfahren eröffnet wird: Die abgetretene Forderung fällt im Wege einer Fiktion in die Insolvenzmasse des

---

[385] Zur Vergleichbarkeit von Verdachtsperiode und Insolvenzanfechtung vgl. bereits Kapitel 2, B, II, 3, a), S. 68.

[386] MüKo/Ganter, *InsO*, § 51, Rn. 169.

[387] Die Forderung entsteht nämlich unmittelbar in der Person des Gläubigers und gehört nicht einmal für eine „logische Sekunde" zum Vermögen des Schuldners, vgl. BGH, NJW 1955, 544 (zu § 15 KO a.F.); MüKo/Ganter, *InsO*, § 51, Rn. 166; MüKo/Roth, *BGB*, § 398, Rn. 85; Zur Wirksamkeit der Bestellung einer *fiducie* während der Verdachtsperiode vgl. Kapitel 2, B, II, 3, a), S. 87.

[388] Auch eine *stille Zession* überträgt dem Gläubiger zwar von Anfang an die volle Inhaberschaft an der Forderung. Der Schuldner kann jedoch nach §§ 185 Abs. 1, 362 Abs. 2 BGB schuldrechtlich dazu ermächtigt werden, bis zum Eintritt des Sicherungsfalles die abgetretene Forderung weiterhin im eigenen Namen einzuziehen, vgl. BGH, NJW 1993, 1640; MüKo/Roth, *BGB*, § 398, Rn. 19.

Schuldners und gewährt dem Gläubiger kein Aussonderungs-, sondern lediglich ein Absonderungsrecht (§ 51 Nr. 1 InsO).[389] Das Einziehungs- und Verwertungsrecht geht damit – unabhängig davon, ob die *Sicherungsabtretung* still oder offen erfolgt ist[390] oder ob der Gläubiger sein Absonderungsrecht geltend macht – auf den Insolvenzverwalter über, wenn letzterer die Verwertung nicht explizit dem Gläubiger überlässt (§§ 166 Abs. 2, 170 Abs. 2 InsO).[391]

Der Gläubiger kann also die Forderung nur nach französischem, nicht aber nach deutschem Recht aussondern und selbst beim Drittschuldner einziehen. Während der Schutz des Schuldners in Frankreich dadurch bewirkt wird, dass der Gläubiger etwaige Differenzbeträge herauszugeben hat, sorgt in Deutschland der Insolvenzverwalter für ein ordnungsgemäßes Verteilungsverfahren.

c) Prioritätskonflikte von *fiducie* und Sicherungsabtretung

Die *fiducie* unterliegt einem strengen Prioritätsprinzip: Sie gewährt absoluten Vorrang vor allen Insolvenzprivilegien oder Sicherungsrechten, solange diese später bestellt wurden (Artt. 2025 Abs. 1, 2372-5 Abs. 3 S. 2 c.civ.).[392]

Auch Konflikte zwischen einer *Sicherungsabtretung* und konkurrierenden Sicherungsrechten sind grundsätzlich nach dem Prioritätsgrundsatz zu lösen: Sobald der Schuldner die *Sicherungsabtretung* vorgenommen hat, verliert er die Inhaberschaft an der Forderung und damit die Berechtigung, diese erneut abzutreten oder zu verpfänden. Da auch ein gutgläubiger Forderungserwerb vom Nichtberechtigten – von § 405 BGB abgesehen – ausgeschlossen ist, sind nachfolgende Abtretungen oder Verpfändungen generell unwirksam.[393]

Ist die Forderung im umgekehrten Fall bereits verpfändet, ändert dies nichts an der Wirksamkeit einer späteren Abtretung: Trotz Verpfändung bleibt der Schuldner Inhaber der Forderung und kann diese weiterhin rechtmäßig abtreten. Diese geht – wie im französischen Recht – mitsamt ihrer Belastung auf den Gläubiger über, so dass

---

[389] Jahn, „Deutschland" in Jahn/Sahm *Insolvenzen in Europa*, 65, 82; MüKo/Ganter, *InsO*, § 51, Rn. 168; Uhlenbruck/Brinkmann, *InsO*, § 51, Rn. 30.

[390] KG, NZI 1999, 500 f.

[391] MüKo/Ganter, *InsO*, § 51, Rn. 182; MüKo/Roth, *BGB*, § 398, Rn. 50; Obermüller, *Insolvenzrecht in der Bankpraxis*, Rn. 6.315 ff.

[392] Zu den Prioritätskonflikten der *fiducie* vgl. bereits Kapitel 2, B, I, 3, g), S. 49 f.

[393] MüKo/Ganter, *InsO*, § 51, Rn. 163, 167, 212; MüKo/Roth, *BGB*, § 398, Rn. 3.

dieser den Vorrang früher bestellter Pfandrechte akzeptieren muss. Da das deutsche Recht auch keinen gutgläubig lastenfreien Erwerb an Forderungen kennt, gilt das selbst bei Gutgläubigkeit des Zessionars.

Das Prioritätsprinzip gilt grundsätzlich auch in Konfliktfällen zwischen *Globalzession* und verlängertem Eigentumsvorbehalt und wird nur teilweise zugunsten des letzteren durchbrochen.[394]

Es bleibt damit festzuhalten, dass sich die Rangfolge mehrerer Sicherungsrechte an derselben Forderung wie in Frankreich nach der Reihenfolge ihrer Bestellung richtet, solange kein verlängerter Eigentumsvorbehalt involviert ist.

---

[394] BGH, NJW 1959, 1533, 1536; BGH, NJW 1960, 1716, 1717 f.

D. Kritische Würdigung der französischen und deutschen Lösungsansätze

I. Einheitslösung der *fiducie*

Während im deutschen Recht zwischen der Vollrechtsübertragung an körperlichen Gegenständen (*Sicherungsübereignung*) und derjenigen an Forderungen (*Sicherungsabtretung*) unterschieden wird, hat der französische Gesetzgeber mit der *fiducie* ein einheitliches Rechtsinstitut geschaffen, das sowohl auf körperliche Gegenstände als auch auf Forderungen anwendbar und übersichtlich im dritten Buch des *Code civil* (Art. 2011 ff. c.civ.) normiert ist. Dies bringt zwar eine klare gesetzliche Struktur, in der Sache aber keinen Vorteil gegenüber der deutschen Regelung mit sich. Denn auch das dritte Buch des *Code civil* enthält zusätzliche Vorschriften, die nur im Zusammenhang mit der *fiducie* an Forderungen zu beachten sind.

II. Kodifikation der *fiducie*

Die übersichtliche Kodifikation der *fiducie* verleiht auch dem unerfahrenen Rechtsanwender Rechtsklarheit und damit letztlich auch Rechtssicherheit. Im Gegensatz hierzu mag die fehlende Normierung der *Sicherungsübereignung* zunächst nachteilig erscheinen, sie bietet der rechtsprechungsgeprägten Kreditsicherungspraxis aber auch ein hohes Maß an Flexibilität. Dass die fehlende Normierung der *Sicherungsübereignung* letztlich keinen Nachteil darstellt, zeigt sich auch daran, dass sich dieses Institut – genau wie die gesetzlich geregelte *Sicherungsabtretung* – in der Kreditsicherungspraxis äußerst großer Beliebtheit erfreut.

III. Treuhänderische Übertragung des Eigentums

Sicherungsübereignung, *Sicherungsabtretung* wie auch *fiducie* greifen auf einen Treuhandmechanismus zurück, welcher dem Gläubiger zur Sicherung seiner Forderungen eine überschießende Rechtsmacht gewährt. Letztlich wird also ein und dasselbe Ergebnis mit unterschiedlicher dogmatischer Begründung bewirkt, so dass keines der Rechtsinstitute dem anderen überlegen ist.

IV. Unterschiedlicher persönlicher Anwendungsbereich

Der wesentliche Unterschied zwischen *fiducie* und ihren deutschen Pendants *Sicherungsübereignung* und *Sicherungsabtretung* besteht darin, dass der persönliche Anwendungsbereich der *fiducie* auf einen bestimmten Gläubigerkreis beschränkt ist, während *Sicherungsübereignung* und *Sicherungsabtretung* jedermann offenstehen. Die deutschen Institute sind damit beispielsweise geeignet, Darlehensschulden zwischen Privatpersonen abzusichern und sind der *fiducie* in diesem Punkt überlegen. Die Großzügigkeit der deutschen Regelung bedeutet keinen Nachteil für den Schuldner. Dieser wird durch Gesetz und Rechtsprechung vor treuhänderischem Missbrauch geschützt.[395]

V. Vertragliche Anforderungen

Während es im Rahmen der *fiducie* eines Sicherungsvertrages bedarf, der strengen Formvorschriften genügen muss, unterliegen die im Rahmen von *Sicherungsübereignung* und *-abtretung* erforderlichen Vertragsvereinbarungen keinerlei zwingenden Formerfordernissen. Dies gilt sowohl für die dingliche Einigung der Parteien, welche für die Übertragung des Sicherungsgegenstandes stets erforderlich ist, als auch für den schuldrechtlichen Sicherungsvertrag, der – falls er wie regelmäßig Besitzkonstitut im Sinne der §§ 868, 930 BGB ist – für die Drittwirksamkeit der *Sicherungsübereignung* entscheidend ist.

Letztlich dürften die französischen Formerfordernisse kaum nachteilig sein gegenüber der in Deutschland möglichen formlosen Vereinbarung von Mobiliarsicherheiten. Denn wie im französischen Recht müssen die Parteien auch im deutschen Recht hinreichend deutlich machen, welche Gegenstände oder Forderungen übertragen werden sollen, wobei keine der beiden Rechtsordnungen überzogene Anforderungen an die Bestimmtheit der Sicherungsgegenstände stellt.

Die übrigen, im französischen Sicherungsvertrag zu treffenden Vereinbarungen (vgl. Art. 2018 c.civ.) sind als *essentialia negotii* auch im deutschen schuldrechtlichen Sicherungsvertrag zu regeln. Ob eine entsprechende Vereinbarung wie im deutschen Recht nur mündlich erfolgt oder wie in Frankreich schriftlich niederge-

---

[395] Zum Schutz des Schuldners insbesondere vor Übersicherung vgl. Kapitel 2, B, II, 2, e), 65.

legt werden muss, dürfte für die Sicherungsparteien keinen großen zeitlichen Unterschied bewirken.

VI. Konsequenzen des (fehlenden) Publizitätssystems

Mangels Besitzübergabe, Registereintragung oder eines vergleichbaren Publizitätsaktes entfaltet die *Sicherungsübereignung* keinerlei Publizitätswirkung.[396] Abgesehen von der sinnvollerweise vorzunehmenden Abtretungsanzeige an den Drittschuldner[397] fehlt eine solche Publizität auch im Rahmen der *Sicherungsabtretung*. Das eben Gesagte gilt mangels öffentlicher Einsehbarkeit des *fiducie*-Registers oder besonderer Erkennbarkeit der Vermögenstrennung genauso für die *fiducie*. Es stellt sich daher die Frage, ob die Registerpublizität der *fiducie* im Vergleich zur deutschen Regelung vor- oder nachteilhaft ist.

1. Fehler- und Missbrauchsrisiko

In Frankreich können die Parteien eine Eintragung nicht selbst – beispielsweise auf elektronischem Wege – vornehmen, sondern müssen ihre Vertragsunterlagen zur Registrierung durch den Registerbeamten einreichen. Registereintragungen bedürfen darüber hinaus der Zustimmung des Schuldners. Beide Voraussetzungen sollen missbräuchlichen Eintragungen durch den Gläubiger vorbeugen. Allerdings stellt die „Zwischenschaltung" eines Registerbeamten eine potentielle Quelle für versehentliche Übertragungsfehler dar, welche bei direkter – beispielsweise elektronischer – Registrierung durch die Sicherungsparteien vermieden würden. Diese zugegebenermaßen eher unbedeutende Gefahrenquelle muss nach Ansicht der Verfasserin hinter dem vorrangigen Zweck der Verhinderung missbräuchlicher Eintragungen zurücktreten.

2. Täuschung des Rechtsverkehrs

Den im Besitz des Schuldners verbliebenen Sicherungsgegenständen sieht man nicht an, dass sie im Eigentum des Gläubigers stehen. Der Schuldner erweckt damit durch seine Besitzlage fälschlicherweise den Eindruck von Wohlstand und Kreditwürdigkeit. Da es keine festen Erfahrungssätze gibt, wonach gewisse Warenarten

---

[396] Palandt/Bassenge, *BGB*, § 930, Rn. 17 und 20.

[397] Eine solche Abtretungsanzeige ist in beiden Rechtsordnungen erforderlich, wenn der Gläubiger den Drittschuldner direkt in Anspruch nehmen will.

normalerweise zur Sicherheit übereignet werden, trifft den Erwerber grundsätzlich keine Erkundigungsobliegenheit nach möglichen Belastungen des Sicherungsgegenstandes, so dass der Erwerber grundsätzlich in seinem guten Glauben an das Eigentum des Schuldners geschützt ist (§§ 1006 Abs. 1, 932 Abs. 2 BGB).[398] Etwas anderes kann jedoch im Einzelfall gelten, beispielsweise wenn der Schuldner von seiner typischen Vertragsgestaltung abweicht oder das Besitzmittlungsverhältnis unstreitig oder nachgewiesen ist (vgl. § 1006 Abs. 3 BGB).[399] Weder die *Sicherungsübereignung* noch die *fiducie* bieten einen effektiven Schutz vor Täuschung und Kreditschleichung:[400] Während erstere keinerlei Publizitätsakt vorsieht, kann das *fiducie*-Register nicht von der Allgemeinheit eingesehen werden. Letzteres kann damit auch weder positive noch negative Publizität entfalten. Die Gefahr einer Kreditschleichung fällt hier also nicht zugunsten des einen oder anderen Rechtsinstituts in die Waagschale.

3. Aufwand und Kosten

Ein Registersystem sollte einfach, kostengünstig und übersichtlich strukturiert sein.[401] Es bedarf eigentlich keiner weiteren Erklärung, dass ein Registersystem, egal wie ausgereift es sein mag, mehr Aufwand und Kosten produziert als eines, das gar nicht vorhanden ist. Da die *Sicherungsübereignung* nicht nur auf ein Registersystem, sondern auch auf ein Schriftformerfordernis verzichtet, sind Aufwand und Kosten für ihre Bestellung, Erhaltung und Ausübung geringer als im Rahmen der *fiducie*.

Die Bestellung einer *fiducie* erfordert neben dem wohl kostenintensiven Betreiben eines Registersystems und der aufwändigen Einhaltung der Schriftform auch die Einreichung ganzer Verträge beim Finanzamt am Sitz des Gläubigers. Nicht nur die Bestellung der *fiducie*, sondern auch nachträgliche, das Sicherungsverhältnis betreffende Änderungen müssen im Register eingetragen werden und sind mit Gebühren in Höhe von jeweils 125 EUR verbunden (Art. 1133^{quater} Abs. 1 CGI).

---

[398] MüKo/Oechsler, *BGB*, § 932, Rn. 40, 42, 59; Staudinger/Wiegand, § 932, Rn. 64 ff; Nach a.A. darf niemand auf das Eigentum der im Besitz des Schuldners verbliebenen Gegenstände vertrauen. Eigentumsvorbehalt und *Sicherungsübereignung* seien derart üblich, dass Dritte mit einer Belastung der Ware rechnen müssen, vgl. Hromadka, JuS 1980, 89; Reinhardt/Erlinghagen, JuS 1962, 41, 49.

[399] BGH, NJW 1966, 1959, 1960; Staudinger/Gursky, *BGB*, § 1006, Rn. 22 f; Staudinger/Wiegand, *BGB*, § 932, Rn. 57, 71 ff; Differenzierend MüKo/Oechsler, *BGB*, § 932, Rn. 43 f, 59.

[400] Zur Gefahr der Kredittäuschung vgl. Meyer-Cording, NJW 1979, 2126 f.

[401] Dahan/Simpson, *Publicity of Security Rights*, 17, 24.

Insgesamt ist das französische Registersystem relativ umständlich, kostspielig und zeitaufwändig. Zwar muss der Registerbeamte die eingereichten Verträge inhaltlich nicht prüfen, bevor er sie registriert. Dennoch ist die Sicherungsbestellung im Vergleich zur deutschen Rechtslage deutlich erschwert, solange der Gesetzgeber den Parteien keine direkte, elektronische Eintragung in das zentralisierte *fiducie*-Register ermöglicht. Dies macht sich insbesondere bei Transaktionen bemerkbar, die schnell durchgeführt oder erneuert werden müssen.

4. Zeitfaktor

Auf den ersten Blick könnte man meinen, dass das Registrierungserfordernis und der damit verbundene bürokratische Aufwand zu Verzögerungen bei der Entstehung der *fiducie* führen. Allerdings richtet sich die Drittwirksamkeit der *fiducie* nicht nach dem Zeitpunkt der Registereintragung, sondern nach dem Zeitpunkt, zu dem der Vertrag abgeschlossen wurde (Art. 2018-2 c.civ.). Vorausgesetzt, die Registereintragung ist im Sinne des Art. 2019 Abs. 1 c.civ. fristgemäß erfolgt und damit nicht nichtig, braucht der Gläubiger nicht um die Existenz seines Sicherungsrechts fürchten. Allerdings hängt die Rangposition konkurrierender *fiducies* vom Zeitpunkt ihrer Eintragungen ab (Art. 2372-5 Abs. 3 S. 2 c.civ.), so dass dem Gläubiger an einer schnellstmöglichen Eintragung seiner *fiducie* gelegen sein dürfte.

Die *fiducie* zeigt sich damit sogar flexibler als die *Sicherungsübereignung*, die erst mit Abschluss des dinglichen Vertrages entsteht. Beiden Rechtsordnungen ist gemeinsam, dass sich die Rangfolge der Mobiliarsicherheiten nicht mit einem einfachen Blick in das Register eindeutig ablesen lässt.

5. Flexibilität

Wenn weitere Forderungen abgesichert oder Surrogate erfasst werden sollen, sind unter dem französischen transaktionsbezogenen Registrierungssystem erneute Registereintragungen erforderlich, während in Deutschland die neuen Forderungen oder Surrogate schon von der ursprünglichen Vereinbarung erfasst werden, solange diese nur weit genug gefasst ist. Die französischen Publizitätsanforderungen erweisen sich damit im Gegensatz zur deutschen Rechtslage als völlig ungeeignet für Transaktionen mit rasch wechselnden Sicherungsgegenständen wie Warenlagern oder Forderungsausständen.

6. Mehrfache Besicherung

Erst durch die Möglichkeit der Registrierung und eine ausdrückliche gesetzliche Klarstellung in Art. 2372-5 c.civ. wird die sukzessive Bestellung einer *fiducie* an ein und demselben Sicherungsgegenstand ermöglicht.[402] Damit räumt das französische Recht dem Schuldner die Möglichkeit ein, seine bereits auf einen Treuhandgläubiger übertragenen Sicherungsgegenstände an einen weiteren Gläubiger sicherheitshalber zu übereignen.

Im Unterschied zu dieser französischen, von der Frage des Eigentums offenbar losgelösten Sichtweise verliert der deutsche Sicherungsgeber mit der ersten *Sicherungsübereignung* grundsätzlich die Befugnis, weiterhin über das Sicherungsgut zu verfügen und dieses an weitere Gläubiger zu übereignen. Auch ein gutgläubiger Eigentumserwerb späterer Gläubiger scheidet im Regelfall mangels Besitzübertragung aus (§§ 930, 933 BGB). Steht die *Sicherungsübereignung* jedoch unter der auflösenden Bedingung der Rückzahlung des Darlehens, hat der Sicherungsgeber ein aus den §§ 161, 936 Abs. 3, 986 Abs. 2 BGB folgendes Anwartschaftsrecht auf Rückerwerb des Volleigentums.[403] Dieses Anwartschaftsrecht kann nach herrschender Meinung wie das Vollrecht Eigentum nach §§ 929 ff. BGB übertragen und damit auch zur Sicherheit an weitere Gläubiger übertragen werden.[404] Erst wenn der Schuldner die gesicherte Forderung beglichen hat und das Sicherungseigentum damit wieder auf ihn zurückfällt, erstarkt das auf den neuen Gläubiger übertragene Anwartschaftsrecht zu vollem Sicherungseigentum.

Letztlich bieten sowohl die *fiducie* als auch die *Sicherungsübereignung* die – wenngleich dogmatisch unterschiedlich begründete – Möglichkeit, das Sicherungsgut mehrfach zu belasten, ohne den ursprünglichen Gläubiger seiner Rechte zu berauben.

7. Fazit

Die *fiducie* erweist sich in ihrer derzeitigen Form – aufwändige und kostspielige Registrierung einerseits, mangelnde öffentliche Einsehbarkeit andererseits – gegen-

---

[402] Vgl. hierzu Kapitel 2, B, I, 2, c), dd) (4) S. 36.

[403] Anders liegt die Sache, wenn der Sicherungsgegenstand unbedingt auf den Gläubiger übereignet wird und dieser lediglich schuldrechtlich zur Rückübertragung verpflichtet ist.

[404] Vgl. hierzu BGH, NJW 1970, 699; Drobnig, „Vergleichender Generalbericht" in Kreuzer, *Mobiliarsicherheiten - Vielfalt oder Einheit?*, 9, 24.

über der publizitätslosen *Sicherungsübereignung* als nachteilig. Letztere zeigt sich auch bei der Übereignung veränderlicher Sicherungsgegenstände als flexibler. Es besteht daher keine Notwendigkeit, in Deutschland ein Registersystem für Mobiliarsicherheiten einzuführen.[405]

VII. Taugliche Sicherungsgegenstände

Der sachliche Anwendungsbereich von *Sicherungsübereignung*, *Sicherungsabtretung* und *fiducie* unterscheidet sich kaum: Alle drei Institute ermöglichen dem Schuldner, künftige Gegenstände oder Forderungen, Sachgesamtheiten oder Forderungsmehrheiten als Sicherungsgut zu verwenden, solange sich diese nur hinreichend bestimmen lassen. Einen großen Nachteil gegenüber der *fiducie* weisen *Sicherungsübereignung* und *-abtretung* jedoch deswegen auf, weil das Unmittelbarkeitsprinzip eine dingliche Surrogation der Sicherungsgegenstände ausschließt.

VIII. Interessenkollision und Grenzen der Privatautonomie

Die Laufzeitbeschränkung der *fiducie* auf 99 Jahre dürfte wohl keinen Nachteil gegenüber den unbeschränkten Laufzeiten der vergleichbaren deutschen *Eigentumssicherheiten* mit sich bringen. Die Dauer von Mobiliarsicherheiten richtet sich nämlich regelmäßig nach der Laufzeit des Darlehens, welches aber wohl kaum jemals für einen Zeitraum von über 99 Jahren gewährt werden wird.

IX. Verwertung des Sicherungsgutes in der Insolvenz des Schuldners

1. Nichtigkeit in der Verdachtsperiode

Der Insolvenzverwalter wird in den allermeisten Fällen von seinem Anfechtungsrecht nach §§ 129 ff. InsO Gebrauch machen, um die Insolvenzmasse zu erhalten. Die deutsche, eigentlich fakultative Unwirksamkeitsfolge ist daher in der Praxis ebenso unausweichlich wie die automatische Nichtigkeit der *fiducie*. Allerdings muss das Anfechtungsrecht ausdrücklich gegenüber dem Gläubiger geltend gemacht

---

[405] Kieninger, WM 2005, 2353, 2357 f. sieht allerdings einen Grund für die Einführung eines Registersystems darin, dass Deutschland mit der publizitätslosen *Sicherungsübereignung* international isoliert dasteht.

werden, weshalb die deutschen *Eigentumssicherheiten* unter dem Aspekt der Rechtssicherheit vorzugswürdig erscheinen.

2. Prioritätskonflikte

Während Prioritätskonflikte mit der *fiducie* stets zugunsten desjenigen Sicherungsrechts gelöst werden, welches zuerst im jeweiligen Register eingetragen wurde, lässt sich dies im deutschen Recht nicht pauschal sagen. Lediglich die Rangfolge von Sicherungsrechten an Forderungen bestimmt sich nach der Reihenfolge ihrer Bestellung, solange kein verlängerter Eigentumsvorbehalt involviert ist.[406] Mit seinem Prioritätsgrundsatz und der damit verbundenen Rechtsklarheit ist das französische Recht dem deutschen damit überlegen.

3. Verwertungsmöglichkeiten in der Insolvenz des Schuldners

Der Gläubiger kann nur nach französischem, nicht aber nach deutschem Recht den Sicherungsgegenstand selbst aussondern oder die abgetretene Forderung beim Drittschuldner einziehen. *Sicherungsübereignung* und *-abtretung* verleihen dem Gläubiger in Deutschland nur ein Absonderungsrecht. Trotz dieses Unterschiedes verfolgen sowohl die französische als auch die deutsche Rechtsordnung annähernd dasselbe Ziel: Zunächst geht es darum, die Sanierungschancen des schuldnerischen Unternehmens zu verbessern und zu verhindern, dass dieses durch Aussonderungsrechte faktisch liquidiert wird.[407] Das deutsche Recht erzielt dieses Ergebnis dadurch, dass es lediglich ein Absonderungsrecht gewährt, das französische Recht dadurch, dass der Gläubiger sein Aussonderungsrecht erst in der Liquidationsphase geltend machen kann. Des Weiteren wird in beiden Rechtsordnungen der Schutz des Schuldners vor einer ungerechtfertigten Bereicherung des Gläubigers gewährleistet: Im Zusammenhang mit der *fiducie* geschieht dies im Wesentlichen durch eine objektive Wertbestimmung verbunden mit der Verpflichtung des Gläubigers, etwaige Differenzbeträge herauszugeben. In Deutschland sorgt der Insolvenzverwalter für ein ordnungsgemäßes Verteilungsverfahren. Keines der Rechtsinstitute kann daher als dem anderen überlegen angesehen werden.

---

[406] Vgl. hierzu die Ausführungen unter Kapitel 2, C, II, 3, c), S. 98 f.

[407] Für das deutsche Absonderungsrecht vgl. MüKo/Oechsler, *BGB*, §§ 929-936, Rn. 55.

4. Zwischenergebnis

Beide Rechtsordnungen erlauben die Bestellung eines Sicherungseigentums, welches den Gläubiger besonders in der Schuldnerinsolvenz effektiv schützt.[408] Die Kehrseite der Medaille ist jedoch, dass die Sanierung des Schuldners gefährdet und die Insolvenzmasse zum Nachteil ungesicherter Gläubiger ausgehöhlt wird. Was den Interessenkonflikt zwischen Sicherungseigentum und anderen Mobiliarsicherheiten in der Schuldnerinsolvenz angeht, haben beide Rechtsordnungen eine angemessene Lösung gefunden: Während in Deutschland fingiert wird, dass das Sicherungseigentum in die Insolvenzmasse des Schuldner fällt, bietet das französische Recht vor allem mit dem Zweckvermögen einen geeigneten Schutzmechanismus.

---

[408] Da Mobiliarsicherheiten in erster Linie dazu dienen, den Gläubiger im Fall der Schuldnerinsolvenz zu schützen, soll an dieser Stelle nicht auf den Fall der Zwangsvollstreckung in das Vermögen des Schuldners eingegangen werden.

Kapitel 3

DIE NEUEN BESITZLOSEN PFANDRECHTE IM FRANZÖSISCHEN RECHT

Wie bereits eingangs erwähnt, hatte der französische Versuch, die Unzulänglichkeiten des Faustpfandrechts zu überwinden, zu einem unschönen Flickenteppich besitzloser Pfandrechte geführt.[409] Zu diesen gehören insbesondere Registerpfandrechte[410], Mobiliarhypotheken[411] sowie die mittels Pfandscheinen zu bestellenden Pfandrechte an bestimmten Wirtschaftsgütern (*„warrants"*)[412]. Bedauerlicherweise führten die jüngsten Reformen nicht zu einer Harmonisierung dieser spezialgesetzlich normierten Mobiliarsicherungsrechte, sondern eröffneten mit der Einführung neuer besitzloser Pfandrechte, welche neben die unverändert fortbestehenden Mobiliarsicherheiten treten, eine noch größere Auswahl an Sicherungsmitteln.

A. DIE NEUEN BESITZLOSEN PFANDRECHTE AN KÖRPERLICHEN GEGENSTÄNDEN (*GAGE* UND *GAGE DES STOCKS*)

I. Die neuen besitzlosen Pfandrechte an körperlichen Gegenständen im Vergleich zur früheren französischen Rechtslage

Nachfolgend sollen die neu eingeführten besitzlosen Pfandrechte an körperlichen Sachen, insbesondere *gage* und *gage des stocks*, den alten, speziellen Pfandrechten an körperlichen Sachen gegenüber gestellt werden. Entsprechend der bisherigen Darstellungsweise soll zunächst deren Anwendungsbereich[413] abgegrenzt werden,

---

[409] Zur verwirrenden Vielfalt französischer Mobiliarsicherheiten vgl. bereits Kapitel 1, A, II, 3, S. 6 f. und Hübner/Constantinesco, *Einführung in das französische Recht*, 207.

[410] Hierzu gehören z.B. die *Pfandrechte an Handelsunternehmen, Kraftfahrzeugen, Betriebs- und Investitionsgütern* sowie *Spielfilmen*.

[411] Hierzu gehören z.B. die *Mobiliarhypotheken an Schiffen und Flugzeugen*; Es ist umstritten, ob es sich bei Mobiliarhypotheken ihrer Rechtsnatur nach um Pfandrechte handelt; Zum Streitstand vgl. Drobnig, „Vergleichender Generalbericht" in Kreuzer, *Mobiliarsicherheiten - Vielfalt oder Einheit?*, 9, 15 m.w.N; Simler, „Das Recht der Mobiliarsicherheiten in Frankreich" in Kreuzer, *Mobiliarsicherheiten - Vielfalt oder Einheit?*, 105,109 ff; Sie bestehen auch nach der Reform fort, vgl. Legeais, RTDcom. 2006, 636, 637.

[412] Zu den verschiedenen *warrants* vgl. Kapitel 3, A, I, 2, f), S. 116.

[413] Zum Anwendungsbereich der besitzlosen Pfandrechte vgl. Kapitel 3, A, I, 2, S. 112.

bevor näher auf ihre Drittwirksamkeitsvoraussetzungen[414] eingegangen werden wird.

1. Terminologie

Zunächst sollen jedoch einige Begrifflichkeiten geklärt werden. Mangels eindeutiger gesetzlicher Definitionen wurden die Termini „*gage*" und „*nantissement*" häufig unsauber verwendet. So diente der Begriff „*nantissement*" vor der Reform meist, aber nicht stringent als Oberbegriff für Besitzpfandrechte, welche sich wiederum in bewegliche Sachen („*gage*") und unbewegliche Sachen („*antichrèse*") unterteilten.[415] Mit der Reform hat sich die Terminologie geklärt: „*Gage*" wird heute in Art. 2333 Abs. 1 c.civ. definiert und lässt sich frei übersetzen mit „Vereinbarung zwischen einem Pfandrechtsbesteller und seinem Gläubiger, die letzterem das Recht einräumt, sich bevorzugt aus dem Verwertungserlös einer gegenwärtigen oder künftigen beweglichen, körperlichen Sache oder Sachgesamtheit zu befriedigen".

Künftig bezeichnet der Begriff „*gage*" also ausschließlich Pfandrechte an körperlichen Sachen,[416] während sich der Begriff „*nantissement*" ausdrücklich auf Rechte bezieht (Art. 2355 Abs. 1 c.civ.).[417] Diese neue Terminologie gilt uneingeschränkt auch für die traditionellen Pfandrechte, auch wenn deren gesetzliche Bestimmungen zunächst noch am überkommenen Wortlaut festhalten (Art. 55 Verordnung Nr. 2006-346 vom 23.03.2006).

2. Anwendungsbereich der besitzlosen Pfandrechte

a) *Gage*

Mit Verordnung Nr. 2006-346 vom 23.03.2006 wurde in Artt. 2333-2350 c.civ. ein neues besitzloses Pfandrecht an körperlichen Gegenständen, die *gage*, normiert. Sie weist im Vergleich zum Faustpfandrecht völlig neue Züge auf und hat mit diesem nur wenig gemein. Der wohl wesentlichste Unterschied ist der, dass die *gage* – wie

---

[414] Zur Drittwirksamkeit der besitzlosen Pfandrechte vgl. Kapitel 3, A, I, 3, S. 117.

[415] Vgl. Ferid/Sonnenberger, *Das französische Zivilrecht*, Rn. 3 D 105, 3 D 180; Legeais, *Sûretés et garanties du crédit*, Rn. 389, 442.

[416] Die in Art. 2333 Abs. 1 c.civ. enthaltene Definition stellt nicht nur ausdrücklich auf körperliche Gegenstände ab, sondern verwendet auch den Begriff „*bien*" („Gegenstand"), der sich nur auf körperliche Sachen bezieht, während der Begriff „*chose*" („Sache") auch unkörperliche Sachen erfasst, vgl. Ferid/Sonnenberger, *Das französische Zivilrecht*, Rn. 3 A 7.

[417] Klein/Tietz, RIW 2007, 101, 102; Legeais, RTDcom. 2006, 636, 637.

noch zu sehen sein wird – auch besitzlos ausgestaltet werden kann. Sie soll künftig die Grundform aller Pfandrechte darstellen und in dieser Hinsicht das Faustpfandrecht ablösen.[418]

Die gesetzlichen Bestimmungen zur *gage* schränken deren Anwendungsbereich weder in persönlicher noch in sachlicher Hinsicht ein. Es handelt sich damit um ein allgemeines Pfandrecht, bei dem nicht zwischen verschiedenen Arten von körperlichen Gegenständen, Sicherungsparteien oder gesicherten Forderungen differenziert werden muss. Einschränkungen ergeben sich aber durch den Spezialitätsgrundsatz (*lex specialis derogat legi generali*), der einen Rückgriff auf die *gage* nur dann zulässt, wenn keine speziellen Pfandrechte anwendbar sind (Art. 2354 c.civ.).[419]

b) *Gage des stocks*

Die Verordnung Nr. 2006-346 vom 23.03.2006 führte neben der *gage* noch ein spezielles, besitzloses Pfandrecht am Warenlager („*gage des stocks*") ein, welches in Artt. L.527-1 ff. c.com. normiert ist. Vor dessen Einführung war es in der Regel umständlich, Warenlager zu verpfänden: Zum einen erforderte die Begründung eines Besitzpfandrechtes die physische Übergabe der Waren an den Gläubiger oder einen vereinbarten Dritten, selbst wenn der Schuldner zur Fortführung seines Geschäftes auf seine Waren angewiesen war. Zum anderen handelt es sich bei einem Warenlager um eine Sachgesamtheit mit häufig wechselndem Bestand – das Pfandrecht am Warenlager konnte sich jedoch nur dann auf Surrogate erstrecken, wenn die ersetzten Waren noch nicht individualisiert und damit vertretbar waren.[420]

Mit dem neuen Pfandrecht am Warenlager können die in Art. L.527-3 c.com. aufgezählten Gegenstände, also Rohstoffe, Vorräte, Zwischen-, Abfall-, Endprodukte und bestimmte Handelswaren verpfändet werden. Eine pauschale Verpfändung von „Warenlagern" oder „Handelswaren" ist damit unzulässig, da diese Oberbegriffe mehr als nur die aufgelisteten Gegenstände umfassen.

---

[418] Legeais, JCP 2006, 12, 16.

[419] Ministère de la Justice, „Rapport au Président de la République relatif à l'ordonnance n° 2006-346", Rn. 1.2.2.2; Crocq, RD 2008, 2104, 2106; Nach a.A. müsste eine solche Subsidiarität gesetzlich angeordnet werden, was bei der *gage* nicht der Fall ist, vgl. Legeais, *Sûretés et garanties du crédit*, Rn. 490.

[420] Dammann, RD 2005, 2447, 2449; Kieninger, WM 2005, 2305, 2309 f.

Der sachliche Anwendungsbereich ist außerdem dahingehend beschränkt, dass die *gage des stocks* keine Waren erfassen kann, die unter Eigentumsvorbehalt stehen[421] oder die schon von einem Pfandrecht am Handelsunternehmen erfasst werden.[422]

Auch in persönlicher Hinsicht ist der Anwendungsbereich beschränkt. Lediglich Unternehmer oder juristischen Person des Privatrechts können auf das Pfandrecht am Warenlager zurückgreifen, um ihre Darlehensschulden gegenüber ihrem Kreditinstitut abzusichern (Art. L.527-1 c.com.).[423]

Sollte der Anwendungsbereich des Pfandrechts am Warenlager nicht eröffnet sein, können die Parteien auch auf die zivilrechtliche *gage* zurückgreifen, um ein Warenlager zu verpfänden.[424]

c) Pfandrecht an Betriebsgeräten und -anlagen

Das Pfandrecht an Betriebsgeräten und -anlagen (*gage de l'outillage et du matériel d'équipement*)[425] wurde durch die Reform übersichtlich in Artt. L.525-1 bis L.525-20 c.com. normiert und hat einen beschränkten Anwendungsbereich: Es kann nur die Kaufpreisforderung eines Verkäufers von Betriebsgeräten oder -anlagen absichern oder die Darlehensforderung eines Darlehensgebers, der den Anschaffungspreis für Betriebsgeräte oder -anlagen finanziert hat. Dieses Pfandrecht taugt also nicht zur späteren Refinanzierung des Unternehmens.[426]

---

[421] Dieser Ausschluss dürfte zu praktischen Schwierigkeiten führen, da der Eigentumsvorbehalt nicht publiziert werden muss, vgl. Legeais, *Sûretés et garanties du crédit*, Rn. 484.

[422] Drobnig, RD 2007, 1488.

[423] Cabrillac/Mouly, *Droit des sûretés*, Rn. 767; Legeais, RTDcom. 2006, 636, 640; Legeais, JCP 2006, 12, 17.

[424] Crocq, RD 2008, 2104, 2106; Die Parteien haben aufgrund des Spezialitätsgrundsatzes kein Wahlrecht, wenn der Anwendungsbereich der *gage des stocks* eröffnet ist, vgl. bereits auf Kapitel 3, A, I, 2, b), S. 113.

[425] Da sich das Pfandrecht auf körperliche Gegenstände bezieht, sollte die gesetzliche Bezeichnung „*nantissement*" zugunsten des Begriffes „*gage*" aufgegeben werden, vgl. Legeais, *Sûretés et garanties du crédit*, Rn. 417, 493.

[426] Dammann, RD 2005, 2447, 2448; Simler, „Das Recht der Mobiliarsicherheiten in Frankreich" in Kreuzer, *Mobiliarsicherheiten - Vielfalt oder Einheit?*, 105, 111.

d) Pfandrecht am Handelsunternehmen

Auch das Pfandrecht am Handelsunternehmen (*gage du fonds de commerce*) wurde durch die Reformen nicht abgeschafft (Art. L.142-1 ff. c.com.).[427]

Ein Handelsunternehmen ist nach französischem Rechtsverständnis ein selbständiges Rechtsobjekt, das sich aus verschiedenen Werten zusammensetzt und vor allem Immaterialgüter wie Firma, Miet- oder Pachtrecht und den Kundenstamm umfasst. Durch ausdrückliche Vereinbarung kann das Pfandrecht am Handelsunternehmen aber auch gewerbliches Eigentum (wie Warenzeichen, Patente, Marken, Lizenzen und Muster) oder körperliche Gegenstände wie Betriebsanlagen erfassen (Art. L.142-2 Abs. 1, 3 c.com.).[428] Von diesem Pfandrecht nicht erfasst werden hingegen Forderungen und Warenlager.[429]

Mit dem Pfandrecht am Handelsunternehmen kann in einem einzigen Akt die Gesamtheit der oben genannten Werte verpfändet und selbst solche Bestandteile erfasst werden, die – wie der Kundenstamm – nicht gesondert verpfändet werden können.[430]

Wie die *gage* kann das Pfandrecht am *Handelsunternehmen* nicht nur Forderungen im Zusammenhang mit der Anschaffung von Wirtschaftsgütern, sondern jegliche Forderungen absichern.[431] Dennoch wird es in der Praxis nur als Ergänzung anderer Sicherheiten verwendet.[432]

---

[427] Dammann, RD 2006, 1298; Da das Pfandrecht am Handelsunternehmen auch körperliche Gegenstände umfassen kann, sollte künftig die gesetzliche Bezeichnung „*nantissement*" außer Acht gelassen und von „*gage*" gesprochen werden. Eine Darstellung im Zusammenhang mit der *gage* bietet sich auch deshalb an, weil sich der Begriff „*nantissement*" letztlich nur auf Forderungen, nicht aber auf sonstige Rechte bezieht, welche regelmäßig Bestandteil von Handelsunternehmen sind. Die Verpfändung von Rechten richtet sich jedoch nach den Vorschriften der *gage*.

[428] Legeais, *Sûretés et garanties du crédit*, Rn. 515; Simler, "Das Recht der Mobiliarsicherheiten in Frankreich" in Kreuzer, *Mobiliarsicherheiten - Vielfalt oder Einheit?*, 105, 112.

[429] Dammann, RD 2005, 2447, 2449; Drobnig, "Vergleichender Generalbericht" in Kreuzer, *Mobiliarsicherheiten - Vielfalt oder Einheit?*, 9, 22; Kieninger, *Mobiliarsicherheiten im Europäischen Binnenmarkt*, 25.

[430] Legeais, *Sûretés et garanties du crédit*, Rn. 515; Simler, "Das Recht der Mobiliarsicherheiten in Frankreich" in Kreuzer, *Mobiliarsicherheiten - Vielfalt oder Einheit?*, 105, 112.

[431] Dammann, RD 2005, 2447, 2449; Legeais, *Sûretés et garanties du crédit*, Rn. 515.

[432] Dammann, RD 2005, 2447, 2449.

e) Mobiliarhypotheken

Das französische Recht kennt schon seit Langem Mobiliarhypotheken (*hypothèques mobilières*), deren Anwendungsbereich auf Hochsee- oder Binnenschiffe[433] sowie Flugzeuge[434] beschränkt ist und deren Rechtsvorschriften denen einer Grundstückshypothek ähneln.[435]

f) *Warrants*

An Erzeugnissen oder Anlagegütern spezieller Berufszweige wie Landwirtschaft (*warrant agricole*), Hotelgewerbe (*warrant hôtelier*), Industrie (*warrant industriel*), Erdölimport (*warrant pétrolier*), Rüstungsindustrie (*warrants des stocks de guerre*) und Handelsgewerbe (*warrant sur marchandises commerciaux*)[436] können Pfandrechte durch Ausstellung indossierbarer Lagerpfandscheine (*warrants*) bestellt werden.[437] Heute hat im Grunde nur noch der *warrant agricole* praktische Bedeutung,[438] weshalb im Folgenden nur auf diese Form des *warrant* eingegangen werden soll.

Der *warrant agricole* kann an landwirtschaftlich genutzten Gegenständen bestellt werden, unabhängig davon, ob es sich um landwirtschaftliche Arbeitsgeräte oder vertretbare Sachen wie Tiere oder die Ernte handelt.[439] Auch in persönlicher Hinsicht ist der Anwendungsbereich beschränkt auf Landwirte, landwirtschaftliche Genossenschaften oder Vereinigungen, die einen *warrant agricole* nur bestellen können, um handelsrechtliche oder landwirtschaftliche Forderungen abzusichern.[440]

---

[433] Näher hierzu vgl. Ferid/Sonnenberger, *Das französische Zivilrecht*, Rn. 3 D 175.

[434] Näher hierzu vgl. Simler/Delebecque *Droit civil*, Rn. 600-603.

[435] So folgen Mobiliarhypotheken hinsichtlich Publizität, Folgerecht und der Unmöglichkeit richterlicher Zuweisung dem Konzept der Hypothek, vgl. Simler, „Das Recht der Mobiliarsicherheiten in Frankreich" in Kreuzer, *Mobiliarsicherheiten - Vielfalt oder Einheit?*, 105, 109.

[436] Das Pfandrecht an lagerfähigen Handelswaren wird dadurch begründet, dass der Schuldner die verpfändete Ware einem „öffentlichen Lagerhaus" übergibt und im Gegenzug einen indossierbaren Lagerpfandschein erhält; Nach der hier vertretenen Definition handelt es sich damit nicht um ein besitzloses Pfandrecht, vgl. Ferid/Sonnenberger, *Das französische Zivilrecht*, Rn. 3 D 162; Legeais, *Sûretés et garanties du crédit*, Rn. 491.

[437] Näher zu den *warrants* vgl. Ferid/Sonnenberger, *Das französische Zivilrecht*, Rn. 3 D 162 ff; Legeais, *Sûretés et garanties du crédit*, Rn. 491; Simler, „Das Recht der Mobiliarsicherheiten in Frankreich" in Kreuzer, *Mobiliarsicherheiten - Vielfalt oder Einheit?*, 105, 106 ff.

[438] Legeais, *Sûretés et garanties du crédit*, Rn. 491; Simler, „Das Recht der Mobiliarsicherheiten in Frankreich" in Kreuzer, *Mobiliarsicherheiten - Vielfalt oder Einheit?*, 105, 110.

[439] Legeais, *Sûretés et garanties du crédit*, Rn. 492.

[440] Legeais, *Sûretés et garanties du crédit*, Rn. 492.

g) Pfandrecht am Kraftfahrzeug

Das Pfandrecht an Kraftfahrzeugen (*gage automobile*) besteht auch nach der Reform fort,[441] erhielt aber mit seiner Neukodifikation in Artt. 2351 bis 2353 c.civ. einen größeren Anwendungsbereich: Während ein Kraftfahrzeug bisher nur verpfändet werden konnte, um Forderungen im Zusammenhang mit seiner Anschaffung zu sichern,[442] können Kraftfahrzeuge nun als Pfandgegenstand für Forderungen aller Art dienen.

Mit dieser Erweiterung wurde der Anwendungsbereich des *Pfandrechts an Kraftfahrzeugen* demjenigen der allgemeinen *gage* so sehr angeglichen, dass sich die Frage nach der Daseinsberechtigung dieses speziellen Pfandrechts stellt.[443] Solange es jedoch existiert, kann für die Verpfändung von Kraftfahrzeugen nur dann auf die *gage* zurückgegriffen werden, wenn der Anwendungsbereich der Artt. 2351 bis 2353 c.civ. nicht eröffnet ist.[444]

3. Drittwirksamkeitsvoraussetzungen der besitzlosen Pfandrechte

Wie bereits dargelegt, setzt die Drittwirksamkeit eines jeden Sicherungsrechts neben seiner *validité* zwingend auch die Erfüllung desjenigen Publizitätstatbestands voraus, den das Gesetz für das jeweilige Sicherungsrecht vorsieht (*opposabilité*).[445]

a) *Validité*

Auch für die Drittwirksamkeit besitzloser Pfandrechte ist es zumindest Voraussetzung, dass sie zwischen den Parteien wirksam sind.

aa) Sicherungsvertrag

In der Regel entstehen besitzlose Pfandrechte *inter partes*, wenn sich die Parteien schriftlich[446] über gewisse *essentialia negotii* des Sicherungsvertrages geeinigt ha-

---

[441] Näher zum Pfandrecht an *Kraftfahrzeugen* vor der Reform vgl. Ferid/Sonnenberger, *Das französische Zivilrecht*, Rn. 3 D 165 ff; Schilling, *Besitzlose Mobiliarsicherheiten im nationalen und internationalen Privatrecht*, 94 f.

[442] In Betracht kommt hier die Kaufpreisforderung des Ratenverkäufers oder die Darlehensforderung eines den Kaufpreis finanzierenden Darlehensgebers.

[443] Drobnig, RD 2007, 1488.

[444] Zur Subsidiarität der *gage* gegenüber Spezialgesetzen vgl. bereits Kapitel 3, A, I, 2, a), S. 113.

[445] Zur Unterscheidung zwischen *validité* und *opposabilité* vgl. bereits Kapitel 2, B, I, 2, a), S. 27.

ben. Das gilt für die *gage* (Art. 2336 c.civ.),⁴⁴⁷ das *Pfandrecht am Warenlager* (Art. L.527-1 c.com.),⁴⁴⁸ das *Pfandrecht am Handelsunternehmen* (Art. L.142-3 Abs. 1 c.com.), *Mobiliarhypotheken* sowie den *warrant agricole*.

Hingegen entsteht das *Pfandrecht an Betriebsgeräten und -anlagen* auch ohne schriftliche Sicherungsvereinbarung zunächst von Gesetzes wegen, wenn die Parteien einen schriftlichen Kauf- oder Kreditvertrag zum Erwerb dieser Güter abschließen. Damit das Pfandrecht bestehen bleibt, müssen die Parteien innerhalb von zwei Monaten nach Auslieferung der Betriebsgeräte einen ausdrücklichen Sicherungsvertrag abschließen (Art. L.525-3 Abs. 2 c.com.).⁴⁴⁹

Bis zur Reform vom 23.03.2006 entstand auch das *Pfandrecht an Kraftfahrzeugen* automatisch mit Abschluss eines Kauf- oder Kreditvertrages zum Erwerb eines Kraftfahrzeuges. Erst die Drittwirksamkeit dieses Pfandrechts erforderte eine notarielle Beurkundung oder einen schriftlichen Vertrag sowie eine Registereintragung (Art. 2074 c.civ. a.F.).⁴⁵⁰ Mit der Reform vom 23.03.2006 wurde das Pfandrecht an *Kraftfahrzeugen* zwar speziell, allerdings nicht abschließend kodifiziert. Die Wirksamkeitsvoraussetzungen dieses Pfandrechts richten sich damit nach den allgemeinen Vorschriften der *gage*.⁴⁵¹ Das *Pfandrecht an Kraftfahrzeugen* entsteht nach neuer Rechtslage also nicht mehr automatisch mit Abschluss eines Kauf- oder eines diesen ermöglichenden Kreditvertrages, sondern erfordert den Abschluss einer schriftlichen Sicherungsvereinbarung (Art. 2336 c.civ.).⁴⁵²

---

[446] Der Schriftform genügt ein privatschriftlicher oder auch öffentlich beurkundeter Vertrag (vgl. Artt. 1108-1, 1316-1 ff. c.civ.).

[447] Attal, RD 2006, 1738; Dammann, RD 2006, 1298; Legeais, *Sûretés et garanties du crédit*, Rn. 448, 470.

[448] Klein/Tietz, RIW 2007, 101, 104; Legeais, *Sûretés et garanties du crédit*, Rn. 483 ff.

[449] Legeais, *Sûretés et garanties du crédit*, 494 f.

[450] Vgl. hierzu Cass.com. v. 19.12.2006, RTDcom. 2007, 590, 591 m. Anm. Bouloc; Das *Pfandrecht an Kraftfahrzeugen* wurde aufgrund seiner gesetzlichen Entstehungsweise von einer Mindermeinung fälschlicherweise als gesetzliches Pfandrecht begriffen, vgl. Matsopoulou, RTDcom. 1998, 795.

[451] Für einen Rückgriff auf die Vorschriften der *gage* spricht zum einen die Systematik, denn diese wurde im unmittelbaren Zusammenhang mit dem *Pfandrecht an Kraftfahrzeugen* kodifiziert. Das *Pfandrecht an Kraftfahrzeugen* enthält nur eine einzige Vorschrift zu seinen Drittwirksamkeitsvoraussetzungen und setzt damit offensichtlich voraus, dass sich die Wirksamkeit *inter partes* nach den vorhergehenden allgemeinen Vorschriften der *gage* richtet. Für die Richtigkeit dieser These spricht Art. 2353 c.civ, der für die Verwertung des Pfandrechts auf die Regeln der *gage* verweist.

[452] Im Gegensatz zur früheren Rechtslage entsteht das Sicherungsrecht damit nicht automatisch, sondern hängt vom Willen der Parteien ab, vgl. Cass.com. v. 19.12.2006, RTDcom. 2007, 590, 591 m. Anm. Bouloc.

bb) *Essentialia negotii*

Die Pfandrechte stellen unterschiedliche Mindestanforderungen an den Sicherungsvertrag: So müssen zwar grundsätzlich immer die Sicherungsparteien, die zu sichernde Forderung sowie Art und Menge der verpfändeten Gegenstände angegeben werden.

Bisher war der Bestimmtheitsgrundsatz besonders stark ausgeprägt. Der Sicherungsvertrag musste das Sicherungsgut genau umschreiben, gattungsmäßige Umschreibungen waren nicht zugelassen.[453] Im Rahmen der *gage* ist der Bestimmtheitsgrundsatz heute aufgelockert und verlangt lediglich, dass die Sicherungsgegenstände im Zeitpunkt der Pfandrechtsbestellung bestimmbar sind.[454]

Während die *gage* nur die Angabe der oben genannten *essentialia negotii* erfordert (Art. 2336 c.civ.), hat sich der Gesetzgeber bei anderen Pfandrechten ungewöhnlich detailverliebt gezeigt: Der Vertrag über die Bestellung eines Pfandrechts an *Betriebsgeräten und -anlagen* muss beispielsweise klarstellen, dass die Darlehenssumme zur Finanzierung des Kaufpreises des erworbenen Gegenstandes dient (Art. L.525-2 c.com.). Auch die Vereinbarung über das *Pfandrecht am Warenlager* muss eine Unmenge an Mindestangaben enthalten (Art. L.527-1 Nr. 1 bis 7 c.com.), unter anderem die Bezeichnung als „Verpfändung eines Warenlagers", einen Verweis auf Artt. L.527-1 bis L.527-9 c.civ, die Angabe des Brandschutzversicherers, des Verwahrungsortes sowie die beabsichtigte Dauer der Verpfändung.[455]

Nach einer Ansicht lässt sich dieser Formalismus in diesem Ausmaß kaum rechtfertigen.[456] Allerdings ist auch nicht zu verkennen, dass Warenlager in der Regel einen erheblichen Wert aufweisen und die oben genannten Angaben in der Regel nicht schwierig zu erhalten sind, so dass gewisse Formvorschriften durchaus sinnvoll erscheinen, um die Parteien zu schützen und die Rechtssicherheit zu stärken. Da die Verpfändung eines Warenlagers nicht besonders eilbedürftig sein wird, sprechen

---

[453] Cass.com. RTDciv. 1996, 669 m. Anm. Crocq; Drobnig, „Vergleichender Generalbericht" in Kreuzer, *Mobiliarsicherheiten - Vielfalt oder Einheit?*, 9, 21; Leduc, RTDciv. 1995, 307, Rn. 3; Simler, „Das Recht der Mobiliarsicherheiten in Frankreich" in Kreuzer, *Mobiliarsicherheiten - Vielfalt oder Einheit?*, 105, 111 ff.

[454] Legeais, *Sûretés et garanties du crédit*, Rn. 448, 471; So können beispielsweise „alle Kraftfahrzeuge des Schuldners" erfasst werden.

[455] Näher hierzu vgl. Legeais, *Sûretés et garanties du crédit*, Rn. 485.

[456] Legeais, RTDcom. 2006, 636, 640.

auch die Schnelligkeit und Leichtigkeit des Handelsverkehrs nicht gegen den vorgenannten Formalismus. Es bleibt abzuwarten, ob die *gage*, welche auf eine solch schwerfällige und formalistische Regelung verzichtet, für die Mobiliarsicherungspraxis nicht attraktiver ist als einige der speziellen Pfandrechte.

Es ist nicht ganz klar, welche Folgen das Fehlen einzelner, gesetzlich geforderter Angaben hat. Teilweise wird angenommen, dass das Pfand in diesem Fall nicht entstehe. Nach anderer Ansicht ist das Fehlen solcher Angaben irrelevant, welche nicht die Reichweite der Vereinbarung betreffen.[457]

cc) Akzessorietät besitzloser Pfandrechte

Französische Pfandrechte sind grundsätzlich streng akzessorisch, in ihrem Bestand also abhängig von der gesicherten Forderung (Artt. 2488 Nr. 1, 2332 Nr. 2 c.civ.).[458] Sie können daher grundsätzlich nur entstehen, wenn auch die zu sichernde Forderung – beispielsweise der Anspruch des Gläubigers auf Rückzahlung der Darlehensvaluta – bereits entstanden ist.

Diese bisher auch für die *gage* geltende strenge Akzessorietät[459] wird nun gelockert: Das Pfandrecht kann auch künftige Forderungen des Gläubigers sichern, solange diese nur bestimmbar sind (Art. 2333 Abs. 2 c.civ.). Der Vertragsschluss zwischen den Sicherungsparteien setzt damit nicht voraus, dass der Schuldner bereits die Darlehensvaluta erlangt hat. Die *gage* entsteht aber erst mit Erwerb der künftigen Forderung. Auch aufgrund dieser gelockerten Akzessorietät ist die *gage* zur Verpfändung von Warenlagern ohne Weiteres geeignet und stellt die spezielle *gage des stocks* in Frage.[460]

dd) Registrierung grundsätzlich keine Entstehungsvoraussetzung

Allen Pfandrechten ist gemeinsam, dass sie der Publizität bedürfen. Die *Pfandrechte am Warenlager*, am *Handelsunternehmen* sowie an *Betriebsgeräten und -anlagen* setzen die Publizität schon zur Wirksamkeit zwischen den Parteien voraus, die *Mobiliarhypotheken*, der *warrant agricole* und neuerdings auch die *gage* (Artt. 2333,

---

[457] Vgl. Legeais, *Sûretés et garanties du crédit*, Rn. 485; Legeais, JCP 2006, 12, 17.
[458] Zur grundsätzlichen Akzessorietät französischer Pfandrechte vgl. bereits Kapitel 2, B, I, 2, b), aa), S. 30.
[459] Legeais, *Sûretés et garanties du crédit*, Rn. 450.
[460] Legeais, RTDcom. 2006, 636, 638; Legeais, *Sûretés et garanties du crédit*, Rn. 468.

2336 c.civ.) und das Pfandrecht an *Kraftfahrzeugen* (Art. 2351 c.civ.) benötigen die Publizität erst zur Erlangung von Drittwirksamkeit.[461] Da Pfandrechte aber in jedem Fall der Drittwirksamkeit bedürfen, um ihren wirtschaftlichen Hauptzweck – die Gewährung einer vorrangigen Gläubigerstellung sowie eines insolvenzfesten Verwertungsrechts – zu erfüllen, soll im Folgenden nicht weiter differenziert und die Publizitätsanforderungen erst im nächsten Abschnitt dargestellt werden.

b) Publizitätsakt der besitzlosen Pfandrechte

Vermögensgegenstände, die nicht in den Anwendungsbereich eines speziellen besitzlosen Pfandrechtes fielen, konnten vor der Reform lediglich im Wege eines Faustpfandrechts verpfändet werden. Warenlager beispielsweise wurden auch nicht vom *Pfandrecht am Handelsunternehmen* erfasst.[462] Um eine völlig impraktikable Besitzübergabe von *Warenlagern* an den Gläubiger zu vermeiden, war lediglich denkbar, die Waren bei einem Dritten einzulagern (Art. 2076 c.civ. a.F.). Das galt selbst dann, wenn es sich bei den Waren um vertretbare Sachen handelte. Mit der *gage* wurde nun ein allgemeines besitzloses Pfandrecht eingeführt, das eine besitzlose Verpfändung auch solcher Vermögensgegenstände ermöglicht, die nicht von einem speziellen Pfandrecht erfasst werden.

Neben einer Besitzübertragung, welche im Falle besitzloser Pfandrechte naturgemäß als Drittwirksamkeitsvoraussetzung ausscheidet, sieht das Gesetz andere Publizitätsakte vor, die den fehlenden Besitztatbestand ersetzen sollen.[463] Hierzu gehört die Notwendigkeit der öffentlichen Registereintragung besitzloser Pfandrechte.

Die meisten Pfandrechte sehen eine Eintragung in einem Register vor, das bei der Geschäftsstelle des Handelsgerichts geführt wird, in dessen Bezirk der Schuldner seinen Geschäfts- oder Wohnsitz hat. Zu diesen Registerpfandrechten zählen die *Pfandrechte am Warenlager* (Art. L.527-4 c.com.),[464] an *Betriebsgeräten und -anlagen* (Artt. L.525-3, L.142-3 Abs. 2 c.com.), *Handelsunternehmen* (Art. L.142-3

---

[461] Vgl. Cass.civ. v. 27.02.1985, RD 1985, IR, 298 (*warrant agricole*); Ferid/Sonnenberger, *Das französische Zivilrecht*, Rn. 3 D 175 (*Mobiliarhypotheken*).

[462] Zum Anwendungsbereich des Pfandrechts am *Handelsunternehmen* vgl. Kapitel 3, A, I, 2, d), S. 115.

[463] Die Ansicht, das französische Recht sei heute nicht mehr vom Publizitätsprinzip beherrscht – vgl. z.B. Schulz, „Diskussionsbericht" in Kreuzer, *Mobiliarsicherheiten - Vielfalt oder Einheit?*, 135, 138 m.w.N. - ist damit abzulehnen.

[464] Dammann, RD 2006, 1298, 1300; Legeais, JCP 2006, 12, 17.

Abs. 1 c.com.), *Kraftfahrzeugen* (Art. 2351 c.civ.)[465] und neuerdings auch die *gage* (Artt. 2337 f. c.civ.).[466]

Dies gilt aber nicht ausnahmslos. So muss der *warrant agricole* im Register des Amtsgerichts eingetragen werden, das am Lageort des Pfandgegenstandes geführt wird. *Mobiliarhypotheken* sind in die entsprechenden Schiffs- oder Flugzeugregister einzutragen.[467]

Die Registereintragung lässt grundsätzlich ein Folgerecht (*droit de suite*) zugunsten des Gläubigers entstehen. Die Mobiliarsicherheit verleiht dem Gläubiger damit das Recht, sein Sicherungsrecht an der Sache jederzeit und gegenüber jedermann geltend zu machen, selbst wenn die Sache in fremdes Eigentum übergeht. Letztlich verhindert das Folgerecht einen gutgläubigen lastenfreien Erwerb Dritter. Im Zusammenhang mit dem *Pfandrecht an Betriebsgeräten und -anlagen* erfordert dies jedoch zusätzlich die deutliche und dauerhafte Anbringung einer mit bestimmten Informationen versehenen Kennzeichnung an dem Pfandgegenstand (Artt. L.525-4, L.525-7 c.com.).[468]

Nicht nur die unterschiedlichen Publizitätsformen, sondern auch die verschiedenen Fristen für die Eintragung[469] zeigen, dass mit der Reform kein homogenes Publizitätssystem geschaffen wurde.

---

[465] Das Publizitätssystem des *Pfandrechts an Kraftfahrzeugen* wurde mit der Reform an das der *gage* angepasst: Bisher entstand das *Pfandrecht an Kraftfahrzeugen ipso iure* mit Abschluss des Kaufvertrages und blieb nur dann wirksam, wenn der Kaufvertrag bei der amtlichen Zulassungsstelle registriert wurde (Art. 2 Abs. 1, Abs. 5 Dekret Nr. 53-968 vom 30.09.1953), vgl. Klein/Tietz, RIW 2007, 101, 103; Simler, „Das Recht der Mobiliarsicherheiten in Frankreich" in Kreuzer, *Mobiliarsicherheiten - Vielfalt oder Einheit?*, 105, 110.

[466] Gemäß Art. 2338 c.civ. werden die Einzelheiten des Publizitätssystems im Dekret Nr. 2006-1804 vom 23.12.2006 geregelt; Näher zur Drittwirksamkeit durch Registerpublizität vgl. Avena-Robardet, RD 2007, 70; Boffa, RD 2007, 1161, 1164; Cabrillac/Mouly, *Droit des sûretés*, Rn. 759; Die Besitzübertragung ist nur eine von mehreren möglichen Publizitätsformen zur Bewirkung der Drittwirksamkeit (Art. 2337 Abs. 2 c.civ.), vgl. Legeais, JCP 2006, 12.

[467] Ferid/Sonnenberger, *Das französische Zivilrecht*, Rn. 3 D 176 ff.

[468] CA Dijon v. 26.04.2005, JCP EA 2005, Panorama, Nr. 1264; Simler, „Das Recht der Mobiliarsicherheiten in Frankreich" in Kreuzer, *Mobiliarsicherheiten - Vielfalt oder Einheit?*; Ein schlichter Aufkleber genügt hierfür nicht, vgl. CA Aix v. 22.06.1993, JCP E 1994, Chron, Nr. 22 m. Anm. Delebecque.

[469] Die *Pfandrechte am Warenlager* (Art. L.527-4 Abs. 1 c.com.), am *Handelsunternehmen* (Art. L.142-4 Abs. 1 c.com.) und an *Betriebsgeräten und -anlagen* (Art. L.525-3 Abs. 2 c.com.) müssen innerhalb von 2 Wochen nach dem Bestellungsakt eingetragen werden; Ohne eine solche Eintragung sind die Pfandrechte nichtig. Wird die Eintragung fristgemäß, aber fehlerhaft vorgenommen, fehlt es dem Pfandrecht an Drittwirksamkeit, vgl. Cass.com. v.19.05.1998, RD 1998, 377 m. Anm. Piedelièvre; Wird zwischen Pfandrechtsbestellung und Vornahme der Publizität das

c) Einzelheiten und Konsequenzen der Registerpublizität der *gage*

aa) Transaktionsbezogenes Registrierungssystem

Zur Eintragung der *gage* muss sich der Gläubiger an die Geschäftsstelle des Handelsgerichts wenden, in dessen Bezirk der Schuldner seinen Geschäfts- oder Wohnsitz hat. Bei diesem muss er nicht nur ein bestimmtes Formular[470] in zweifacher Ausfertigung einreichen, sondern auch den Sicherungsvertrag im Original oder in öffentlich beurkundeter Kopie (Art. 2338 c.civ. i.V.m. Art. 2 Dekret Nr. 2006-1804 vom 23.12.2006).[471] Die *gage* greift also auf ein transaktionsbezogenes Registrierungssystem zurück, bei dem jede Registereintragung an einen bestimmten Sicherungsvertrag gebunden ist und nur den ursprünglich gewährten Darlehensbetrag absichert. Soll sich die *gage* auch auf spätere Transaktionen erstrecken, sind hierfür erneute Registereintragungen erforderlich. Eine weitere Folge des transaktionsbezogenen Registrierungssystems ist außerdem, dass – da eine Registrierung die Einreichung des Sicherungsvertrages erfordert – *validité* und *opposabilité* nicht in beliebiger Reihenfolge bewirkt werden können.

bb) Indexierung

Die Registereintragungen werden in erster Linie nach dem Namen des Schuldners und erst in zweiter Linie nach Sicherungsgegenständen geordnet. Auch wenn die einem bestimmten Schuldner zugeordneten Pfandgegenstände in verschiedene Kategorien unterteilt werden (Artt. 2, 10 Dekret Nr. 2006-1804 vom 23.12.2006),[472] kann das Register nicht direkt nach Sicherungsgegenständen durchsucht werden (Art. 11 Dekret Nr. 2006-1804 vom 23.12.2006). Die Recherche erfordert stets auch die nähere Bezeichnung des Schuldners.[473]

Insolvenzverfahren über das Vermögen des Schuldners eröffnet, hindert dies nicht die Wirksamkeit des Pfandrechts. Die Eintragung wirkt sozusagen auf den Zeitpunkt zurück, zu welchem der Sicherungsvertrag abgeschlossen wurde, vgl. Fitzau, *Mobiliarsicherheiten im französischen und deutschen Insolvenzrecht*, 258 m. Fn. 1124.

[470] Das Formular ist abrufbar unter CNGTC <http://www.cngtc.fr/pdf/BORDEREAU-INSCRIPTION.pdf> (Stand: 24.01.2012).

[471] Zum transaktionsbezogenen Registrierungssystem vgl. bereits Kapitel 2, B, I, 2, c), aa), S. 33.

[472] Die 17 Kategorien unterscheiden u.a. zwischen Tieren, Schmuck, Sportgeräten, Musikinstrumenten und Lebensmitteln.

[473] Boffa, RD 2007, 1161, 1164; CNGTC *Fichier national des inscriptions des gages sans dépossession*.

cc) Zugang zum Register

Der Gesetzgeber hat inzwischen von der Möglichkeit Gebrauch gemacht, ein zentralisiertes, elektronisches *gage*-Register einzuführen (Art. 1 Abs. 4, Art. 9 Dekret Nr. 2006-1804 vom 23.12.2006). Es kann von jedermann online und kostenlos eingesehen werden.[474] Der Auskunftsuchende muss, um das Register einsehen zu können, den Schuldner näher bezeichnen und eine Kategorie von Sicherungsgegenständen angeben. Er erhält umgehend auf elektronischem Wege die Information, ob der Schuldner einen Sicherungsgegenstand der abgefragten Kategorie bereits verpfändet hat. Dies genügt bereits, um ein erstes Bild von den finanziellen Verhältnissen des Schuldners zu gewinnen. Bei der Geschäftsstelle des jeweils zuständigen Handelsgerichts kann er dann auf eigene Kosten nähere Auskünfte einholen und insbesondere überprüfen, ob die bereits erfolgte Verpfändung tatsächlich auch den in Betracht gezogenen Sicherungsgegenstand erfasst.[475]

Die öffentliche Einsehbarkeit des Registers ist geeignet, eine Täuschung Dritter über die Vermögensverhältnisse des Schuldners zu verhindern. Darüber hinaus wird es möglich, den Rang konkurrierender Pfandrechte anhand des Zeitpunktes ihrer Registereintragungen objektiv festzustellen.

d) Sicherungsgegenstand der besitzlosen Pfandrechte

aa) Künftige Sachen

Die für das Faustpfandrecht zwingend erforderliche Besitzübertragung beschränkte den Anwendungsbereich der früheren *gage* auf Sicherungsgegenstände, die zum Zeitpunkt der Pfandrechtsbestellung bereits existierten und sich damit zur Übergabe eigneten.[476] Einschränkungen ergaben sich darüber hinaus aus dem strengen Bestimmtheitsgrundsatz, der eine Erstreckung auf künftige Gegenstände grundsätzlich nicht zuließ.[477]

---

[474] Das „*fichier national des inscriptions des gages sans dépossession*" kann eingesehen werden unter INFOGREFFE <http://www.infogreffe.fr/infogreffe/afficherGageSansDepossession.do?pageAppel=new> (Stand: 24.01.2012).

[475] CNGTC *Fichier national des inscriptions des gages sans dépossession*.

[476] Es war lediglich vorstellbar, die künftige Bestellung eines Pfandrechts an einer künftigen Sache zu versprechen, vgl. Legeais, *Sûretés et garanties du crédit*, Rn. 448, 471.

[477] Simler, „Das Recht der Mobiliarsicherheiten in Frankreich" in Kreuzer, *Mobiliarsicherheiten - Vielfalt oder Einheit?*, 105, 111 f; Zum Bestimmtheitsgrundsatz vgl. bereits Kapitel 3, A, I, 3, a), bb), S. 119.

Nach Wegfall des Übergabeerfordernisses und Lockerung des Bestimmtheitsgrundsatzes ist es nun möglich, mit der *gage* auch künftige Gegenstände zu verpfänden (Art. 2333 Abs. 1 c.civ.).[478] Vorsicht ist jedoch nach wie vor geboten, wenn die zu verpfändende Sache zwar schon existiert, sich aber insofern als künftig darstellt, als sie noch nicht im Eigentum des Schuldners steht. Denn die Verpfändung von Gegenständen, die im Eigentum Dritter stehen, ist nichtig (Art. 2335 c.civ.). Der gutgläubige Pfandrechtserwerber wird allerdings durch Art. 2279 c.civ. geschützt.

Auch das neue *Pfandrecht am Warenlager* ermöglicht die Besicherung von erst künftig zu erwerbenden Vermögensgegenständen (Art. L.527-1 c.com.).

bb) Sachgesamtheiten

Bisher stellte das *Pfandrecht an Handelsunternehmen* das einzig anerkannte besitzlose Pfandrecht an Sachgesamtheiten dar. Da das Handelsunternehmen selbst hinreichend bestimmt sein musste, durfte es sich nicht aus wechselnden Bestandteilen zusammensetzen.[479]

Mit Einführung der *gage des stocks* ist es nun möglich, ein ganzes Warenlager zu verpfänden, selbst wenn dieses einen vertretbaren und wechselnden Charakter hat (Art. L.527-1 c.com.). Sinkt der Wert des Warenlagers um 20 %, muss der Schuldner dessen ursprünglichen Wert wiederherstellen oder einen entsprechenden Darlehensbetrag zurückzuzahlen. Leistet der Schuldner einer entsprechenden Mahnung des Gläubigers nicht binnen zweier Wochen Folge, wird die gesamte Darlehensforderung zur sofortigen Rückzahlung fällig (Art. L.527-7 Abs. 3 c.com.).[480]

Auch die *gage* ermöglicht die Verpfändung von Sachgesamtheiten (Art. 2333 Abs. 1 c.civ.) und könnte – wird die Subsidiarität einmal weggedacht – durchaus auch Warenlager mit wechselnden Beständen erfassen.[481] Da die *gage* – im Gegensatz zur *fiducie* – keinen Unmittelbarkeitsgrundsatz kennt, werden zum Beispiel

---

[478] Klein/Tietz, RIW 2007, 101, 102; Legeais, JCP 2006, 12, 16.

[479] Drobnig, „Vergleichender Generalbericht" in Kreuzer, *Mobiliarsicherheiten - Vielfalt oder Einheit?*, 9, 22; Simler, „Das Recht der Mobiliarsicherheiten in Frankreich" in Kreuzer, *Mobiliarsicherheiten - Vielfalt oder Einheit?*, 105, 111.

[480] Legeais, *Sûretés et garanties du crédit*, Rn. 487; Legeais, JCP 2006, 12, 17; Ministère de la Justice, „Rapport au Président de la République relatif à l'ordonnance n° 2006-346", Rn. 3.2.

[481] Dammann, RD 2006, 1298, 1299; Torck, Rev.dr.banc.fin. 2006, 39.

auch neu erworbene Gegenstände von der *gage* erfasst, solange sie – beispielsweise aufgrund einer Raumsicherung oder Markierung – ausreichend bestimmt sind.[482] Die Einführung des speziellen Pfandrechts am Warenlager war daher nicht unbedingt nötig. Eine Schutzvorschrift für Gläubiger von Sachgesamtheiten im Sinne des Art. L.527-7 Abs. 3 c.com. hätte auch im Zusammenhang mit der *gage* eingeführt werden können.

cc) **Surrogate**

Der Schuldner hat ein Interesse daran, mit seinen Pfandgegenständen weiterhin zu wirtschaften und diese im Rahmen des normalen Geschäftsbetriebs zu veräußern oder zu verarbeiten. Dies ist nur dann nicht nachteilhaft für den Gläubiger, wenn sich das Pfandrecht auch auf die Surrogate erstreckt. Denn in diesem Fall behält der Gläubiger sowohl das Pfandrecht als auch seine ursprüngliche Rangstellung, und zwar selbst dann, wenn ein Insolvenzverfahren über das Vermögen des Schuldners eröffnet wird und die Surrogation erst im Verdachtszeitraum stattfindet.[483]

Bereits hinsichtlich der früheren *gage* war eine gesetzliche Surrogation für einen Geldersatz anerkannt, welcher als Verkaufserlös oder Versicherungsentschädigung für Verlust oder Beschädigung des Pfandgutes erlangt wurde.[484] Auch heute kann der Schuldner die sich in seinem Besitz befindlichen, vertretbaren Sachen veräußern, ohne dass das an ihnen bestellte Pfandrecht unterginge – es setzt sich am Verkaufserlös fort.

Schon vor der Reform war man sich im Zusammenhang mit den *Pfandrechten an Handelsunternehmen*, an *Betriebsgeräten* und *-anlagen* und dem *warrant agricole* (Art. L.342-8 Abs. 1 c.rur.) darüber einig, dass der Gläubiger den Schuldner zu einer Ersetzung vertretbarer Pfandgegenstände ermächtigen konnte, ohne dass das Pfandrecht hierdurch erlösche.[485] Auch bezüglich der *gage* ist mittlerweile anerkannt, dass die ursprünglichen, vertretbaren Pfandgegenstände durch neue Gegen-

---

[482] Sind einzelne Gegenstände einer Sachgesamtheit nicht bestimmbar, ist aufgrund der Unteilbarkeit des Pfandrechts gemäß Art. 2349 c.civ. von einer Gesamtnichtigkeit der Verpfändung auszugehen.

[483] Dammann, RD 2006, 1298, 1299.

[484] Simler, „Das Recht der Mobiliarsicherheiten in Frankreich" in Kreuzer, *Mobiliarsicherheiten - Vielfalt oder Einheit?*, 105, 111 f.

[485] Leduc, RTDciv. 1995, 307, 312 ff. (*Handelsunternehmen*); Legeais, *Sûretés et garanties du crédit*, Rn. 496 (*Betriebsgeräte* und *-anlagen*); Torck, Rev.dr.banc.fin. 2006, 39, 41 (*warrant agricole*).

stände derselben Art und Güte ausgetauscht werden dürfen, ohne dass das Pfandrecht unterginge.[486]

Leider sind die gesetzlich vorgesehenen Surrogationsmechanismen auf vertretbare Sachen beschränkt. Mangels einer gesetzlichen Grundlage ist davon auszugehen, dass eine dingliche Surrogation unvertretbarer Gegenstände unzulässig und die Vereinbarung einer Ersetzungsbefugnis als Bestellung eines neuen Pfandrechts anzusehen ist.[487]

Lediglich das neue *Pfandrecht am Warenlager* erlaubt mangels weitergehender Spezifikation auch den Austausch unvertretbarer Bestandteile des Warenlagers (Art. L.527-5 c.com.).[488] Hierin besteht der Vorteil gegenüber der *gage*, welche sich ebenfalls für eine Verpfändung von Warenlagern eignen würde.[489]

dd) Sukzessive Pfandrechtsbestellungen

Ein großer Vorteil der Registerpublizität ist, dass ein und derselbe Gegenstand mehrfach verpfändet werden kann (vgl. Art. 2340 c.civ.). Im Rahmen des bisherigen Faustpfandrechts scheiterte die mehrfache Verpfändung daran, dass der Pfandgegenstand nur einmal übergeben werden konnte.[490]

e) Interessenkollisionen und Grenzen der Privatautonomie

Besitzlose Pfandrechte sind nur dann wegen Übersicherung nichtig, wenn der Schuldner insolvent geworden ist (Art. L.650-1 c.com.).[491]

---

[486] Cass.com. v. 26.05.2010, RD 2010, 1412; Lienhard, Dalloz actualité v. 08.06.2010 m.w.N.

[487] Im Zusammenhang mit dem *Pfandrecht an Handelsunternehmen* vgl. Cass.civ. v. 06.04.2005, JCP 2005, Chron, Nr. 20 m. Anm. Delebecque; Dammann, RD 2005, 2447, 2449; Im Zusammenhang mit der *gage* vgl. Dammann, RD 2006, 1298; Problematisch an dieser Auslegung ist vor allem, dass die Vereinbarung eines Pfandrechts nichtig ist, wenn sie in den Verdachtszeitraum fällt.

[488] Legeais, JCP 2006, 12, 17; Legeais, *Sûretés et garanties du crédit*, Rn. 484, 487.

[489] Dammann, RD 2006, 1298, 1299; Legeais, *Sûretés et garanties du crédit*, Rn. 476.

[490] Legeais, *Sûretés et garanties du crédit*, Rn. 471.

[491] Zur Übersicherung des Sicherungsgläubigers vgl. bereits S. 38.

4. Verwertung der besitzlosen Pfandrechte in der Insolvenz des Schuldners

a) Nichtigkeit in der Verdachtsperiode

Besitzlose Pfandrechte sind wie schon vor der Reform (Art. L.621-50 c.com. a.F.) von Gesetzes wegen nichtig, wenn sie während der Verdachtsperiode geschlossen werden, um frühere Schulden zu sichern (Artt. L.632-1 Nr. 6, L.641-14 c.com.).[492]

b) Verwertungsmöglichkeiten

aa) Gerichtlich geregelte Verwertung

Zum Schutz des auf die Krediterlangung angewiesenen Schuldners war den Gläubigern bisher eine Verwertung der Pfandsache nach eigenen Vorstellungen verwehrt. Vielmehr unterlag die Verwertung grundsätzlich einer strengen richterlichen Kontrolle.[493]

(1) Öffentliche Versteigerung

Bisher stellte die öffentliche Zwangsversteigerung die Grundform der Verwertung aller *Pfandrechte* dar und war für das *Faustpfandrecht* zwingend vorgeschrieben (Art. 2078 Abs. 1 c.civ. a.F.).[494] Auch die mit der Reform neu eingeführte *gage* (Art. 2346 c.civ.) und das *Pfandrecht am Warenlager* (Art. L.527-10 i.V.m. Art. 2346 c.civ.) können im Wege einer öffentlichen Versteigerung verwertet werden.[495]

Allerdings sind mit der Zwangsversteigerung einige schwerwiegende Nachteile verbunden:[496] So ist das gerichtliche Versteigerungsverfahren schwerfällig und kostenintensiv. Außerdem schließt die gerichtliche Versteigerung, die gewissen Formalien unterliegt und damit wenig flexibel ist, in der Regel eine wirtschaftlich sinnvolle Fortführung der unternehmerischen Tätigkeit sowie die Erzielung des bestmöglichen Verwertungserlöses aus.

---

[492] Näher zur Verdachtsperiode vgl. S. 43; Legeais, JCP 2006, 12, 17; Ministère de la Justice, „Rapport au Président de la République relatif à l'ordonnance n° 2006-346", Rn. 3.3.

[493] Drobnig, RabelsZ 1996, 40, 43; Hébert, RD 2007, 2052 m.w.N. in Fn. 5.

[494] Drobnig, RabelsZ 1996, 40, 44.

[495] Legeais, JCP 2006, 12, 17.

[496] Aynès, RD 2006, 1289, 1290; Hébert, RD 2007, 2052 f.

(2) Richterliche Eigentumszuweisung

Diese Nachteile konnte der Gläubiger grundsätzlich schon vor der Reform dadurch vermeiden, dass er die richterliche Zuweisung des Eigentums am Pfandgut verlangte (Art. 2078 Abs. 1 c.civ. a.F.).[497]

Dieses Recht stand grundsätzlich allen Gläubigern besitzloser Mobiliarsicherheiten zu,[498] soweit es nicht – wie für *Mobiliarhypotheken* und das *Pfandrecht am Handelsunternehmen* (Art. L.142-1 Abs. 2 c.com.) – gesetzlich ausgeschlossen war.[499] Das Institut der richterlichen Eigentumszuweisung besteht auch nach der Reform fort und erstreckt sich nun auch auf die *gage* (Art. 2347 c.civ.) und das *Pfandrecht am Warenlager* (Art. L.527-10 c.com. i.V.m. Art. 2347 c.civ.).

Die Vorteile der Eigentumszuweisung bestehen darin, dass ein Prioritätskonflikt mit anderen Insolvenzgläubigern des Schuldners vermieden wird[500] und die Verwertung dem Gläubiger überlassen bleibt, wenn ihm erst einmal das Eigentum an der Pfandsache zugewiesen wurde.[501]

Allerdings weist auch die richterliche Eigentumszuweisung Nachteile auf: Die Insolvenzmasse wird nicht nur um den Wert der Gläubigerforderung geschmälert, ihr wird vielmehr der gesamte Wert des Sicherungsgegenstandes und damit mehr als unbedingt notwendig entzogen. Um eine ungerechtfertigte Bereicherung des Gläubigers zu verhindern, muss dieser die Wertdifferenz zwischen der gesicherten Forderung und dem Sicherungsgegenstand entweder dem Schuldner auszahlen oder – falls weitere Pfandgläubiger existieren – hinterlegen (Art. 2347 Abs. 2 c.civ.).[502]

---

[497] Cass.com. v. 06.03.1990, Bull.civ. IV 1990, Nr. 67; Cass.com. v. 28.05.1996, Bull.civ. IV 1996, Nr. 144; Dammann, RD 2005, 2447, 2448; In der Schuldnerinsolvenz steht dem Gläubiger das Recht auf richterliche Zuweisung ab Eröffnung des Liquidationsverfahrens zu (Art. L.622-21 Abs. 3 c.com.)

[498] Cass.com. v. 09.06.1998, RD 1999, 300; Hébert, RD 2007, 2052, 2053; Simler, "Das Recht der Mobiliarsicherheiten in Frankreich" in Kreuzer, *Mobiliarsicherheiten - Vielfalt oder Einheit?*, 105, 113 f; Die richterliche Zuweisung war schon bisher im Rahmen von *warrant* und den *Pfandrechten an Kraftfahrzeugen* sowie *Betriebsgeräten* und *-anlagen* anwendbar.

[499] Drobnig, "Vergleichender Generalbericht" in Kreuzer, *Mobiliarsicherheiten - Vielfalt oder Einheit?*, 9, 24 f; Simler, "Das Recht der Mobiliarsicherheiten in Frankreich" in Kreuzer, *Mobiliarsicherheiten - Vielfalt oder Einheit?*, 105, 110, 114, 116 f.

[500] Drobnig, RabelsZ 1996, 40, 49; Simler, "Das Recht der Mobiliarsicherheiten in Frankreich" in Kreuzer, *Mobiliarsicherheiten - Vielfalt oder Einheit?*, 105, 113, 116 f.

[501] Drobnig, RabelsZ 1996, 40, 49; Hébert, RD 2007, 2052, 2053; Legeais, JCP 2006, 12, 17.

[502] Gallois, RD 2010, 335, Rn. 11 ff.

Hinsichtlich der Wertbestimmung dürfte analog auf Art. 2348 Abs. 2 c.civ. zurückzugreifen sein. Nach dieser Vorschrift wird mit Hilfe eines Sachverständigen bestimmt, welchen Wert die Pfandsache zum Übereignungszeitpunkt hat (Artt. 2078 Abs. 1 c.civ. a.F, 2348 Abs. 2 c.civ. analog). Eine solche Wertbestimmung ist weniger umständlich als ein gerichtliches Versteigerungsverfahren und sogar gänzlich entbehrlich, wenn das Sicherungsgut einen festen Wert auf einem im Sinne des *Code monétaire et financier* organisierten Markt hat (Art. 2348 Abs. 2 c.civ. analog).

bb) Verwertung ohne gerichtliche Mitwirkung

Zum Schutz des Schuldners war es grundsätzlich nicht möglich, von den eben genannten gerichtlichen Verwertungsarten vertraglich abzuweichen. Von diesem Verbot ließ die Rechtsprechung jedoch schon vor der Reform Ausnahmen zu, wenn die Interessen des Schuldners gesichert waren.[503]

(1) Freihändiger Verkauf

Das schon vor der Reform geltende grundsätzliche Verbot, das Faustpfandrecht im Wege des außergerichtlichen Freihandverkaufs („*clause de voie parée*") zu verwerten,[504] gilt auch nach der Reform für die *gage* weiter (Art. 2346 c.civ.) und erstreckt sich im Wege der Verweisung auch auf die *Pfandrechte am Warenlager* (Art. L.527-10 c.com.) und am *Kraftfahrzeug* (Art. 2353 c.civ.).[505]

(2) Verfallklausel

(i) Zulässigkeit der Verfallklausel

Bis zur Reform konnten Verfallklauseln grundsätzlich nicht zulässigerweise vereinbart werden (Artt. 2078 Abs. 2 c.civ. a.F, L.93 Abs. 4 c.com.).[506] Die Reform bestätigt nicht nur die schon bisher richterrechtlich gebildeten Ausnahmen, sondern

---

[503] Zu Hintergrund und Ausnahmen dieses Verbots vgl. Kapitel 2, B, I, 3, f), bb), S. 45 f.

[504] Kampf, *Frankreich reformiert das Recht der persönlichen und dinglichen Sicherheiten*; Simler, "Das Recht der Mobiliarsicherheiten in Frankreich" in Kreuzer, *Mobiliarsicherheiten - Vielfalt oder Einheit?*, 105, 114.

[505] Klein/Tietz, RIW 2007, 101, 103.

[506] Kampf, *Frankreich reformiert das Recht der persönlichen und dinglichen Sicherheiten*; Simler, "Das Recht der Mobiliarsicherheiten in Frankreich" in Kreuzer, *Mobiliarsicherheiten - Vielfalt oder Einheit?*, 105, 114; Zur Verfallklausel und ihren Ausnahmen vgl. Kapitel 2, B, I, 3, f), bb), S. 45 ff.

geht sogar von der grundsätzlichen Zulässigkeit einer Verfallvereinbarung für die *gage* (Art. 2348 c.civ.) aus.[507] Hingegen wurde das Verbot der Verfallklausel für die *Pfandrechte am Warenlager* (Art. L.527-2 c.com.) und am *Handelsunternehmen* (Art. L.142-1 Abs. 2 c.com.) ausdrücklich aufrecht erhalten, was zwar dem Schutz des Schuldners dient, der Schnelligkeit und Leichtigkeit des Handelsverkehrs aber nicht gerecht wird.[508] Aus Verbraucherschutzgründen können auch solche Pfandrechte nicht mit Verfallklauseln versehen werden, die zur Absicherung von Verbraucherkrediten bestellt wurden (Art. L.311-32 Abs. 3 c.cons.).[509] Der Gesetzgeber hat also die Fälle, in denen er weiterhin von einer Unwirksamkeit der Verfallklausel ausgeht, ausdrücklich normiert. Im Umkehrschluss kann von einer Zulässigkeit der Verfallklausel für alle übrigen besitzlosen *Pfandrechte*, insbesondere für diejenigen am *Kraftfahrzeug* (Art. 2353 c.civ. i.V.m. Art. 2348 c.civ.) und an *Betriebsgeräten und -anlagen*, ausgegangen werden.[510]

Eine Verfallvereinbarung darf nicht mehr geschlossen werden, sobald das Insolvenzverfahren über das Vermögen des Schuldners eröffnet wurde (Artt. L.622-7 Abs. 1 S. 3, L.641-3 S. 1 c.com.).[511]

(ii) Aufschiebend bedingter Eigentumsübergang

Da eine Verfallvereinbarung letztlich nur dem Interesse des Gläubigers dient, wird teilweise vertreten, dass sich der Gläubiger nicht zwingend auf die Verfallvereinbarung berufen muss, sondern sich auch für andere Verwertungsmöglichkeiten entscheiden kann.[512] Diese Ansicht ist jedoch abzulehnen. Die Parteien haben sich schon bei Vereinbarung der Verfallklausel auf den künftigen Übergang des Eigentums am Pfandgegenstand geeinigt. Entsprechend des Konsensprinzips erfolgt der Eigentumsübergang allein aufgrund der antizipierten Abgabe entsprechender Willenserklärungen, sobald der Sicherungsfall

---

[507] Hébert, RD 2007, 2052, 2054; Legeais, *Sûretés et garanties du crédit*, Rn. 443.

[508] Dammann, RD 2006, 1298, 1300; Hébert, RD 2007, 2052, 2054 f; Legeais, *Sûretés et garanties du crédit*, Rn. 489.

[509] Klein/Tietz, RIW 2007, 101, 103; Ministère de la Justice, "Rapport au Président de la République relatif à l'ordonnance n° 2006-346, Rn. 1.2.2.2.1.2.

[510] Dammann, RD 2006, 1298, 1299; Hébert, RD 2007, 2052, 2053 ff.

[511] Crocq, RD 2006, 1306; Dammann/Podeur, RD 2007, 319; Die Vorschrift spricht ausdrücklich von *gage* und hat damit keine Relevanz für die *fiducie*.

[512] Hébert, RD 2007, 2052, 2057.

und die gesetzlichen Bedingungen für den Eigentumsübergang eingetreten sind.[513] Solange die Parteien den Eigentumsübergang nicht von weiteren Bedingungen – wie zum Beispiel einer Übergabe des Pfandgegenstandes – abhängig gemacht haben, können sie den Verfall nicht mehr einseitig verhindern.

(iii) Gesetzliche Bedingungen für den Eigentumsübergang

Zum Schutz des Schuldners sieht das Gesetz für den Verfall eine doppelte Schranke vor:

Würde der Pfandgegenstand ohne Weiteres in das Eigentum des Gläubigers übergehen, bestünde die Gefahr, dass der Gläubiger um den Betrag bereichert wird, um den der Wert des Pfandgegenstandes den der gesicherten Forderung übersteigt. Um dies zu vermeiden, ist der Eigentumsübergang davon abhängig, dass ein etwaiger Differenzbetrag dem Schuldner ausbezahlt oder zugunsten anderer Sicherungsgläubiger hinterlegt wird (Art. 2348 Abs. 3 c.civ.).[514]

Das Gesetz sieht ein vorläufiges Zahlungsverbot für alle Forderungen vor, die vor Eröffnung des Insolvenzverfahrens entstanden sind (Artt. L.622-7 Abs. 1 S. 1, L.641-3 S. 1 c.com.). Diese Arrestwirkung hemmt die Wirksamkeit einer Verfallvereinbarung während eines Insolvenzverfahrens über das Vermögen des Schuldners.[515] Das ist Ausdruck des Verbots der individuellen Rechtsverfolgung und dient dazu, die Sanierungschancen des Unternehmens zu erhalten. Sobald jedoch die Sanierung gescheitert und in die Liquidation übergeleitet wird, steht einem Eigentumsübergang auf den Gläubiger nichts mehr im Wege.

Der Verfall steht damit unter der aufschiebenden gesetzlichen Bedingung, dass ein

---

[513] Zu diesen gesetzlichen Bedingungen vgl. den nächsten Abschnitt (iii).

[514] Crocq, RD 2007, 1354, 1355; Hébert, RD 2007, 2052, 2058; Gallois, RD 2010, 335, Rn. 11; Wenn der Pfandgegenstand keine offizielle Börsennotierung auf einem im Sinne des *Code monétaire et financier* organisierten Markt hat, erfolgt die Wertbestimmung durch einen Sachverständigen (Art. 2348 Abs. 2 c.civ.); in anderen Fällen objektiver Wertbestimmung kann auf ein solches Wertgutachten nicht verzichtet werden.

[515] Hingegen steht nach höchstrichterlicher Rechtsprechung das Insolvenzverfahren einer gerichtlichen Eigentumszuweisung an den Gläubiger nicht entgegen, vgl. Simler, "Das Recht der Mobiliarsicherheiten in Frankreich" in Kreuzer, *Mobiliarsicherheiten - Vielfalt oder Einheit?*, 105, 116 f.

etwaiger Differenzbetrag ausgeglichen und das Liquidationsverfahren eröffnet wurde.

(iv) Zusammenfassung

Der Verfall ist eine einfache und schnelle Methode, das Pfandrecht zu verwerten: Mangels eines gerichtlichen Verfahrens wird die Verwertung nur unerheblich durch die Notwendigkeit eines Wertgutachtens verzögert.[516] Dem Schuldner bleibt keine Möglichkeit, Einwendungen hervorzubringen. Er kann lediglich nachträglich Klage gegen die Wirksamkeit des Verfalls erheben.[517]

c) Prioritätskonflikte besitzloser Pfandrechte

Im Gegensatz zur *fiducie* gewährt ein *Pfandrecht* dem Gläubiger gerade kein ausschließliches Vollrecht am Sicherungsgut. Auf den ersten Blick erscheint es daher, als blieben *Pfandrechte* in Sachen Effizienz hinter der *fiducie* zurück. Diesem Eindruck soll im Folgenden nachgegangen werden.

aa) Vorrang vor gutgläubigen Erwerbern des Pfandgegenstandes

Für besitzlose Mobiliarsicherheiten ist anerkannt, dass deren Drittwirksamkeit grundsätzlich ein Folgerecht (*droit de suite*) zugunsten des Gläubigers entstehen lässt. Dieses Folgerecht verleiht ihm das Recht, den Sicherungsgegenstand von jedermann heraus zu verlangen. Ein gutgläubiger lastenfreier Erwerb ist damit ausgeschlossen.[518]

Ein Folgerecht ist anerkannt für *Mobiliarhypotheken*, für das *Pfandrecht am Kraftfahrzeug* (Art. 2352 c.civ.)[519] und für den Fall, dass ein Handelsunternehmen als sol-

---

[516] Aynès, RD 2006, 1289, 1290; Dammann/Podeur, RD 2007, 319, 320; Legeais, *Sûretés et garanties du crédit*, Rn. 510.

[517] Hébert, RD 2007, 2052, 2058.

[518] Legeais, *Sûretés et garanties du crédit*, Rn. 386.

[519] Vor der Reform wurde teilweise vertreten, dass das Folgerecht schon mit der Registereintragung des Pfandrechts an *Kraftfahrzeugen* entstand, vgl. Witz, *Gedächtnisschrift für Dietrich Schultz*, 399, 407 m.w.N; Nach a.A. entstand es erst mit Aushändigung der Empfangsbestätigung und der damit verbundenen Besitzfiktion vgl. Ferid/Sonnenberger, *Das französische Zivilrecht*, Rn. 3 D 167.

ches veräußert wird (Art. L.143-12 c.com.).[520] Werden nur einzelne Bestandteile des Handelsunternehmens veräußert, steht dem Gläubiger nur dann ein Folgerecht zu, wenn die verpfändeten Gegenstände mit einer dauerhaften Kennzeichnung versehen werden. Letzteres gilt auch für das *Pfandrecht an Betriebsgeräten und -anlagen* (Art. L.525-7 c.com.).

Das Folgerecht, das mittlerweile auch für die *gage* anerkannt ist,[521] weist demgegenüber eine Besonderheit auf: Artikel 2337 Abs. 3 c.civ. schließt lediglich einen gutgläubigen Erwerb durch „Anspruchsberechtigte mit einem besonderen Titel gegen den Schuldner" aus. Diese Formulierung deutet darauf hin, dass der Pfandgläubiger nur Vorrang vor solchen Gläubigern hat, die den Gegenstand direkt vom Schuldner erworben haben. Im Umkehrschluss bedeutet das, dass sukzessive Erwerber den Pfandgegenstand gutgläubig lastenfrei erwerben können.[522] Diese Differenzierung ist durchaus angemessen und wird der Tatsache gerecht, dass die Identität des Schuldners nur solchen Gläubigern bekannt ist, die in direkter Vertragsbeziehung mit diesem stehen. Nur sie haben die Möglichkeit, das nach Schuldnern geordnete Register gezielt einzusehen und von dem Pfandrecht Kenntnis zu nehmen.[523]

Drittwirksame Pfandrechte verleihen dem Gläubiger damit in der Regel eine absolute Vorrangstellung vor Dritterwerbern. Etwas anderes gilt jedoch im Rahmen der *gage* im Verhältnis zu sukzessiven Erwerbern des Sicherungsgegenstandes.

bb) Vorrang vor Massegläubigern

Drittwirksame Pfandrechte gewähren ihren Gläubigern außerdem ein Recht auf vorzugsweise Befriedigung (*droit de préférence*), also das Recht, im Fall der Zwangsvollstreckung oder insolvenzrechtlichen Liquidation vor den Massegläubigern befriedigt zu werden (Art. L.622-17 Abs. 2 c.com.).[524] Mit der Bestellung besitzloser Pfandrechte kann also der Grundsatz des *pari passu* umgangen werden.

---

[520] Cass.com. v. 18.02.1997, JCP E 1997, Chron, Nr. 673 m. Anm. Delebecque; Simler, "Das Recht der Mobiliarsicherheiten in Frankreich" in Kreuzer, *Mobiliarsicherheiten - Vielfalt oder Einheit?*, 105, 110, 114.

[521] Boffa, RD 2007, 1161, 1164; Legeais, *Sûretés et garanties du crédit*, Rn. 479.

[522] Dammann, RD 2006, 1298, 1299.

[523] Boffa, RD 2007, 1161, 1162.

[524] Ferid/Sonnenberger, *Das französische Zivilrecht*, Rn. 3 A 14, 1 C § 1 B; Legeais, *Sûretés et garanties du crédit*, Rn. 343, 347.

cc) Vorrang vor privilegierten Gläubigern

(1) Funktion des Zurückbehaltungsrechts

Traditionell gewährten die insolvenzrechtlichen Privilegien ihren Inhabern ein Vorzugsrecht selbst vor den Gläubigern besitzloser Pfandrechte.[525] Schon vor der Reform war jedoch anerkannt, dass die Privilegien hinter solchen Pfandrechten zurück stehen müssen, denen ihr Pfandrecht ein (fiktives) Zurückbehaltungsrecht (*droit de rétention*) gewährt.[526] So ging beispielsweise das *Pfandrecht an Kraftfahrzeugen* mit seinem fiktiven Zurückbehaltungsrecht anderen, früher bestellten Pfandrechten vor. Dasselbe galt, wenn der Insolvenzverwalter den Verkauf des Kraftfahrzeuges veranlasste. In diesem Fall setzte sich das *Pfandrecht an Kraftfahrzeugen* nämlich am Verkaufserlös fort.[527]

Ein Zurückbehaltungsrecht erlischt nur Zug um Zug gegen vollständige Befriedigung der gesicherten Forderung (Art. 2082 Abs. 1 c.civ. a.F.). Der Inhaber des Zurückbehaltungsrechts hat damit absoluten Vorrang vor allen Privilegien.[528] Die durch das Zurückbehaltungsrecht gewährte Exklusivitätsstellung umgeht das Verteilungsverfahren[529] und führt letztendlich nicht nur zu einer abgesonderten Befriedigung des Pfandgläubigers, sondern verleiht ihm sogar ein Aussonderungsrecht.[530]

(2) Zurückbehaltungsrecht bei besitzlosen Pfandrechten

Lange Zeit kamen nur solche Pfandgläubiger in den Genuss eines Zurückbehaltungsrechts, die im Besitz der Sache waren (Art. 2339 c.civ.). Recht bald wurde aber vertreten, dass auch Pfandrechte mit fiktiver Besitzübertragung – wie zum Beispiel

---

[525] Zur traditionellen Rangstellung der Privilegien vgl. bereits Kapitel 2, B, I, 3, g), bb), (2), S. 51.

[526] Piedelièvre, RD 2008, 2950, 2951 m.w.N; Simler, "Das Recht der Mobiliarsicherheiten in Frankreich" in Kreuzer, *Mobiliarsicherheiten - Vielfalt oder Einheit?*, 105, 117.

[527] Simler, "Das Recht der Mobiliarsicherheiten in Frankreich" in Kreuzer, *Mobiliarsicherheiten - Vielfalt oder Einheit?*, 105, 116.

[528] Piedelièvre, RD 2008, 2950, 2951 m.w.N; Simler, "Das Recht der Mobiliarsicherheiten in Frankreich" in Kreuzer, *Mobiliarsicherheiten - Vielfalt oder Einheit?*, 105, 116 ff; Nach a.A. geht das Privileg der Arbeitnehmer immer vor, vgl. MüKo/Niggemann, *InsO*, Länderberichte – Frankreich, Rn. 34.

[529] Die Verteilung des Veräußerungserlöses und der übrigen Werte des Schuldners richtet sich nach Art. L.641-13 c.com. und nicht nach Art. L.622-17, vgl. Dammann, RD 2005, 2447, 2451.

[530] Dammann/Podeur, RD 2008, 2300, 2304 f; MüKo/Niggemann, *InsO*, Länderberichte – Frankreich, Rn. 32 ff.

das *Pfandrecht an Kraftfahrzeugen*[531] oder der *warrant agricole*[532] – ein fiktives Zurückbehaltungsrecht gewährten.[533] Im Übrigen schloss die Natur besitzloser Pfandrechte die Gewährung eines Zurückbehaltungsrechts aus, denn mangels eines Pfandscheines hatten die Gläubiger keinen fiktiven Besitz, dessen Herausgabe sie hätten verweigern können.[534]

Mit Einführung des Art. 2286 Nr. 4 c.civ. wurde das Zurückbehaltungsrecht derart vergeistigt, dass es nun auch dem Inhaber einer besitzlosen *gage* gewährt wird. Die Anerkennung eines fiktiven Zurückbehaltungsrechts stellt sich als logische Fortentwicklung der französischen Auffassung dar, dass Besitz nicht notwendigerweise mit tatsächlicher Sachherrschaft einhergehen muss, sondern auch die tatsächliche Ausübung eines Rechts bedeuten kann. Es ist also davon auszugehen, dass der Gesetzgeber mit Art. 2286 Nr. 4 c.civ. einen allgemeinen Grundsatz aufstellen wollte, der auch auf alle übrigen besitzlosen Pfandrechte an körperlichen Gegenständen anwendbar ist.[535] Hierzu gehören in jedem Fall die *Pfandrechte am Warenlager* und an *Betriebsgeräten und -anlagen*. Nach der hier vertretenen Ansicht ist auch das *Pfandrecht am Handelsunternehmen* als Form der *gage* anzusehen, so dass der Gläubiger dieses Pfandrechts ein Zurückbehaltungsrecht genießt.[536]

Das durch ein besitzloses Pfandrecht gewährte Zurückbehaltungsrecht kann erst im Liquidationsverfahren geltend gemacht werden (Artt. L.622-7 Abs. 1 S. 2, L.631-14 Abs. 1 c.com.).[537] Hierdurch wird sichergestellt, dass der Sicherungsgegenstand zur Fortführung der unternehmerischen Tätigkeit zur Verfügung steht und die Chancen einer erfolgreichen Sanierung verbessert werden.

---

[531] Die Aushändigung einer behördlichen Pfandbescheinigung wird einer Besitzübergabe gleichgestellt (Art. 2352 c.civ.), vgl. Dammann, RD 2006, 1298, 1299; MüKo/Niggemann, *InsO*, Länderberichte – Frankreich, Rn. 33.

[532] Cass.civ. v. 23.04.1918, RD 1919, 33 m. Anm. Capitant in Fn. 1; Legeais, *Sûretés et garanties du crédit*, Rn. 491 f.

[533] Crocq, RD 2008, 2104, 2106; Dammann/Podeur, RD 2008, 2300, 2304.

[534] Cass.com. v. 26.10.1971, RD 1972, 61 m. Anm. Derrida (*Handelsunternehmen*); Cass.plén. v. 26.10.1984, RD 1985, 33, 37 m. Anm. Derrida (*Betriebsgeräte und -anlagen*); Cass.com. v. 04.01.2005, RTDcom. 2005, 408 (Nr. 6) m. Anm. Bouloc (*Betriebsgeräte und -anlagen*); Attal, RD 2006, 1738.

[535] Dammann/Podeur, RD 2008, 2300, 2302 f; ein Zurückbehaltungsrecht nach wie vor ablehnend Legeais, *Sûretés et garanties du crédit*, Rn. 373, 377, 386, 421; Piedelièvre, RD 2008, 2950 m.w.N; Kritisch Crocq, RD 2008, 2104, 2106; Diese Ansicht verstößt aber gegen den eindeutigen Wortlaut des Art. 2286 Nr. 4 c.civ. und ist damit abzulehnen.

[536] A.A. jedoch Dammann/Podeur, RD 2008, 2300, 2303.

[537] Lienhard, RD 2009, 110, 113; Piedelièvre, RD 2008, 2950, 2951.

dd) Prioritätskonflikte mit konkurrierenden Pfandrechten

Wurde ein und derselbe Gegenstand sukzessive mit mehreren Pfandrechten belastet, stellt sich die Frage nach deren Rangfolge. Diese bestimmt sich im Falle gleichartiger Pfandrechte streng nach dem Prioritätsprinzip: Entscheidend ist in der Regel die Reihenfolge, in welcher die Pfandrechte in das Register eingetragen wurden.[538] Aus dieser Regel ergibt sich außerdem zwanglos, dass eingetragene Pfandrechte solchen Pfandrechten vorgehen, die nie registriert wurden. Zwischen Pfandrechten, die nicht eingetragen wurden, kann es mangels Drittwirksamkeit nicht zu Prioritätskonflikten kommen.

Das französische Recht sieht eine Unmenge verschiedenartiger Pfandrechte vor, deren Drittwirksamkeit leider nicht durch Eintragung in einem zentralisierten Register bewirkt werden kann. Auf den ersten Blick erscheint es daher, als müssten viele verschiedene Register eingesehen werden, um die Existenz oder Rangfolge konkurrierender Pfandrechte festzustellen. Dies wäre interessierten Parteien kaum zuzumuten. Das Problem konkurrierender, verschiedenartiger Pfandrechte wird dadurch entschärft, dass die meisten Pfandrechte in demselben Register am Wohn- oder Geschäftssitz des Schuldners eingetragen werden können.[539]

Problematischer wird es hingegen, wenn die Drittwirksamkeit des einen Pfandrechts mittels Besitzübertragung und die des anderen mittels Registereintragung bewirkt wurden. Nach bisheriger Rechtslage musste der mit einer Registereintragung oder Ausstellung eines Pfandscheins fingierte Besitz unabhängig von einer zeitlichen Komponente stets hinter dem tatsächlichen Besitz zurücktreten.[540] Begründet wurde dies im Wesentlichen mit der starken Position, die das Zurückbehaltungsrecht den Inhabern von Besitzpfandrechten vermittelte. Für die *gage* stellt Art. 2340 Abs. 2 c.civ. nun ausdrücklich fest, dass der Prioritätsgrundsatz auch dann strikte Anwen-

---

[538] Dammann/Podeur, RD 2008, 2300, 2303; Legeais, JCP 2006, 12, 16 f; Legeais, *Sûretés et garanties du crédit*, Rn. 486; Ministère de la Justice, "Rapport au Président de la République relatif à l'ordonnance n° 2006-346", Rn. 3.2 (*Warenlager*); Piedelièvre, RD 2008, 2950, 2951; Dies stellt das Gesetz ausdrücklich nur für die *gage* (Art. 2340 Abs. 1 c.civ.) sowie das *Pfandrecht am Handelsunternehmen* (Art. L.142-5 c.com.) klar.

[539] Zur Registerpublizität vgl. bereits Kapitel 3, A, I, 3, b), S. 121.

[540] Simler, "Das Recht der Mobiliarsicherheiten in Frankreich" in Kreuzer, *Mobiliarsicherheiten - Vielfalt oder Einheit?*, 105, 112; Zur Nachrangigkeit des *warrant agricole* gegenüber Besitzpfandrechten vgl. Cass.civ. v. 18.01.2000, RD 2000, 785 m. Anm. Couturier; Cass.civ. v. 18.12.2001, RD 2002, 566.

dung findet, wenn die Drittwirksamkeit auf unterschiedliche Weise bewirkt wurde. Im Hinblick darauf, dass mittlerweile auch besitzlose Pfandrechte ein Zurückbehaltungsrecht gewähren, sollte Art. 2340 Abs. 2 c.civ. im Wege der Analogie auch auf alle anderen Pfandrechte Anwendung finden.[541] Für die Rangfolge der Pfandrechte ist also stets auf den Zeitpunkt der Drittwirksamkeit abzustellen, unabhängig davon, ob diese mit oder ohne Besitzübertragung bewirkt wurde.

Die eben genannte Problematik darf jedoch nicht überbewertet werden. Denn Prioritätskonflikte zwischen verschiedenartigen Pfandrechten werden in der Regel schon durch deren verschiedene Anwendungsbereiche sowie den Spezialitätsgrundsatz vermieden.

ee) Prioritätskonflikte zwischen Pfandrechten und *fiducie*

Konflikte zwischen besitzlosen Pfandrechten und einer *fiducie*, die an demselben Sicherungsgegenstand bestellt wurde, sind streng nach dem Prioritätsprinzip zu lösen.[542]

ff) Zusammenfassung der insolvenzrechtlichen Position der Pfandgläubiger

Besitzlose Pfandrechte gewähren ihren Gläubigern generell ein fiktives Zurückbehaltungsrecht und damit eine absolute Exklusivitätsstellung vor allen Massegläubigern, privilegierten oder nachrangig gesicherten Gläubigern. Die dem Pfandgläubiger in der Insolvenz gewährte Rechtsstellung unterscheidet sich im Ergebnis nicht von dem Aussonderungsrecht, das mit der *fiducie* verbunden ist. Lediglich der Gläubiger einer *gage* läuft Gefahr, hinter sukzessiven Erwerbern zurückstehen zu müssen, die das Eigentum an dem Sicherungsgegenstand gutgläubig erwerben.

---

[541] Aynès, Augustin, RD 2006, 1301, 1302; Legeais, *Sûretés et garanties du crédit*, Rn. 490 (*Warenlager*); Piedelièvre, RD 2008, 2950, 2951.

[542] Zum Konflikt zwischen Pfandrechten und einer *fiducie* vgl. bereits Kapitel 3, A, I, 4, c), dd), S. 52.

II. Die *gage* im Vergleich zur deutschen Sicherungsübereignung

1. Allgemeines

a) Wirtschaftliche Vergleichbarkeit von *gage* und Sicherungsübereignung

Während Frankreich zur Überwindung der Unzulänglichkeiten des Faustpfandrechts zunächst spezielle, besitzlose Pfandrechte und mit der *gage* mittlerweile auch ein allgemeines besitzloses Pfandrecht eingeführt hat, setzt die vertragliche Bestellung eines Pfandrechts im deutschen Recht immer noch die Übertragung des Besitzes auf den Gläubiger voraus (§ 1205 Abs. 1 BGB). Besitzlose Pfandrechte können in Deutschland also nicht auf vertraglichem Wege, sondern lediglich von Gesetzes wegen entstehen.[543]

Unter dem Aspekt der Besitzlosigkeit vertraglicher Mobiliarsicherheiten ist es daher wenig sinnvoll, die *gage* mit dem überkommenen deutschen Faustpfandrecht zu vergleichen. Trotz der Unterschiede in ihrer Rechtsnatur drängt es sich vielmehr auf, die *gage* der deutschen *Sicherungsübereignung* gegenüberzustellen. Sie setzen beide keine Besitzübertragung auf den Gläubiger voraus und sind sich zumindest in ihrer wirtschaftlichen Bedeutung als flexibles und unkompliziertes Kreditsicherungsmittel sehr nahe, so dass sie im Folgenden unter funktionellen Aspekten miteinander verglichen werden sollen.

b) Anwendungsbereich von *gage* und Sicherungsübereignung

Die *Sicherungsübereignung* ist in ihrem Anwendungsbereich unbeschränkt und geeignet, nicht nur Forderungen von Privatpersonen, sondern auch von Gewerbetreibenden abzusichern. Damit ist ihr Anwendungsbereich deutlich universaler und übersichtlicher als derjenige der *gage*. Letzterer wird nämlich indirekt durch die Vielzahl spezieller Pfandrechte eingeschränkt, so dass die *gage* im Wesentlichen nur der Absicherung zivilrechtlicher Forderungen dienen kann. Leider ist das französische Regelwerk so komplex, dass es für den Rechtsanwender schwierig wird, den Überblick zu behalten.

2. Drittwirksamkeitsvoraussetzungen von *gage* und Sicherungsübereignung

Mindestvoraussetzung für die Drittwirksamkeit der *gage* ist zunächst der Abschluss eines schriftlichen Sicherungsvertrages, in dem sich die Parteien über einige *essen-*

---

[543] Zu den besitzlosen Pfandrechten im deutschen Recht vgl. bereits Fn. 50.

tialia negotii einigen (Art. 2336 c.civ.).[544] Hinzukommen muss aber in jedem Fall ein Publizitätsakt in Form einer Registereintragung, wenn die *gage* ohne Besitzübertragung erfolgt (Artt. 2337 f. c.civ.).[545]

Im Gegensatz dazu bedarf die besitzlose *Sicherungsübereignung* keinerlei Publizität. Für ihre Wirksamkeit ist lediglich erforderlich, dass sich die Parteien über den Eigentumsübergang der Sicherungsgegenstände einigen und ein Besitzkonstitut – in der Regel in Form einer Sicherungsvereinbarung – vereinbaren (§§ 929 S. 1, 930 BGB).[546] Im Unterschied zur *fiducie* unterliegt keine dieser Vereinbarungen bestimmten Formerfordernissen. Das Fehlen einer Registerpublizität und jeglicher Formalitäten im Rahmen der *Sicherungsübereignung* stellt den wichtigsten Unterschied zur *gage* dar.

3. Interessenkollisionen und Grenzen der Privatautonomie

Im Gegensatz zur *Sicherungsübereignung*[547] lassen die im Rahmen der *gage* mehrfach mögliche Verpfändung und die klare Rangfolge noch Zugriffsmöglichkeiten für andere Gläubiger.

4. Verwertung von *gage* und Sicherungsübereignung in der Insolvenz des Schuldners

a) Verwertungsmöglichkeiten

Im Rahmen der *gage* kann der Pfandgegenstand öffentlich versteigert oder das Eigentum an diesem richterlich zugewiesen werden (Artt. 2346, 2347 c.civ.). Beide Methoden verlangen jedoch grundsätzlich die Anrufung eines Richters und sind damit relativ umständlich.[548]

Die Parteien können auch eine Verfallvereinbarung für die *gage* abschließen (Art. 2348 c.civ.), so dass das Eigentum am Pfandgut mit Eintritt des Sicherungsfalles und der gesetzlich relevanten Bedingungen automatisch auf den Gläubiger übergeht. Haben die Parteien einen Verfall vereinbart, können sie keine andere Verwer-

---

[544] Für eine Gegenüberstellung des französischen Konsensprinzips und des deutschen Abstraktionsprinzips vgl. bereits im Rahmen der *fiducie* auf Kapitel 2, B, II, 2, c), S. 61 f.
[545] Zur Registerpublizität der *gage* vgl. bereits Kapitel 3, A, I, 3, a), dd), S. 121 f.
[546] Zur Vereinbarung eines Besitzkonstitutes vgl. bereits Kapitel 2, B, II, 2, c), bb), S. 63.
[547] Zur Gefahr einer Übersicherung im deutschen Recht vgl. bereits Kapitel 2, B, II, 2, e), S. 65 f.
[548] Zu diesen Verwertungsmethoden vgl. bereits Kapitel 3, A, I, 4, b), aa), S. 128 ff.

tungsart wählen. Aber auch hier sind insofern gewisse Verfahrensvorschriften zum Schutz des Schuldners zu wahren, als der Wert des Pfandgegenstandes grundsätzlich durch einen Sachverständigen geschätzt werden muss.

Ist das Eigentum an den Pfandgegenständen erst einmal mittels Verfalls oder richterlicher Zuweisung auf den Gläubiger übergegangen, kann er dieses frei verwerten. Der Verfall ist dabei die einfachere und schnellere Methode, das Pfandgut zu verwerten und den Grundsatz des *pari passu* zu umgehen. Der Schutz des Schuldners wird in beiden Fällen dadurch bewirkt, dass der Gläubiger die Differenz zwischen dem Wert der gesicherten Forderung und dem Wert des Sicherungsgegenstandes herauszugeben hat.[549]

Im Gegensatz zur *gage* geht das Eigentum im Rahmen der *Sicherungsübereignung* nicht erst im Sicherungsfall, sondern schon bei Begründung der Sicherheit auf den Gläubiger über. Da er also bereits vollwertiger Eigentümer des Sicherungsgegenstandes ist, erübrigt sich eine gerichtliche Zuweisung des Eigentums genauso wie die Vereinbarung einer separaten Verfallklausel. Allerdings wird der Schuldner oftmals nicht bereit sein, seine Sicherungsgegenstände freiwillig an den Gläubiger herauszugeben. In einem solchen Fall muss deren Herausgabe gegebenenfalls erzwungen werden, wozu ebenfalls eine Anrufung des Gerichts erforderlich ist.

Der Gläubiger einer *gage* kann den Sicherungsgegenstand, nachdem er das Eigentum an diesem erlangt hat, vom Schuldner selbst heraus verlangen und freihändig verwerten. Die *gage* vermittelt insofern eine Art Aussonderungsrecht, welches jedoch keine Überkompensierung des Gläubigers zulässt: Der Gläubiger muss einen etwaigen Differenzbetrag an den Schuldner abführen.

Deutschen *Sicherungseigentümern* hingegen ist im Rahmen des Insolvenzverfahrens kein freies Verwertungsrecht vergönnt. Der *Sicherungseigentümer* kann lediglich sein Absonderungsrecht gegenüber dem Insolvenzverwalter geltend machen (§ 51 Nr. 1 InsO), welcher ihn bevorzugt aus dem Verwertungserlös befriedigt.[550] Im deutschen Recht stellt also der Insolvenzverwalter sicher, dass der Gläubiger nur in Höhe seiner Forderung befriedigt wird.

---

[549] Vgl. hierzu Kapitel 3, A, I, 4, b), aa), (2), S. 129 (richterliche Eigentumszuweisung) und Kapitel 3, A, I, 4, b), bb), (2), S. 132 (Verfall).

[550] Zum Absonderungsrecht des Sicherungseigentümers vgl. bereits Kapitel 2, B, II, 3, c), S. 70 f.

b) Prioritätskonflikte von *gage* und Sicherungsübereignung

Eine drittwirksame *gage* gewährt ihrem Inhaber eine absolute Vorrangstellung nicht nur vor den Massegläubigern, sondern auch vor privilegierten und solchen Gläubigern, deren Sicherungsrecht später drittwirksam wurde. Die *gage* tritt lediglich hinter einem gutgläubigen Eigentumserwerb solcher Gläubiger zurück, die den Sicherungsgegenstand nicht direkt vom Schuldner erworben haben.[551]

Mit der *gage* hat die *Sicherungsübereignung* gemeinsam, dass sie ein generelles Vorzugsrecht vor ungesicherten Gläubigern sowie grundsätzlich auch vor solchen Mobiliarsicherheiten gewährt, die erst nach der *Sicherungsübereignung* begründet wurden.[552] Im Unterschied zur *gage* gehen der *Sicherungsübereignung* aber solche Pfandrechte vor, die bereits zuvor oder zwar nachträglich, aber zugunsten eines gutgläubigen Pfandgläubigers bestellt wurden.

Letztlich bleibt also festzuhalten, dass sowohl die *gage* als auch das deutsche *Sicherungseigentum* grundsätzlich eine exklusive und insbesondere in der Insolvenz starke Rechtsposition verleihen. Während das französische Recht streng am Prioritätsgrundsatz festhält, kennt das deutsche Recht lediglich Prioritätskonflikte mit Pfandrechten.

---

[551] Zur starken insolvenzrechtlichen Position des Inhabers einer *gage* vgl. bereits Kapitel 3, A, I, 4, c), S. 133.

[552] Zu Prioritätskonflikten mit der *Sicherungsübereignung* vgl. bereits Kapitel 2, B, II, 3, c), S. 71.

B. Das neue Pfandrecht an Forderungen (*NANTISSEMENT*)

I. Das *nantissement* im Vergleich zur früheren Rechtslage im französischen Recht

1. Allgemeines

a) Entwicklung der Pfandrechte an Forderungen

Schon lange vor der französischen Reform konnten auch Rechte mit einem Pfandrecht belastet werden.[553] Allerdings enthielt der *Code civil* hierzu nur wenige Vorschriften. Noch dazu war die Verpfändung von Rechten an das Besitzpfandrecht körperlicher Sachen angelehnt und trug den Eigenheiten unkörperlicher Rechte nicht hinreichend Rechnung.[554]

Gesetzgebung und Richterrecht versuchten, diesem Missstand abzuhelfen und entwickelten nach und nach Pfandrechte, die speziell auf verschiedene Rechte zugeschnitten waren. So gab es schon vor der Reform spezialgesetzliche *Pfandrechte an gewerblichen Forderungen* (Artt. L.313-23 ff. c.mon.fin.)[555], *Wertpapieren* (Art. 431-4 c.mon.fin.), *Anteilen an Gesellschaften bürgerlichen Rechts* (Artt. 1866 ff. c.civ.)[556], *Finanzdepots* (Art. L.221-20 c.mon.fin.)[557], *Kinofilmen* (Art. L.124-1 c.cin.)[558] und *Softwarelizenzen* (Art. L.132-34 CPI)[559]. Deren Bestimmungen waren jedoch häufig unvollständig und inkohärent.

---

[553] Fitzau, *Mobiliarsicherheiten im französischen und deutschen Insolvenzrecht*, 283; Simler, "Das Recht der Mobiliarsicherheiten in Frankreich" in Kreuzer, *Mobiliarsicherheiten - Vielfalt oder Einheit?*, 105, 118.

[554] Klein/Tietz, RIW 2007, 101, 104; Legeais, *Sûretés et garanties du crédit*, Rn. 443, 501.

[555] Gewerblich sind solche Forderungen, die juristischen Personen zustehen oder handelsrechtlichen Charakter haben, vgl. Artt. L.313-25, L.313-27 c.mon.fin.

[556] Artikel 1866 ff. c.civ. treffen lediglich Bestimmungen zur „*société civile*" (SC), nicht aber zu anderen Gesellschaftsformen.

[557] Ein „*compte d'instruments financiers*" ist eine Gesamtheit von verschiedenen, auswechselbaren Wertpapieren und Finanzverträgen i.S.d. Art. L.211-1 c.mon.fin, vgl. Billiau, JCP E 1996, 598; Dammann, RD 2005, 2447, 2450.

[558] Das „*nantissement des films cinématographiques*" hat kaum praktische Bedeutung, vgl. Legeais, *Sûretés et garanties du crédit*, Rn. 516.

[559] Zum „*nantissement du droit d'exploitation des logiciels*" vgl. Legeais, *Sûretés et garanties du crédit*, Rn. 499; Lisanti, RD 2006, 2671 f.

Während der Ausdruck „*nantissement*" bisher als Oberbegriff für Realsicherheiten diente, bezeichnet er heute allgemein Pfandrechte an Rechten (Art. 2355 c.civ.). Diese Neudefinition kann jedoch nicht darüber hinwegtäuschen, dass die Verpfändung von Rechten nach wie vor komplex ist und einem dreigeteilten Regime unterliegt:[560]

Die zahlreichen Vorschriften zur Verpfändung spezieller Rechte wurden durch die Einführung des *nantissement* weder abgeschafft noch modifiziert und finden daher auch nach der Reform unverändert und zwingend Anwendung.[561]

Eine gewisse Erleichterung wurde jedoch für zivilrechtliche oder andere Forderungen erreicht, die nicht spezialgesetzlich verpfändet werden können. Während sich deren Verpfändung bisher nach den Regeln des Faustpfandrechts richtete, finden heute die Bestimmungen des *nantissement* Anwendung.[562]

Alle sonstigen Rechte, welche weder Forderungen darstellen noch spezialgesetzlich geregelt sind, unterliegen wie schon vor der Reform den Bestimmungen über die Verpfändung körperlicher Gegenstände. So finden die Vorschriften der *gage* (Art. 2355 Abs. 4 und 5 c.civ.) beispielsweise auf solche geistigen Eigentumsrechte Anwendung, für deren Verpfändung der *Code de la propriété intellectuelle* keine Regelungen bereitstellt.[563] Auch Anteile an offenen Handelsgesellschaften (SNC), Aktiengesellschaften (SA) oder an Gesellschaften mit beschränkter Haftung (S.à r.l.) unterfallen heute als „sonstige Rechte" den Verpfändungsvorschriften über körperliche Gegenstände. Dasselbe Ergebnis wurde vor der Reform mit der Begründung erzielt, es handele sich bei Geschäftsanteilen um Forderungen.[564] Wie schon vor der Reform erweist sich der Verweis auf die Vorschriften der *gage* zumeist als unpassend.[565]

Der Reformgesetzgeber hatte sich eigentlich das hehre Ziel gesetzt, die Pfandrechte an Rechten zu vereinheitlichen. Spezielle Pfandrechte sollten in den *Code civil* integriert und gewohnheitsrechtlich geschaffene Garantieformen wie z.B. Geldpfand-

---

[560] Lisanti, RD 2006, 2671, 2674.
[561] Stoufflet, JCP 2006, 19, 22.
[562] Legeais, *Sûretés et garanties du crédit*, Rn. 500; Stoufflet, JCP 2006, 19 ff.
[563] Geregelt ist lediglich das Pfandrecht an *Softwarelizenzen* (Art. L.132-34 CPI).
[564] Legeais, *Sûretés et garanties du crédit*, Rn. 522; Didier, RD 2007, 2556, 2560.
[565] Dammann, RD 2006, 1298; Lisanti, RD 2006, 2671, 2673 f.

rechte kodifiziert werden. Dennoch bestehen die zahlreichen, spezialgesetzlich oder völlig unzureichend geregelten Pfandrechte fort, so dass die Reform weit hinter den allgemeinen Erwartungen zurückgeblieben ist.[566] Besonders bedauerlich ist das Nebeneinander mehrerer Pfandrechtssysteme vor allem im Hinblick auf die Verpfändung von Gesellschaftsanteilen, wo sich eine Vereinheitlichung aufgedrängt hätte.[567]

Da die Reform keine Änderungen für die Verpfändung spezialgesetzlich geregelter Rechte mit sich brachte, sollen diese nachfolgend nicht dargestellt werden. Hinsichtlich der Verpfändung sonstiger Rechte – also solcher Rechte, die weder spezialgesetzlich geregelt noch als Forderungen zu qualifizieren sind – kann auf die Ausführungen zur *gage* verwiesen werden. Nachfolgend sollen daher lediglich die Möglichkeiten zur Verpfändung von Forderungen dargestellt werden.

b) Anwendungsbereich der Forderungspfandrechte

aa) Pfandrecht an gewerblichen Forderungen

Nicht nur die Abtretung, sondern auch die *Verpfändung gewerblicher Forderungen* ist speziell geregelt. Der Anwendungsbereich beider Rechtsinstitute ist derselbe: Die Verpfändung kann nur zugunsten eines Kreditinstitutes erfolgen und nur solche Forderungen erfassen, die juristischen Personen zustehen oder die zwar natürlichen Personen zustehen, aber handelsrechtlichen Charakter haben (Artt. L.313-25, L.313-27 c.mon.fin.).[568]

bb) *Nantissement*

Der Anwendungsbereich des *nantissement* ist deutlich weiter als derjenige der Verpfändung gewerblicher Forderungen: Er ist in persönlicher Hinsicht nicht auf bestimmte Gläubiger oder Schuldner beschränkt und erfasst in sachlicher Hinsicht grundsätzlich alle geldwerten Forderungen unabhängig von ihrer zivilrechtlichen oder gewerblichen Natur (Art. 2355 c.civ.).[569]

---

[566] Lisanti, RD 2006, 2671, 2673; Stoufflet, JCP 2006, 19.
[567] Legeais, *Sûretés et garanties du crédit*, Rn. 522.
[568] Simler, „Das Recht der Mobiliarsicherheiten in Frankreich" in Kreuzer, *Mobiliarsicherheiten - Vielfalt oder Einheit?*, 105, 120; Stoufflet, JCP 2006, 19, 21.
[569] Klein/Tietz, RIW 2007, 101, 104; Stoufflet, JCP 2006, 19, 20.

Der Anwendungsbereich des *nantissement* ist nicht nur hinsichtlich der verpfändeten, sondern auch hinsichtlich der zu sichernden Forderung nahezu unbeschränkt. So kann – im Gegensatz zur *Verpfändung gewerblicher Forderungen* – grundsätzlich jede Art von Forderungen gesichert werden, auch solche ausländischen Rechts.[570]

Zu beachten ist allerdings, dass auf das *nantissement* dann nicht zurückgegriffen werden kann, wenn der speziellere Anwendungsbereich der Artt. L.313-23 ff. c.mon.fin. eröffnet ist (Art. 2355 c.civ.). Die Gegenansicht, nach der sich die Parteien auch für eine zivilrechtliche Verpfändung ihrer gewerblichen Forderungen entscheiden können,[571] ist mit dem eindeutigen Wortlaut des Art. 2355 c.civ. abzulehnen.

2. Drittwirksamkeitsvoraussetzungen der Forderungspfandrechte

a) Vereinbarung und Formvorschriften

Wie schon vor der Reform (Art. 2075 c.civ. a.F.) verlangt die Drittwirksamkeit der *Verpfändung zivilrechtlicher Forderungen* auch heute noch den Abschluss einer schriftlichen Sicherungsvereinbarung (Art. 2356 c.civ.), wobei unter Schriftform ein notariell beurkundeter oder ein privatschriftlicher Akt zu verstehen ist.[572] Die *Verpfändung gewerblicher Forderungen* verlangt neben einem schriftlichen Rahmenvertrag zusätzlich die Erstellung eines Forderungsverzeichnisses.

Die Anforderungen an die Bestimmtheit der verpfändeten oder gesicherten Forderungen wurden in beiden Pfandrechtssystemen einander angenähert: Zivilrechtliche Forderungen konnten früher nur verpfändet oder gesichert werden, wenn sie hinreichend bestimmt waren.[573] Inzwischen genügt – wie im Rahmen der Verpfändung gewerblicher Forderungen – auch die Bestimmbarkeit der Forderung.[574] Unterschiede bestehen jedoch im Grad der erforderlichen Bestimmbarkeit: Der Bestellungsakt eines *nantissement* muss zumindest Elemente enthalten, um die zu sichernde und die verpfändete Forderung zu bestimmen, beispielsweise durch die Nennung des

---

[570] Stoufflet, JCP 2006, 19, 20.

[571] Stoufflet, JCP 2006, 19.

[572] Legeais, *Sûretés et garanties du crédit*, Rn. 522; Simler, „Das Recht der Mobiliarsicherheiten in Frankreich" in Kreuzer, *Mobiliarsicherheiten - Vielfalt oder Einheit?*, 105, 119.

[573] Simler, „Das Recht der Mobiliarsicherheiten in Frankreich" in Kreuzer, *Mobiliarsicherheiten - Vielfalt oder Einheit?*, 105, 119.

[574] Legeais, *Sûretés et garanties du crédit*, Rn. 503.

Schuldners, des Erfüllungsortes oder des gegebenenfalls geschätzten Wertes der Forderung im Zeitpunkt ihrer Fälligkeit (Art. 2356 Abs. 3 c.civ.). Diese Elemente sind nur exemplarisch aufgezählt („*tels que*"). Die Parteien können also frei vereinbaren, auf welche Weise die Bestimmung der Forderungen geschehen soll.[575] Im Gegensatz hierzu schreibt Art. L.313-23 c.mon.fin. genau vor, welche Identifizierungselemente das Sammelverzeichnis *gewerblicher Forderungen* enthalten muss, wenngleich die Angabe weiterer Elemente natürlich zulässig ist („*notamment*").[576]

Auch die formellen Anforderungen an den Pfandvertrag über *gewerbliche Forderungen* sind strenger als im Rahmen des *nantissement*: Während das Erfordernis einer Datierung des *nantissement* mit der Reform aufgegeben wurde, muss der Rahmenvertrag über *gewerbliche Forderungen* nach wie vor datiert, unterschrieben und als Verpfändung bezeichnet werden sowie die Zessionarsbank benennen.[577]

b) **Publizität**

Obwohl die französische Rechtsordnung einen Besitz an Forderungen kennt und darunter deren tatsächliche Ausübung versteht (Art. 2255 c.civ.), wird die Publizität der Forderungsverpfändung nicht etwa dadurch bewirkt, dass die Rechtsausübung dem Gläubiger überlassen wird. Vielmehr verbleibt das Einziehungsrecht in der Regel beim Zedenten.

Bisher richtete sich die *Verpfändung zivilrechtlicher Forderungen* nach den Vorschriften des Besitzpfandrechts an körperlichen Sachen: Um drittwirksam zu sein, musste das Pfandrecht in ein Register eingetragen und dem Drittschuldner förmlich angezeigt werden, was im Wege einer Zustellung an den Drittschuldner oder dessen notariell beurkundeter Annahme geschehen konnte (Artt. 2074, 2075 c.civ. a.F.).[578] Die Rechtslage wurde mit der Reform insofern vereinfacht, als die Verpfändung keiner Registrierung mehr bedarf und schon mit dem Datum drittwirksam wird, das

---

[575] Zulässig sind daher beispielsweise Formulierungen wie „alle Forderungen gegen die Schuldner A-K".

[576] Lisanti, RD 2006, 2671, 2672 m. Fn. 15; Stoufflet, JCP 2006, 19 f; Großzügiger jedoch Cass.com. v. 13.11.2003, Rev.dr.banc.fin. 2004, 250.

[577] Simler, "Das Recht der Mobiliarsicherheiten in Frankreich" in Kreuzer, *Mobiliarsicherheiten - Vielfalt oder Einheit?*, 105, 120.

[578] Cass.com. v. 23.01.2001, JCP 2001, Chron, Nr. 17 m. Anm. Simler/Delebecque; Cass.com. v. 23.04.2003, JCP 2003, Chron, Nr. 19 m. Anm. Simler/Delebecque; Dammann, RD 2005, 2447, 2449; Simler, "Das Recht der Mobiliarsicherheiten in Frankreich" in Kreuzer, *Mobiliarsicherheiten - Vielfalt oder Einheit?*, 105, 119.

auf der schriftlichen Sicherungsvereinbarung vermerkt ist (Artt. 2361, 2356 c.civ.).[579] Besonderheiten bestehen aber – ähnlich wie schon im Rahmen der *fiducie*[580] – im Verhältnis zum Drittschuldner. Dieser kann nur dann nicht mehr mit befreiender Wirkung an seinen ursprünglichen Vertragspartner leisten, wenn er entweder selbst im Sinne eines dreiseitigen, notariell beurkundeten Rechtsgeschäfts an dem Bestellungsakt beteiligt war oder ihm die Verpfändung angezeigt wird (Artt. 2356, 2362 f. c.civ.).[581] Mangels gesetzlicher Vorgaben kann die Mitteilung in jeglicher, nachweisbarer Form erfolgen.[582]

Im Bereich der Publizität hat die Reform damit eine erhebliche Vereinfachung gebracht und die Anforderungen an die Rechtslage im Rahmen der *Verpfändung gewerblicher Forderungen* angepasst: Hier wird auf jegliche Publizitätserfordernisse – insbesondere auf eine Verpfändungsanzeige oder eine Kenntnis Dritter – verzichtet. Eine Verpfändungsanzeige an den Drittschuldner ist auch hier nur zur Wirksamkeit gegenüber dem Drittschuldner erforderlich[583] und kann auf jede erdenkliche Art erfolgen.[584] Die Verpfändung erfolgt allein durch Übergabe des Forderungsverzeichnisses an den Gläubiger (Art. L.313-23 Abs. 1 c.mon.fin.) und ist zwischen den Parteien und im Verhältnis zu Dritten schon mit dem Datum drittwirksam, das auf dem übergebenen Forderungsverzeichnis vermerkt ist (Art. L.313-27 Abs. 1 c.mon.fin.).[585]

c) **Interessenkollisionen und Grenzen der Privatautonomie**

Im Zusammenhang mit Forderungen ergeben sich zu dem bisher Gesagten keine großen Unterschiede. Unpfändbar sind lediglich diejenigen Forderungen, die einem gesetzlichen oder vertraglichen Verpfändungsverbot unterliegen. Auch das aus der Flexibilisierung der Pfandrechte möglicherweise resultierende Überpfändungsrisiko

---

[579] Lisanti, RD 2006, 2671, 2672; Stoufflet, JCP 2006, 19, 20 f; Die Parteien können aber nach wie vor für eine Zustellung optieren, vgl. Ministère de la Justice, „Rapport au Président de la République relatif à l'ordonnance n° 2006-346", Rn. 1.2.2.2.1.2.

[580] Zur Drittwirksamkeit der *fiducie* an Forderungen vgl. bereits Kapitel 2, C, I, 2, a), aa), S. 82.

[581] Dammann/Podeur, RD 2007, 319 f; Larroumet, RD 2007, 344, 346.

[582] Stoufflet, JCP 2006, 19, 21.

[583] Aynès, RD 2006, 1289 f; Stoufflet, JCP 2006, 19, 21.

[584] Simler, „Das Recht der Mobiliarsicherheiten in Frankreich" in Kreuzer, *Mobiliarsicherheiten - Vielfalt oder Einheit?*, 105, 120.

[585] Die Publizitätsanforderungen für die *Verpfändung gewerblicher Forderungen* sind insofern mit denjenigen für die *Abtretung* identisch, vgl. bereits Kapitel 2, C, I, 2, a, cc), S. 83 f.

wird dadurch minimiert, dass die verpfändeten Forderungen hinreichend bestimmt werden müssen.[586]

3. Sicherungsgegenstand der Forderungspfandrechte

a) Künftige Forderungen

Das Gesetz ließ schon vor der Reform die *Verpfändung künftiger gewerblicher Forderungen* zu (Art. L.313-23 c.mon.fin.), selbst wenn diese noch nicht bezifferbar oder fällig waren.[587] Diese weite Auslegung dürfte inzwischen auch auf das *nantissement* übertragbar sein[588]: Vor der Reform war die *Verpfändung künftiger zivilrechtlicher Forderungen* noch unzulässig, da die konstitutive Abtretungsanzeige ohne einen aktuellen Drittschuldner naturgemäß nicht möglich war.[589] Die Rechtslage hat sich mit den geänderten Publizitätsanforderungen und der ausdrücklichen Klarstellung in Art. 2355 Abs. 1 c.civ. inzwischen geändert, so dass das *nantissement* auch künftige Forderungen erfassen kann.[590] Der Gläubiger erlangt an der künftigen Forderung zwar erst dann ein Recht, wenn dieses entsteht (Art. 2357 c.civ.)[591] – die Verpfändung ist aber schon mit dem auf dem Vertrag vermerkten Datum drittwirksam (Art. 2361 c.civ.).

Die *Verpfändung künftiger zivilrechtlicher* oder *gewerblicher Forderungen* bietet dem Gläubiger die Möglichkeit, sich schon im Zeitpunkt des Vertragsschlusses eine bestimmte Rangstellung zu sichern, auch wenn die Forderung erst später entsteht.[592]

Unabhängig von der Art der Verpfändung ist zwingend erforderlich, dass die Forderungen hinreichend bestimmbar sind. Ist dies nicht der Fall, sind *nantissement* oder die *Verpfändung gewerblicher Forderungen* nichtig (Art. 1129 c.civ.).[593]

---

[586] Stoufflet, JCP 2006, 19, 20.

[587] Cass.civ. v. 20.03.2001, RD 2001, 3110 m. Anm. Aynès; Dammann, RD 2005, 2447, 2449.

[588] Stoufflet, JCP 2006, 19, 20.

[589] Legeais, *Sûretés et garanties du crédit*, Rn. 503; Cass.civ. v. 20.03.2001, RD 2001, 3110 f. m. Anm. Aynès; Vorstellbar war lediglich das Versprechen, künftige Forderungen zu verpfänden, sobald diese entstehen, vgl. Borga, RD 2010, 2201, Rn. 7.

[590] Aynès, RD 2006, 1289, 1290.

[591] Klein/Tietz, RIW 2007, 101, 104; Ministère de la Justice, „Rapport au Président de la République relatif à l'ordonnance n° 2006-346", Rn. 1.2.2.2.1.2; Borga, RD 2010, 2201, Rn. 7.

[592] Stoufflet, JCP 2006, 19, 21.

[593] Legeais, *Sûretés et garanties du crédit*, Rn. 504 (*gewerbliche Forderungen*); Stoufflet, JCP 2006, 19, 20 (*nantissement*).

b) Gesamtheit von Forderungen

Mittels eines Forderungsverzeichnisses war es schon vor der Reform möglich, mehrere *gewerbliche Forderungen* auf einmal zu verpfänden (Art. L.313-23 c.mon.fin.)[594]. Auch das *nantissement* eröffnet seit der Reform die Möglichkeit, eine unbegrenzte Anzahl gegenwärtiger oder künftiger Forderungen in einem einzigen Akt zu verpfänden, solange die Forderungen nur bestimmbar sind (Artt. 2355, 2356 Abs. 2 und 3 c.civ.).[595]

Sind von einer Gesamtheit verpfändeter Forderungen nur einzelne nicht bestimmbar, stellt sich die Frage, ob die *Verpfändung zivilrechtlicher* oder *gewerblicher Forderungen* insgesamt oder nur im Hinblick auf die unbestimmbare Forderung nichtig ist. Eine Ansicht nimmt aufgrund der Unteilbarkeit von Pfandrechten eine Gesamtnichtigkeit an.[596] Dem lässt sich jedoch entgegenhalten, dass Art. 2349 c.civ. eine Unteilbarkeit des Pfandrechts nur im Zusammenhang mit körperlichen Gegenständen, nicht aber mit Forderungen vorsieht. Vielmehr kann die Verpfändung von Forderungen sogar auf einen Teil der Forderung begrenzt werden, wenn diese teilbar ist (Art. 2358 c.civ.).[597] Nach der hier vertretenen Ansicht ist daher nur von Teilnichtigkeit auszugehen.

c) Surrogate

Im Rahmen der *Verpfändung gewerblicher Forderungen* besteht die Möglichkeit, die verpfändeten Forderungen zu ersetzen und damit auch mittelfristige Kredite zu refinanzieren (Art. L.313-44 c.mon.fin.). Mangels entsprechender Bestimmungen für das *nantissement* ist aber davon auszugehen, dass sich die Rechtslage für die Verpfändung zivilrechtlicher Forderungen grundsätzlich anders darstellt. Allerdings spricht die Möglichkeit, Gesamtheiten von – auch künftigen – Forderungen zu verpfänden, für die Zulässigkeit einer dinglichen Surrogation. Denn mit der Zulassung der Verpfändung einer Forderungsmehrheit betrachtet der Gesetzgeber die Forderungen gerade nicht einzeln, sondern in ihrer Gesamtheit. Erforderlich ist lediglich,

---

[594] Stoufflet, JCP 2006, 19.

[595] Aynès, RD 2006, 1289 f; Stoufflet, JCP 2006, 19, 20.

[596] Cass.com. v. 13.10.1992, Bull.civ. IV 1992, Nr. 301; Legeais, *Sûretés et garanties du crédit*, Rn. 503; Lisanti, RD 2006, 2671, 2673 Fn. 28.

[597] Legeais, *Sûretés et garanties du crédit*, Rn. 503; Stoufflet, JCP 2006, 19, 20.

dass die dingliche Surrogation vertraglich vereinbart und die auszutauschenden Forderungen bereits im Vertrag hinreichend bestimmt wurden.[598]

d) Mehrfache Verpfändung derselben Forderung

Es stellt sich die Frage, ob dieselbe Forderung mehrfach als Ganzes verpfändet werden kann. Dafür, dass eine solche Möglichkeit auch im Rahmen eines *nantissement* besteht, spricht, dass einer Registereintragung – im Gegensatz zu der für Besitzpfandrechte erforderlichen Besitzübergabe – durchaus mehrfach vorgenommen werden kann. Auch im Rahmen der *Verpfändung gewerblicher Forderungen* spricht nichts dagegen, dieselbe Forderung in verschiedene Forderungsverzeichnisse aufzunehmen und dem jeweiligen Gläubiger zu übergeben (Art. L.313-23 Abs. 1 c.mon.fin.).

Man könnte daran denken, dass das fiktive Zurückbehaltungsrecht, das – wie noch zu sehen sein wird – auch Pfandgläubigern von Forderungen gewährt wird,[599] einer mehrfachen Verpfändung derselben Forderung entgegensteht. Dieser Ansicht ist jedoch entgegenzusetzen, dass ein fiktives Zurückbehaltungsrecht mangels unmittelbaren Gläubigerbesitzes nicht effektiv ausgeübt werden kann, gleichgültig ob es sich aus einem Forderungspfandrecht oder einem besitzlosen Pfandrecht an Sachen ergibt.[600] Das fiktive Zurückbehaltungsrecht kann Dritten nicht entgegengehalten werden, sondern lediglich dazu dienen, den Schuldner Zug um Zug gegen Erlöschen des Pfandrechts zur Forderungserfüllung anzuhalten.

Nach der hier vertretenen Ansicht ist eine mehrfache Forderungsverpfändung daher möglich.

4. Verwertung der Forderungspfandrechte in der Insolvenz des Schuldners

a) Nichtigkeit in der Verdachtsperiode

Die *Verpfändung zivilrechtlicher Forderungen* ist während der Verdachtsperiode nichtig (Art. L.632-1 Abs. 1 Nr. 6 c.com.).[601] Hieran hat sich also durch die Reform

---

[598] Stoufflet, JCP 2006, 19, 20 f; Zur ähnlichen Argumentation im Rahmen der *fiducie* vgl. Kapitel 2, B, I, 2, c), dd), (3), S. 35.

[599] Zum fiktiven Zurückbehaltungsrecht der Forderungspfandgläubiger vgl. S. 155.

[600] Ferreira, JCP E 2005, 76, 77 f; Legeais, *Sûretés et garanties du crédit*, Rn. 525; Zur Frage der Gewährung eines fiktiven Zurückbehaltungsrechts vgl. nachstehend unter 4, c), cc), S. 155.

[601] Dammann, RD 2005, 2447, 2449; Stoufflet, JCP 2006, 19, 21.

nichts geändert. Auch die Bestellung eines *Pfandrechts an gewerblichen Forderungen* ist während der Verdachtsperiode nichtig. Im Gegensatz zur Abtretung gewerblicher Forderungen handelt es sich bei der Verpfändung um ein „*nantissement*", das vom Wortlaut des Art. L.632-1 Abs. 1 Nr. 6 c.com. und nicht von der Ausnahmevorschrift des Art. L.632-1 Abs. 1 Nr. 4 c.com. erfasst wird. Letztere bezieht sich ausdrücklich nur auf „*bordereaux de cession*". Auch die *Verpfändung gewerblicher Forderungen* ist damit während der Verdachtsperiode nichtig.

Änderungen ergeben sich jedoch im Zusammenhang mit der Verpfändung künftiger Forderungen: Während diese vor der Reform unter anderem daran scheiterte, dass die Verpfändungsanzeige nicht zulässigerweise während der Verdachtsperiode vorgenommen werden konnte (Artt. 2075 c.civ. a.F, L.621-50 c.com. a.F.),[602] sind nach neuer Rechtslage keine weiteren Akte erforderlich, deren Vornahme in diesem Zeitraum nichtig sein könnte. Nach neuer Rechtslage ist daher ein vor Insolvenzeröffnung bestelltes *nantissement* auch dann wirksam, wenn die verpfändete künftige Forderung erst während der Verdachtsperiode entsteht.[603]

b) Verwertungsmodalitäten

aa) Gerichtlich geregelte Verwertung

(1) Öffentliche Versteigerung

Vor der Reform mussten *Pfandrechte an zivilrechtlichen Forderungen* grundsätzlich auf dieselbe Art und Weise verwertet werden wie Pfandrechte an körperlichen Gegenständen, nämlich im Wege der Zwangsversteigerung (Art. 2075 c.civ. a.F.). Diese Verwertungsart ist für das *nantissement* nicht mehr vorgesehen und für die Verwertung von Forderungen ohnehin völlig untauglich.[604]

(2) Gerichtliche Zuweisung

Geeigneter ist da schon die Möglichkeit des Gläubigers, sich die *zivilrechtliche Forderung* gerichtlich zuweisen zu lassen (Artt. 2087 c.civ. a.F, 2365 Abs. 1 c.civ.).[605] Mangels spezieller Vorschriften im *Code monétaire et financier* ist da-

---

[602] Crocq, RTDciv. 2007, 160, 161 m.w.N.
[603] Dammann, RD 2006, 1298, 1299; Zum Streitstand vgl. Borga, RD 2010, 2201, Rn. 7.
[604] Stoufflet, JCP 2006, 19, 21 ist der Ansicht, eine Zwangsversteigerung von Forderungen könne auch nach neuer Rechtslage beantragt werden.
[605] Drobnig, RabelsZ 1996, 40, 49.

von auszugehen, dass auch *gewerbliche Forderungen* gerichtlich zugewiesen werden können (Art. 2355 Abs. 4 c.civ.). Diese Verwertungsart bietet sich insbesondere dann an, wenn der Sicherungsfall noch vor Fälligkeit der verpfändeten Forderung eintritt. Denn zu diesem Zeitpunkt kann der Gläubiger noch keine Zahlung vom Drittschuldner verlangen. Indem sich der Gläubiger die Inhaberschaft der verpfändeten Forderung zuweisen lässt, ist er auch gegen eine etwaige Insolvenz des Drittschuldners besser abgesichert (vgl. Art. 2365 Abs. 2 c.civ.).[606] Allerdings ist auch für eine Inhaberschaftszuweisung die Anrufung eines Richters erforderlich, was sich als umständlich erwiesen hat.

bb) Außergerichtliche Verwertung

Vor der Reform war es umstritten, ob eine dem Gläubiger regelmäßig erteilte Einziehungsermächtigung[607] trotz Eröffnung eines Insolvenzverfahrens über das Vermögen des Schuldners fortbestehen konnte. Die überwiegende Meinung in Literatur und Rechtsprechung vertrat die Ansicht, ein Einziehungsrecht des Gläubigers erlösche spätestens mit Insolvenzeröffnung und begründete dies damit, dass eine entsprechende Parteivereinbarung als unzulässige Verfallklausel zu bewerten wäre.[608] In einem jüngeren Urteil, welches sich noch auf die vor der Reform vom 23.03.2006 geltende Rechtslage bezog, entschied die *Cour de cassation* jedoch überraschend, dass dem Gläubiger auch in der Schuldnerinsolvenz ein alleiniges Einziehungsrecht zusteht.[609]

Dies muss erst Recht seit Aufhebung des Verbots der Verfallklausel gelten – dem Pfandgläubiger *zivilrechtlicher* oder auch *gewerblicher Forderungen* darf also ein eigenes, vertragliches Einziehungsrecht erteilt werden (Artt. 2365, 2355 Abs. 4 c.civ.). Der Gläubiger ist allerdings nur dann allein berechtigt, Zahlung vom Drittschuldner zu verlangen, wenn die verpfändete, gegen den Drittschuldner bestehende Forderung fällig ist und die Verpfändung dem Drittschuldner und konkurrierenden Gläubigern ordnungsgemäß mitgeteilt wurde (Artt. 2363, 2365 Abs. 2 c.civ.).[610]

---

[606] Stoufflet, JCP 2006, 19, 21 f.

[607] Simler, „Das Recht der Mobiliarsicherheiten in Frankreich" in Kreuzer, *Mobiliarsicherheiten - Vielfalt oder Einheit?*, 105, 119; vgl. hierzu bereits die Ausführungen im Rahmen der *fiducie* unter Kapitel 2, C, I, 3, b), S. 88.

[608] Cass.civ. v. 30.05.1947, RD 1947, 140; Cass.com. v. 19.01.1999, Bull.civ. IV 1999, Nr. 19.

[609] Cass.com. v. 26.05.2010, RD 2010, 1340 m. Anm. Lienhard; Crocq, RTDciv. 2010, 597 ff.

[610] Das Anzeigeerfordernis provoziert einen Wettlauf der Gläubiger, vgl. Legeais, *Sûretés et garanties du crédit*, Rn. 508; Stoufflet, JCP 2006, 19, 21; Der ebenfalls erforderliche Eintritt eines Si-

Der Verfall ermöglicht dem Gläubiger eine Befriedigung auch außerhalb des insolvenzrechtlichen Verteilungsverfahrens und verleiht ihm in der Schuldnerinsolvenz die Stellung eines Zessionars.[611] Vor der Reform konnte dieses Ergebnis nur dadurch erzielt werden, dass sich der Gläubiger die Inhaberschaft der verpfändeten Forderung gerichtlich zuweisen ließ.[612]

Ein großer Vorteil des Verfalls gegenüber der gerichtlichen Zuweisung ist, dass weder ein gerichtliches Verfahren noch eine Wertbestimmung der Forderung erforderlich ist. Zwar bestimmt Art. 2366 c.civ, dass der Gläubiger einen etwaigen Überschuss an den Schuldner auszuzahlen hat.[613] Der Differenzbetrag zwischen gesicherter und verpfändeter Forderung ergibt sich jedoch zwanglos aus der Verrechnung der gesicherten Forderung mit den vom Drittschuldner eingezogenen Geldbeträgen (Art. 2364 c.civ.).

c) Prioritätskonflikte der Pfandrechte an Forderungen

aa) Vorrang vor gutgläubigen Erwerbern der Forderung

Nach herrschender Meinung kann nur das Eigentum an körperlichen Gegenständen, nicht aber die Inhaberschaft von Forderungen gutgläubig erworben werden. Der Gläubiger muss also keinen Verlust seines Pfandrechts an potentiell gutgläubige Erwerber befürchten.

bb) Vorrang vor Massegläubigern

Wenn die Verpfändung dem Drittschuldner angezeigt wurde, kann dieser nur noch an den Gläubiger mit befreiender Wirkung leisten (Artt. 2363 f. c.civ, L.313-28 c.mon.fin.).[614] Diese Exklusivitätsstellung verleiht dem Gläubiger ein Aussonde-

---

cherungsfalls (Art. 2364 Abs. 2 c.civ.) ist mit Eröffnung des Insolvenzverfahrens gegeben; Nur am Rande sei darauf hingewiesen, dass dem Gläubiger zwar schon vor Eintritt des Sicherungsfalles das Recht zusteht, die verpfändete, fällige Forderung beim Drittschuldner einzutreiben. Er muss die so erlangten Summen aber hinterlegen und darf erst dann auf sie zugreifen, wenn der Sicherungsfall eingetreten ist und der Schuldner nicht innerhalb einer Woche nach Mahnung leistet. Für eine solche berichtigende Auslegung des Art. 2364 Abs. 2 c.civ. vgl. Delpech, RD 2007, 793; Lisanti, RD 2006, 2671, 2672 f.

[611] Dammann/Podeur, RD 2007, 319, 320; Hébert, RD 2007, 2052, 2053, 2055; Stoufflet, JCP 2006, 19, 21 f.

[612] Cass.com. v. 06.03.1990, Bull.civ. IV 1990, Nr. 67.

[613] Stoufflet, JCP 2006, 19, 21.

[614] Aynès, RD 2006, 1301, 1302; vgl. hierzu auch Fn. 618.

rungsrecht und ermöglicht ihm eine Befriedigung außerhalb des insolvenzrechtlichen Verteilungsverfahrens.

cc) Vorrang vor privilegierten Gläubigern

Der Gläubiger eines Forderungspfandrechts hätte auch Vorrang vor den privilegierten Gläubigern des Schuldners, wenn ihm ein fiktives Zurückbehaltungsrecht an der Forderung zustünde (Art. L.642-25 c.com.).

Nach klassischer Literaturansicht ist ein Zurückbehaltungsrecht nur an körperlichen Sachen, nicht aber an Forderungen vorstellbar.[615] Diese Meinung wird auch heute noch mit der Begründung vertreten, Art. 2286 Nr. 4 c.civ. stelle lediglich auf die *gage* ab.[616] Der Wortlaut dieser Bestimmung spricht aber ebenso für die Gegenansicht: Art. 2286 Nr. 4 c.civ. stellt nicht mehr auf einen Gewahrsam des Gläubigers ab („*sans dépossession*") und gewährt ein Zurückbehaltungsrecht nicht nur an körperlichen Gegenständen, sondern allgemein an Sachen („*chose*").

Nach der hier vertretenen Ansicht ist daher davon auszugehen, dass der Gesetzgeber den Begriff „*gage*" im konkreten Zusammenhang als Oberbegriff für Pfandrechte an körperlichen und unkörperlichen Sachen verwendet und ein fiktives Zurückbehaltungsrecht auch an *zivilrechtlichen* und *gewerblichen Forderungen* gewähren will (Artt. 2286 Nr. 4, 2355 Abs. 4 c.civ.).[617]

dd) Prioritätskonflikte mit konkurrierenden Sicherungsrechten

Konflikte verschiedenartiger Forderungspfandrechte werden schon dadurch vermieden, dass ihnen unterschiedliche Anwendungsbereiche zugewiesen sind. Es stellt sich aber die Frage, wie Prioritätskonflikte mit gleichartigen Pfandrechten oder später bestellten Sicherungsabtretungen zu lösen sind. Nach erfolgter Verpfändungsanzeige kann der Drittschuldner nur noch an den Pfandgläubiger mit befreiender Wirkung leisten (Artt. 2363 f. c.civ, L.313-28 c.mon.fin.). Der Pfandgläubiger genießt daher eine Exklusivitätsstellung, die ihm absoluten Vorrang vor allen übrigen Gläu-

---

[615] Legeais, *Sûretés et garanties du crédit*, Rn. 511.
[616] Legeais, *Sûretés et garanties du crédit*, Rn. 511.
[617] Dammann/Podeur, RD 2008, 2300; Piedelièvre, RD 2008, 2950, 2951; Dies gilt nicht nur für das *nantissement* (Art. 2286 Nr. 4 c.civ.), sondern mangels spezieller Vorschriften auch für das *Pfandrecht an gewerblichen Forderungen* (Art. 2355 Abs. 4 c.civ.).

bigern, selbst vor Zessionaren gewährt.[618] Für den Vorrang eines Pfandrechts vor später vorgenommen Sicherungsabtretungen spricht außerdem der Grundsatz, dass eine abgetretene Forderung mitsamt den bereits bestellten, drittwirksamen Pfandrechten auf den Gläubiger übergeht.[619]

Auch im Zusammenhang mit Forderungspfandrechten hält das französische Recht also streng am Prioritätsprinzip fest.

---

[618] Legeais, *Sûretés et garanties du crédit*, Rn. 502.

[619] Zum Übergang akzessorischer Pfandrechte vgl. bereits Kapitel 2, C, I, 3, c), bb), S. 89 f.

II. Das *nantissement* im Vergleich zur deutschen Sicherungsabtretung

1. Allgemeines

a) Generelle Ausrichtung von *nantissement* und Sicherungsabtretung

Während das *nantissement* gesetzlich abschließend geregelt ist, wurde die *Sicherungsabtretung* auf Basis der einfachen Forderungsabtretung richterrechtlich fortentwickelt. Der bedeutendere Unterschied zwischen beiden Sicherungsinstrumenten besteht jedoch darin, dass es sich beim *nantissement* um ein Pfandrecht an Forderungen handelt, während mit der *Sicherungsabtretung* die volle Inhaberschaft an der Forderung auf den Gläubiger übertragen wird. Trotz dieser Unterschiede soll im Folgenden untersucht werden, ob beide Konzepte funktionell vergleichbar sind.

b) Anwendungsbereich von *nantissement* und Sicherungsabtretung

Beide Sicherungsinstrumente greifen auf Forderungen als Sicherungsgegenstand zurück. Während jedoch das *nantissement* nur Anwendung findet, wenn die Verpfändung von Forderungen nicht spezialgesetzlich geregelt ist (Art. 2355 c.civ.), ist der Anwendungsbereich der deutschen *Sicherungsabtretung* grundsätzlich unbeschränkt und kann ohne Weiteres auch gewerbliche Forderungen betreffen.[620]

2. Drittwirksamkeitsvoraussetzungen von *nantissement* und Sicherungsabtretung

a) Vereinbarung und Formvorschriften

Sowohl *Sicherungsabtretung* als auch *nantissement* verlangen nur ein Minimum vertraglicher Eckdaten wie die Identität der Sicherungsparteien und die Angabe der zu verpfändenden oder abzutretenden Forderung.

Die *Sicherungsabtretung* entfaltet ihre Wirksamkeit bereits mit formlosem Abschluss eines dinglichen Abtretungsvertrages, während das *nantissement* erst mit Abschluss eines schriftlichen Pfandvertrages entsteht (Artt. 2356, 2361 c.civ.).[621]

---

[620] Zur *Sicherungsabtretung* trotz eines Abtretungsverbotes (insbesondere gemäß §§ 354a HGB, 399 BGB) vgl. S. 95.

[621] Aus einer Zusammenschau des Art. 2356 c.civ. („*A peine de nullité, le nantissement de créance doit être conclu par écrit. Les créances [...] sont désignées dans l'acte*") und des Art. 2361 c.civ. („*Le nantissement [...] prend effet entre les parties [...] à la date de l'acte*") ergibt sich, dass mit „*acte*" nicht der Vertragsschluss als solcher, sondern die schriftliche Urkunde gemeint ist. Denkbar ist zwar eine Rückdatierung des schriftlichen Vertrages. Eine solche unzulässige Rückdatierung würde jedoch Schadensersatzansprüche begründen, sobald Dritte – beispielsweise konkurrierende Sicherungsgläubiger – hierdurch Schaden erlitten.

b) Publizität

Nantissement und *Sicherungsabtretung* haben gemeinsam, dass sie zu ihrer Drittwirksamkeit keines besonderen Publizitätsaktes bedürfen (Artt. 2361, 2356 c.civ.). Allerdings kann der Gläubiger durch Vornahme einer Abtretungs- bzw. Verpfändungsanzeige an den Drittschuldner verhindern, dass letzterer mit befreiender Wirkung an den Schuldner leistet (§ 407 Abs. 1 BGB, Art. 2362 f. c.civ.). Trotz dieses Vorteils ist eine solche Abtretungsanzeige im deutschen Recht völlig unüblich.

c) Interessenkollisionen und Grenzen der Privatautonomie

Das einer *Globalzession* immanente Risiko einer Übersicherung des Gläubigers wird im deutschen Recht vor allem durch die oben erwähnten Freigabeklauseln minimiert, im französischen Recht hingegen dadurch, dass der Gläubiger im Verwertungsfall einen etwaigen Mehrerlös an den Schuldner auszahlen muss (Art. 2366 c.civ.).

3. Sicherungsgegenstand von *nantissement* und Sicherungsabtretung

Sowohl *nantissement* als auch *Sicherungsabtretung* können als Sicherungsgegenstand künftige Forderungen oder Forderungsmehrheiten erfassen, solange diese nur im Zeitpunkt ihres Übergangs bestimmbar sind.

Das *nantissement* weist gegenüber der *Sicherungsabtretung* den Vorteil auf, dass dieselbe Forderung mehrfach als Sicherungsgegenstand für verschiedene Gläubiger verwendet werden kann. Im Rahmen der *Sicherungsabtretung* verliert der Schuldner bereits mit der ersten Abtretung seine Berechtigung an der Forderung – auch ein gutgläubiger Erwerb vom nichtberechtigten Schuldner kommt für Forderungen nicht in Betracht.

4. Verwertung von *nantissement* und Sicherungsabtretung in der Insolvenz des Schuldners

a) Nichtigkeit in der Verdachtsperiode

Die Nichtigkeit eines während der Verdachtsperiode bestellten *nantissement* (Art. L.632-1 Abs. 1 Nr. 6 c.com.) ist mit der deutschen Insolvenzanfechtung nach §§ 129 ff. InsO vergleichbar.[622]

Auch die insolvenzrechtliche Behandlung künftiger Forderungen ist vergleichbar: Das *nantissement* ist auch ohne die Vornahme einer Verpfändungsanzeige oder eines anderen Publizitätsaktes wirksam, und zwar selbst dann, wenn die verpfändete Forderung erst in der Verdachtsperiode entsteht. Auch die *Sicherungsabtretung* künftiger Forderungen ist insolvenzfest, wenn der Abtretungsvertrag schon vor Eröffnung des Insolvenzverfahrens abgeschlossen wurde und der Rechtsgrund der künftigen Forderung schon in diesem Zeitpunkt angelegt ist.

b) Verwertungsmöglichkeiten

Obwohl die *Sicherungsabtretung* dem Gläubiger grundsätzlich die Inhaberschaft der Forderung verleiht, steht diesem nicht das Recht zu, die abgetretene Forderung selbst einzuziehen. Vielmehr wird die Forderung aus rechtspolitischen Gründen als zur Insolvenzmasse gehörig betrachtet, so dass das Einziehungsrecht allein dem Insolvenzverwalter zusteht (§ 166 Abs. 2 InsO). Der Gläubiger hat in der Insolvenz des Schuldners lediglich ein Absonderungsrecht und wird letztlich nur wie ein Pfandgläubiger behandelt.[623]

Die Vergleichbarkeit mit dem *nantissement* drängt sich damit auf. Auch nach französischem Recht gehört die verpfändete Forderung nämlich grundsätzlich zur Insolvenzmasse des Schuldners. Allerdings muss sich der französische Gläubiger nicht auf eine fremdgesteuerte Verwertung der Forderung und ein Absonderungsrecht am Verwertungserlös verweisen lassen. Vielmehr kann er im Wege einer gerichtlichen Zuweisung die Aussonderung der Forderung und damit eine Umgehung des *pari passu*-Grundsatzes bewirken. Eine noch bessere und einfachere Art der Verwertung, welche die Anrufung eines Insolvenzrichters entbehrlich macht, ist die Vereinbarung einer Verfallklausel. Sie verleiht dem Gläubiger im Insolvenzfalle das Recht,

---

[622] Zur Vergleichbarkeit dieser Institute vgl. bereits Kapitel 2, B, I, 3, b), S. 68.
[623] Zu dieser Diskussion vgl. bereits S. 70.

die verpfändete fällige Forderung selbst beim Drittschuldner einzuziehen (Artt. 2363 ff. c.civ.).

Um eine Bereicherung des Gläubigers zu verhindern, ist dieser zur Herausgabe eines etwaigen Differenzbetrages verpflichtet (Art. 2366 c.civ.).

Sowohl das *nantissement* – mit den Verwertungsmodalitäten der gerichtlichen Zuweisung und der Verfallklausel – wie auch die *Sicherungsabtretung* bieten dem Gläubiger in der Schuldnerinsolvenz die Möglichkeit, eine vorrangige Befriedigung aus dem Erlös zu erzielen und damit den Grundsatz der gleichmäßigen Gläubigerbefriedigung zu durchbrechen.

c) **Prioritätskonflikte von *nantissement* und Sicherungsabtretung**

Sowohl *Sicherungsabtretung* als auch *nantissement* halten grundsätzlich strikt am Prioritätsgrundsatz fest. Eine Ausnahme wird lediglich im Rahmen der *Sicherungsabtretung* gemacht, wenn diese mit einem Eigentumsvorbehalt zusammentrifft.[624]

---

[624] Zu Prioritätskonflikten von *Sicherungsabtretung* und *nantissement* vgl. Kapitel 2, C, II, 3, c), S. 98 f. und Kapitel 3, B, I, 4, c), S. 154 f.

C. Kritische Würdigung der französischen und deutschen Lösungsansätze

I. Unterscheidung zwischen körperlichen Gegenständen und Rechten

So wie im deutschen Recht zwischen Eigentumssicherheiten an körperlichen Gegenständen (*Sicherungsübereignung* oder *Eigentumsvorbehalt*) und Forderungen (*Sicherungsabtretung*) unterschieden wird, so werden auch französische Pfandrechte in solche an körperlichen Gegenständen (gage und *gage des stocks*) und Forderungen (*nantissement*) eingeteilt. Diese Dualität trägt zwar der unterschiedlichen Natur der Sicherungsgegenstände Rechnung, zeigt aber zugleich, wie inkonsequent der französische Gesetzgeber bei der Reform des Kreditsicherungsrechts war: Die fast zeitgleich mit der Reform vorgenannter Pfandrechte eingeführte *fiducie* bezieht sich gleichermaßen auf körperliche wie unkörperliche Sachen und enthält hinsichtlich letzterer nur wenige Sondervorschriften.

II. Kodifikation der französischen Pfandrechte

Wie bereits im Rahmen der *fiducie* dargestellt, lässt sich trefflich darüber streiten, ob eine übersichtliche Kodifikation, wie sie den französischen Pfandrechten zugrunde liegt, oder vielmehr ein hoher Gestaltungsspielraum für die Kreditsicherungspraxis, wie er aufgrund der fehlenden Kodifikation für *Sicherungsübereignung* und *Sicherungsabtretung* zu bejahen ist, vorteilhafter ist.

III. Persönlicher und sachlicher Anwendungsbereich

Der persönliche und sachliche Anwendungsbereich der französischen Pfandrechte ist grundsätzlich genauso wenig beschränkt wie derjenige der deutschen Eigentumssicherheiten. Eine Einschränkung ergibt sich aber daraus, dass die zahlreichen speziell geregelten Pfandrechte als *leges speciales* fortbestehen und die neu eingeführten Pfandrechte gage und *nantissement* hinter diesen zurücktreten.

IV. Vertragliche Anforderungen

Die Formvorschriften, welche zur Begründung französischer Pfandrechte erfüllt sein müssen, stellen im Vergleich zur Formlosigkeit der Begründung deutscher Mobiliarsicherheiten keinen gravierenden Nachteil dar. Denn auch in Deutschland werden die Parteien ein Interesse daran haben, eine klare und eindeutige vertragliche Vereinbarung zu treffen.

V. Konsequenzen des (fehlenden) Publizitätssystems

Unglücklicherweise hat der französische Gesetzgeber keine einheitliche Publizitätsregelung für die besitzlosen Pfandrechte getroffen: Während die *gage* zur Drittwirksamkeit einer Registereintragung bedarf, erfordert das *nantissement* keine Registrierung. Das Pfandrecht an Forderungen wird nämlich schon mit Abschluss des Sicherungsvertrages drittwirksam.

Es stellt sich die Frage, ob die Registerpublizität der *gage* vorteilhaft gegenüber der deutschen Publizitätslosigkeit ist.

1. Fehler- und Missbrauchsrisiko

Die für die *gage* erforderliche Registereintragung erfolgt durch einen Registerbeamten und bedarf der Zustimmung des Schuldners, wodurch missbräuchlichen Eintragungen durch den Gläubiger vorgebeugt werden soll. Ein solches Missbrauchsrisiko besteht in Deutschland schon deshalb nicht, weil es an jeglicher Eintragungsmöglichkeit der Sicherungsübereignung fehlt.[625]

2. Täuschung des Rechtsverkehrs

Im Gegensatz zum *fiducie*-Register kann das *gage*-Register öffentlich eingesehen werden.

Insbesondere interessierte Dritte und potentielle Kreditgeber erfahren dadurch einen gewissen Schutz, dass sie über die Existenz der Sicherheit informiert werden und die Möglichkeit erhalten, das Risiko einer möglichen Zahlungsunfähigkeit des Schuldners besser einzuschätzen. Zwar ist es nach einer in der Literatur vertretenen Ansicht zweifelhaft, ob die Registerpublizität praktische Relevanz für die Kreditvergabepraxis hat. Denn die Vergabe von Krediten hänge heutzutage nicht von einer Momentaufnahme der schuldnerischen Vermögenslage ab, welche sich jederzeit ändern könne. Entscheidend sei vielmehr die Solvenz und Umsatzstärke des Schuld-

---

[625] Hierzu vgl. bereits die Diskussion unter Kapitel 2, D, VI, S. 103.

ners.[626] Allerdings geben die bereits bestehenden Sicherheiten nach Ansicht der Verfasserin zumindest Anhaltspunkte für die Solvenz des Schuldners, so dass die Registerpublizität durchaus zum Schutz des Rechtsverkehrs beiträgt.

Es darf allerdings bezweifelt werden, dass potentielle Gläubiger tatsächlich vor einem Irrtum über die wahre Vermögenslage geschützt werden können. Denn das *gage*-Register ist nach Schuldnern geordnet und gibt lediglich Auskunft über die vom Schuldner verpfändeten Gegenstände. Es sagt jedoch nichts darüber aus, ob diese Gegenstände nach der Verpfändung veräußert wurden. Noch wichtiger ist allerdings, dass interessierte Dritte durch das Schweigen des Registers den Eindruck erhalten könnten, die sich noch im Besitz des Schuldners befindlichen Gegenstände seien unbelastet. Dies mag im Einzelfall zutreffen. Es darf jedoch nicht verkannt werden, dass das Pfandrechtsregister keine Auskunft über die Eigentumsverhältnisse an den Gegenständen gibt. Sie könnten noch im Eigentum eines Rechtsvorgängers – beispielsweise eines Eigentumsvorbehaltsverkäufers oder Leasinggebers – stehen oder bereits – beispielsweise im Wege der *fiducie* – zur Sicherheit an einen anderen Gläubiger übereignet worden sein. Der Schuldner könnte den Besitz an den Gegenständen auch als Gläubiger eines Besitzpfandrechtes oder unrechtmäßig erlangt haben. Schließlich mag der Schuldner zwar Eigentümer der Gegenstände sein. Dies schließt aber nicht aus, dass die Gegenstände durch einen Rechtsvorgänger des Schuldners verpfändet wurden. Ein solches Pfandrecht wäre im Register nicht unter dem Namen des Schuldners auffindbar.

Nur solange man sich darüber im Klaren ist, dass das Register aufgrund seines beschränkten Informationsflusses zwar kein Bild über die Eigentumsverhältnisse an den Sicherungsgegenständen, wohl aber über drittwirksam bestellte Sicherungsrechte bietet, ist die Registerpublizität der *gage* im Vergleich zur Publizitätslosigkeit der *Sicherungsübereignung* vorteilhaft.

3. Informationsquelle

Die Registereintragung informiert Dritte darüber, welche Gegenstände der *gage*-Schuldner verpfändet hat. Insbesondere wird eine drohende Insolvenz anhand der Höhe des insgesamt besicherten Vermögens leichter erkennbar. Die Kehrseite dieses Informationsflusses ist aber, dass hiermit offen demonstriert wird, dass der

---

[626] Zum Für und Wider einer Registrierung vgl. Hromadka, JuS 1980, 89, 93 f; Melsheimer, *Sicherungsübereignung oder Registerpfandrecht*, 22-33, 83ff.

Schuldner auf Fremdkapital angewiesen ist. Wenn schon die wenigsten Schuldner ein Interesse an einer solchen Bekundung haben, so gilt dies umso mehr für all die übrigen persönlichen und geschäftlichen Informationen des Schuldners, über welche das Register Auskunft gibt. Indem das Register die Sicherungsparteien, den Sicherungsgegenstand sowie Art und Höhe der gesicherten Forderung offenlegt, verrät es dem Einsicht nehmenden Dritten, mit wem der Schuldner in Geschäftsbeziehungen steht und wie dieses Geschäft näher ausgestaltet ist. Privatsphäre und Geschäftsgeheimnis werden durch die Publizitätslosigkeit der *Sicherungsübereignung* besser geschützt.

Einen großen Vorteil bietet die Registrierung aber im Rahmen von Prioritätskonflikten zwischen Sicherungsgläubigern: Eine *gage* entsteht mit ihrer Registereintragung (Art. 2337 c.civ.). Da eine Rückdatierung hierbei ausgeschlossen ist, wird die Rangfolge sukzessiver *gages* eindeutig durch die Reihenfolge ihrer Eintragungen festgelegt (Art. 2340 c.civ.) und lässt sich mit einem einfachen Blick in das jeweilige Register bestimmen. Dennoch ist diese transparente Rangfolge dem deutschen System nicht überlegen, da es bei der *Sicherungsübereignung* von vornherein nicht zu Prioritätskonflikten kommen kann.

4. Aufwand und Kosten

Die Publizität der *gage* beruht auf einem transaktionsbezogenen Registrierungssystem, erfordert also die Einreichung ganzer Verträge. Aufwand und Kosten entstehen außerdem dadurch, dass die Eintragungen und Änderungen im Register stets der Mitwirkung eines Registerbeamten bedürfen. Allerdings kann das elektronische Register völlig kostenlos und unkompliziert via Internet eingesehen werden.[627] Lediglich weitere Anfragen beim Handelsgericht sind mit Kosten und Gebühren verbunden.

Das Registrierungssystem der *gage* unterliegt damit lediglich minimalen formalistischen Anforderungen. Die mit den Informationsmöglichkeiten verbundenen Vorteile überwiegen diejenigen der Publizitätslosigkeit der *Sicherungsübereignung*, welches mangels Registrierungserfordernisses absolut kostenneutral ist.

---

[627] Zur Einsicht in das elektronische Register vgl. bereits Fn. 474.

5. Zeitfaktor

Wie bereits gesehen, bestimmt sich die Rangfolge konkurrierender *gages* nach der Reihenfolge ihrer Eintragungen (Art. 2340 c.civ.). Diese werden anhand der eingereichten Vertragsunterlagen vom Registerbeamten vorgenommen. Neben den hiermit verbundenen Verzögerungen kann sich auch ein weiteres Problem ergeben: Wenn sich am selben Tag verschiedene Sicherungsverträge im Postfach des Registerbeamten befinden, kann dieser häufig nicht feststellen, welcher Sicherungsvertrag zuerst eingeworfen wurde. In diesem Fall kommt beiden Pfandrechten derselbe Rang zu. Es wäre jedenfalls ein Leichtes, dieses Problem durch Einführung eines elektronischen Registers mit Echtzeiteingabe zu verhindern.

Die deutsche Regelung erscheint insofern als weniger willkürlich, als die *Sicherungsübereignung* ohne Verzögerung im Zeitpunkt des dinglichen Vollzugsgeschäfts entsteht.

6. Flexibilität

Solange der Vertrag Sicherungsobjekt und gesicherte Forderung nur weit genug definiert, kann die *Sicherungsübereignung* auch andere Forderungen des Gläubigers absichern und weitere Sicherungsgegenstände erfassen.[628] Das französische, transaktionsbezogene Registrierungssystem macht hierzu wiederholte Registereintragungen erforderlich und erweist sich damit als weniger flexibel.

7. Mehrfache Besicherung

Die Registerpublizität der *gage* eröffnet die Möglichkeit, denselben Gegenstand durch erneute Registereintragungen mehrfach zu verpfänden. Hingegen ist es mangels Registerpublizität oder entsprechenden gesetzlichen Bestimmungen im Zusammenhang mit der *Sicherungsübereignung* nicht möglich, den Sicherungsgegenstand auch als Sicherheit für andere Gläubiger zu verwenden.[629]

---

[628] Vgl. hierzu bereits unter Kapitel 2, D, VI, 5, S. 105.

[629] Zur sukzessiven Bestellung der *gage* vgl. bereits Kapitel 3, A, I, 3, d), dd), S. 127; Zur fehlenden Möglichkeit einer mehrfachen Besicherung im Rahmen der *Sicherungsübereignung* vgl. bereits Kapitel 2, D, VI, 6, S. 106.

8. Fazit

Im Gegensatz zur nachteiligen Registerpublizität der *fiducie* erweist sich das Registrierungssystem der *gage* als zeitgemäß und zum Schutz des Rechtsverkehrs durchaus geeignet, solange man sich des beschränkten Informationsgehaltes des Registers bewusst ist. Im Vergleich zur publizitätslosen *Sicherungsübereignung* können sich interessierte Dritte – insbesondere potentielle Kreditgeber – schnell, unkompliziert und kostenlos davon überzeugen, ob der Schuldner einen Sicherungsgegenstand einer bestimmten Kategorie bereits verpfändet hat. Dies genügt, um ein erstes Bild von den finanziellen Verhältnissen des Schuldners zu gewinnen und ihn gegebenenfalls zu veranlassen, detaillierte Auskünfte beim zuständigen Handelsgericht einzuholen. Die bürokratischen Anforderungen wurden auf ein Minimum beschränkt und die Transparenz bei der Rangbestimmung konkurrierender Gläubiger ist im Vergleich zum deutschen System deutlich erhöht.

VI. Taugliche Sicherungsgegenstände

Sowohl die deutschen Eigentumssicherheiten wie auch die französischen Pfandrechte ermöglichen dem Schuldner, künftige Gegenstände oder Forderungen, Sachgesamtheiten oder Forderungsmehrheiten als Sicherungsgut zu verwenden, solange diese nur hinreichend bestimmbar sind.

VII. Verwertung des Sicherungsgutes in der Insolvenz des Schuldners

1. Nichtigkeit in der Verdachtsperiode

Während deutsche Eigentumssicherheiten lediglich nach §§ 129 ff. InsO anfechtbar sind, werden die französischen Pfandrechte mit Eröffnung des Insolvenzverfahrens automatisch unwirksam. Wie bereits im Rahmen der *fiducie* angesprochen, erscheint jedoch die Anfechtbarkeit der deutschen Eigentumssicherheiten unter dem Aspekt der Rechtssicherheit vorzugswürdig.

2. Prioritätskonflikte

Sowohl die französischen Pfandrechte wie auch die deutschen Eigentumssicherheiten verleihen dem Gläubiger eine exklusive und starke Rechtsposition in der Insolvenz. Während das französische Recht jedoch streng am Prioritätsgrundsatz festhält, kennt das deutsche Recht lediglich Prioritätskonflikte mit Pfandrechten. Das französische Recht verfolgt das Prioritätsprinzip konsequenter als das deutsche und ist unter dem Aspekt der damit verbundenen Rechtsklarheit vorzugswürdig.

3. **Verwertungsmöglichkeiten in der Insolvenz des Schuldners**

Während die französischen Pfandrechte dem Gläubiger ein eigenes Aussonderungs- und Verwertungsrecht zuerkennen, werden deutsche Sicherungsgläubiger darauf verwiesen, ihr Absonderungsrecht gegenüber dem Insolvenzverwalter geltend zu machen. Letztlich verfolgen jedoch beide Rechtsordnungen dasselbe Ziel, nämlich die Sanierungschancen notleidender Unternehmen zu erhöhen.

Kapitel 4

ABSCHLIESSENDE BETRACHTUNG DES DEUTSCHEN UND DES FRANZÖSISCHEN MOBILIARSICHERUNGSRECHTS

Abschließend soll beurteilt werden, ob die jüngsten französischen Reformen die im deutsch-französischen Rechtsverkehr bestehenden Anerkennungs- und Substitutionsprobleme beseitigen konnten und der richtige Schritt in Richtung Modernisierung und europäische Vereinheitlichung des Mobiliarsicherungsrechts waren. Es besteht ein genereller Konsens darüber, welchen Anforderungen Mobiliarsicherheiten genügen müssen, um als wirtschaftlich zeitgerecht zu gelten:[630] Sicherungsrechte sollten einen möglichst weiten Anwendungsbereich haben, gegenüber jedermann wirksam sein und über ein effektives Publizitätssystem verfügen. Weiterhin sollten nicht nur Bestellung und Aufrechterhaltung des Sicherungsrechts, sondern auch dessen Verwertung einfach und günstig sein.

A. ANWENDUNGSBEREICH DER BESITZLOSEN MOBILIARSICHERHEITEN

I. Pluralistische Konzeption

Der französische Gesetzgeber hatte zunächst vor, das Recht der Mobiliarsicherheiten entsprechend eines funktionalen, einheitlichen Ansatzes zu gestalten. Es wäre durchaus wünschenswert gewesen, alle Transaktionen unabhängig von ihrer dogmatischen Form als Sicherungsrecht zu behandeln, solange sie unter wirtschaftlichen Gesichtspunkten die Begleichung einer Schuld absichern sollen. Auf diese Art und Weise könnten auch solche Geschäfte als Sicherungsrecht erfasst werden, die – wie zum Beispiel Factoring oder Finanzierungsleasing – lediglich funktionell einen Sicherungszweck verfolgen.[631] Doch der Gesetzgeber hat hiervon bewusst Abstand

---

[630] Gedye/Cuming, *Personal Property Securities in New Zealand*, 3; McCormack, *Secured Credit under English and American Law*, 43, 70; SGECC, *Proprietary Security Rights in Movable Assets*.

[631] Ein solches einheitliches *security interest* wurde zunächst in den USA, später auch in einigen Provinzen Kanadas und in Neuseeland eingeführt, vgl. z.B. die Bestimmungen zum *security interest* in Sec. 17 Abs. 1 PPSA 1999 (NZ) oder Art. 9 UCC 1952 (US); Näher hierzu Gedye/Cuming, *Personal Property Securities in New Zealand*, 1; Ziegel, 28 ALR (1989-1990) 739-761; Auch das allgemeine besitzlose Registerpfandrecht des von der EBRD entwickelten Modell-

genommen und es aus Respekt vor der französischen Rechtstradition bei der pluralistischen Konzeption des Kreditsicherungsrechts belassen.[632] Das System der Kreditsicherheiten ist sowohl in Deutschland als auch in Frankreich zersplittert: Neben Pfandrechten an körperlichen Gegenständen und Forderungen können an diesen Sicherungsgegenständen ebenso gut Eigentumssicherheiten bestellt werden.

1. Körperliche und unkörperliche Sicherungsgegenstände

Die Unterscheidung zwischen körperlichen und unkörperlichen Sachen dürfte auf der traditionellen Sichtweise beruhen, dass tatsächliche Sachherrschaft nur über körperliche Sachen, nicht aber über Rechte ausgeübt werden kann.[633] Dass diese Unterscheidung auch im französischen Recht aufrecht erhalten wurde, ist insofern überraschend, als hier auch ein Besitz an Rechten anerkannt ist. Erstaunlicher ist diese Differenzierung umso mehr, als es für die Begründung besitzloser Mobiliarsicherheiten nicht einmal im Zusammenhang mit körperlichen Gegenständen auf die Übertragung tatsächlicher Sachherrschaft ankommt. Gerechtfertigt erscheint die Differenzierung lediglich in Bezug auf die Unterschiede, die sich im Rahmen der Drittwirksamkeitsvoraussetzungen und der Verwertung von Forderungen ergeben.

2. Pfandrechte und Eigentumssicherheiten

Darüber hinaus halten sowohl das deutsche als auch das französische Recht an der traditionellen Unterscheidung zwischen Eigentumssicherheiten und Pfandrechten fest, obwohl es hierfür keinen triftigen Grund gibt.[634] Denn zum einen dienen beide Rechtsinstitute demselben wirtschaftlichen Zweck – der Sicherung einer Forderung gegen den Schuldner. Zum anderen verschwimmen ihre Grenzen im Zuge der fortschreitenden gesetzgeberischen und richterrechtlichen Entwicklung. Wie die vorliegende Arbeit gezeigt hat, gesteht das französische Recht den Pfandgläubigern inzwischen eine so starke insolvenzrechtliche Position zu, dass sie derjenigen von Sicherungseigentümern gleicht.[635] Umgekehrt schwächt das deutsche Insolvenzrecht die dingliche Rechtsstellung des Sicherungseigentümers oder Zessionars so sehr, dass ihm – wie einem Pfandgläubiger – lediglich ein Absonderungsrecht an dem Si-

---

gesetzes für Sicherungsgeschäfte wurde nach dem Vorbild des Art. 9 UCC 1952 (US) entwickelt, vgl. Dageförde, ZEuP 1998, 686, 689.

[632] Lisanti, RD 2006, 2671, 2674; Simler, JCP 2006, 3, 4.
[633] Lisanti, RD 2006, 2671, 2674 f.
[634] Goode, 23 ICLQ (1974) 227, 263.
[635] Vgl. lediglich das Zurückbehaltungs- und Aussonderungsrecht der besitzlosen Pfandgläubiger.

cherungsgegenstand gewährt wird. Aufgrund dieser Annäherung ist es heute in keiner der beiden Rechtsordnungen gerechtfertigt, von Eigentumssicherheiten als den stärksten aller Sicherheiten zu sprechen.

3. Zersplitterung des französischen Systems der Mobiliarsicherheiten

Die Unterscheidung zwischen körperlichen und unkörperlichen Sachen sowie zwischen beschränkt dinglichen Rechten und Vollrechten ist in beiden Rechtsordnungen noch dogmatisch nachvollziehbar. Die Zersplitterung des französischen Systems geht jedoch weit über diese Differenzierung hinaus und wurde unverständlicherweise mit den jüngsten Reformen noch weiter auf die Spitze getrieben.

Statt die Unmenge der schon bisher bestehenden, spezialgesetzlich geregelten besitzlosen Pfandrechte zu harmonisieren und auf ein einziges Pfandrecht an Gegenständen (*gage*) und eines an Forderungen (*nantissement*) zu reduzieren, bestehen die speziellen Pfandrechte neben den neu eingeführten allgemeinen Pfandrechten *gage* und *nantissement* fort. Als wäre die daraus resultierende Verwirrung nicht schon groß genug, wurde ein neues Pfandrecht am Warenlager (*gage des stocks*) eingeführt.[636]

Die Aufrechterhaltung der speziellen Pfandrechte ist wohl größtenteils auf die traditionelle Unterscheidung zwischen zivil- und handelsrechtlichen Sicherheiten zurückzuführen, welche mit Einführung der *gage des stocks* sogar noch betont wurde.[637] Handelsrechtliche Sicherheiten sollen ihrer *ratio* zufolge dem Bedürfnis nach Leichtigkeit und Schnelligkeit des Handelsverkehrs entgegenkommen und nur solchen Unternehmern zur Verfügung stehen, welche wirtschaftlich erfahren sind. Das Nebeneinander zivil- und handelsrechtlicher Regelungen ist heute jedoch überholt: Denn zum einen ist der Anwendungsbereich von *gage* und *nantissement* weit genug, um auch handelsrechtliche Sicherungsgegenstände zu erfassen.[638] Zum anderen haben die obigen Ausführungen gezeigt, dass die Formalitäten von *gage* und *nantissement* oftmals leichter zu erfüllen sind als die der speziellen handelsrechtlichen

---

[636] Dammann, RD 2006, 1298; Legeais, JCP 2006, 12, 13, 16.

[637] Drobnig, RD 2007, 1488; Legeais, *Sûretés et garanties du crédit*, Rn. 410, 413, 443, 468.

[638] So ist es schwer nachvollziehbar, weshalb ein neues, handelsrechtliches Pfandrecht am Warenlager geschaffen wurde, vgl. Klein/Tietz, RIW 2007, 101, 103; Legeais, *Sûretés et garanties du crédit*, Rn. 468 ff; Simler, JCP 2006, 3, 4.

Vorschriften.[639] Die zivilrechtlichen Verpfändungsmöglichkeiten gewähren Privatpersonen also keinen besonderen Schutz mehr. Es ist aber diskriminierend, Gewerbetreibenden aufgrund des Spezialitätsgrundsatzes den Rückgriff auf die erleichterte zivilrechtliche Verpfändung zu verwehren.[640]

Neben die überkommene Sonderbehandlung handelsrechtlicher Pfandrechte treten weitere Missstände: So muss für die Verpfändung „sonstiger Rechte" teilweise auf spezialgesetzliche Regelungen, teilweise aber auch auf die völlig unpassenden Vorschriften über die Verpfändung körperlicher Gegenstände zurückgegriffen werden.

Auch das System der Eigentumssicherheiten ist unnötig zersplittert: So wurde mit Einführung der *fiducie* eine Eigentumssicherheit geschaffen, welche zwar im Bereich körperlicher Gegenstände völlig gerechtfertigt ist. Während nämlich der Eigentumsvorbehalt eine Sicherheit vor allem für Warenkredite darstellt, kann die *fiducie* auch Geldgebern zugutekommen. Hingegen sorgen im Zusammenhang mit Forderungen inzwischen drei verschiedene Eigentumssicherheiten für unnötige Komplexität: Neben die *Sicherungsabtretung gewerblicher Forderungen* sowie die erst kürzlich eingeführte *fiducie* an Forderungen tritt die *einfache Sicherungsabtretung*, deren Zulässigkeit mittlerweile nichts mehr im Wege steht.[641]

Die jüngsten Reformen ließen bedauerlicherweise die Chance ungenutzt, eine einheitliche, systematische Regelung einzuführen. Stattdessen sorgten sie mit Einführung von *gage, gage des stocks, nantissement* und *fiducie* auf der einen Seite sowie der Anerkennung der *einfachen Sicherungsabtretung* auf der anderen Seite für eine noch größere Unübersichtlichkeit und Inkohärenz des französischen Kreditsicherungssystems.[642]

---

[639] Im Rahmen des *Pfandrechts am Warenlager* beispielsweise muss der Schuldner den Bestand des Warenlagers sicherstellen, indem er dieses gegen Brand und Zerstörung versichert, eine Bestandsaufnahme über dieses anfertigt und über dieses Buch führt. Auch der Wert des Warenlagers darf nicht geschmälert werden, die Verwertung hängt von möglicherweise schwerfälligen Bewertungsverfahren und Expertisen ab; vgl. zu alledem Legeais, *Sûretés et garanties du crédit*, Rn. 468 ff, 485 ff; Legeais, JCP 2006, 12, 16 f.

[640] Drobnig, „Vergleichender Generalbericht" in Kreuzer, *Mobiliarsicherheiten - Vielfalt oder Einheit?*, 9, 19; Legeais, JCP 2006, 12, 16.

[641] Es darf jedoch bezweifelt werden, dass sie in der Praxis großen Anklang finden wird. Auf Rechtssicherheit bedachte Praktiker werden die Normierung dieses Rechtsinstituts abwarten.

[642] Dammann, RD 2006, 1298, 1299; Legeais, JCP 2006, 12, 13; Borga, RD 2010, 2201, Rn. 8.

Letztlich bieten weder die deutsche noch die französische Rechtsordnung eine Einheitslösung für alle Sicherungsmechanismen. Das deutsche Kreditsicherungsrecht ist dem französischen jedoch in Sachen Transparenz und Übersichtlichkeit überlegen.

II. Anwendungsbereich der deutschen sowie der französischen Mobiliarsicherheiten

Wie bereits eingangs dargelegt, stellen sich die Anerkennungsprobleme im deutsch-französischen Rechtsverkehr weitgehend als deutsches Problem dar. Vor allem Sicherungsgut, das zur Sicherheit übereignet worden war, konnte nicht nach Frankreich verbracht werden, ohne dass der Gläubiger den Untergang seiner Sicherheit befürchten musste.[643] Es soll daher im Folgenden untersucht werden, ob sich diese Situation mit den jüngsten französischen Reformen geändert hat und ob sich im französischen Recht mittlerweile ein Pendant zu *Sicherungsübereignung* und *Sicherungsabtretung* findet. Für diesen Vergleich kommen nicht nur die französischen Eigentumssicherheiten, sondern auch die neuen besitzlosen Pfandrechte in Betracht, da ihr Mechanismus wirtschaftlich durchaus mit besitzlosen Eigentumssicherheiten vergleichbar ist.

Sowohl die *Sicherungsübereignung* körperlicher Gegenstände als auch die *Sicherungsabtretung* von Forderungen steht uneingeschränkt jedem Schuldner zur Verfügung, um Schulden aller Art abzusichern. Auch hinsichtlich der Sicherungsgegenstände stoßen diese Sicherheiten auf keine inhärenten Schranken.

Auch Frankreich hat mit *gage, nantissement, fiducie* und *einfacher Sicherungsabtretung* zivilrechtliche Mobiliarsicherheiten geschaffen, deren Besitzlosigkeit ihnen einen enorm weiten Anwendungsbereich verleiht. Sie kommen den Anforderungen der modernen Wirtschaft besonders mit der Möglichkeit entgegen, auch künftige oder veränderliche[644] Sicherungsgegenstände zu belasten oder künftige Forderungen oder Forderungsmehrheiten abzusichern.

Im Grunde genommen sind diese Sicherungsrechte so universell und flexibel, dass sie alle Arten von Sicherungsgegenständen unter allen nur erdenklichen Umständen

---

[643] Zu diesen Anerkennungs- und Substitutionsproblemen vgl. Kapitel 1, A, II, 4, S. 7.

[644] Lediglich die *fiducie* kann aufgrund des Unmittelbarkeitsprinzips grundsätzlich keine Surrogate erfassen, vgl. hierzu die Ausführungen auf Kapitel 2, B, I, 2, c), dd), (3), S. 35.

erfassen könnten. Ihr Anwendungsbereich wird jedoch durch die zahlreichen, spezialgesetzlich geregelten Sicherungsrechte beträchtlich eingeschränkt, hinter denen sie aufgrund des Spezialitätsgrundsatzes zurücktreten müssen. Eine weitere Einschränkung des persönlichen Anwendungsbereichs findet bedauerlicherweise im Rahmen der *fiducie* statt.[645] Für die Frage, welchem französischen Sicherungsrecht die deutschen Eigentumssicherheiten am ehesten entsprechen, sind daher auch die speziellen Pfandrechte und Eigentumssicherheiten des französischen Rechts in Erwägung zu ziehen.

B. Drittwirksamkeit der Mobiliarsicherheiten

Das französische Recht unterscheidet zwischen der Wirksamkeit des Sicherungsrechts im Innenverhältnis der Parteien einerseits (*validité*) und im Verhältnis zu Dritten andererseits (*opposabilité*). Im deutschen Recht hingegen sind keine dinglichen Rechte vorstellbar, die nur zwischen den Parteien wirksam wären. Da Mobiliarsicherheiten letztlich in beiden Rechtsordnungen nur dann ihre volle Wirkung entfalten können, wenn sie drittwirksam sind, sind die konzeptionellen Unterschiede nicht allzu groß.

Beide Rechtsordnungen verlangen für sämtliche Sicherungsrechte eine übereinstimmende Willenserklärung der Parteien. Während die in Frankreich erforderliche Einigung nach deutschem Rechtsverständnis eher auf schuldrechtlicher Ebene anzusiedeln ist und einen Konsens über einige *essentialia negotii* verlangt, kommt es in Deutschland in erster Linie auf eine dingliche Einigung über den Eigentumsübergang an. Die Vereinbarung der wesentlichen Vertragsbedingungen spielt lediglich für das schuldrechtliche Kausalgeschäft eine Rolle, entspricht aber inhaltlich weitgehend den französischen Anforderungen an den Sicherungsvertrag.

Der größte Unterschied zwischen beiden Rechtsordnungen ist aber wohl der, dass zumindest die Drittwirksamkeit besitzloser Mobiliarsicherheiten in Frankreich stets an ein Schriftformerfordernis und in der Regel auch an ein Registrierungserfordernis

---

[645] Es wäre ratsam, die *fiducie* für alle natürlichen und juristischen Personen zu öffnen. Eine Einschränkung ist für Sicherungsrechte zum einen nicht erforderlich und könnte zum anderen auch anders bewerkstelligt werden. So wäre es denkbar, nur solche Gläubiger zuzulassen, die nicht von der Geschäftsführung ausgeschlossen, insolvent, vorbestraft oder beruflich sanktioniert sind, vgl. Marini, RD 2007, 1347, 1348.

geknüpft ist,⁶⁴⁶ während das deutsche System auch eine formlose Vereinbarung der Sicherungsrechte zulässt und keinerlei Möglichkeit für eine Registrierung bietet. Diesem Punkt kommt für die Frage, welche französische Mobiliarsicherheit am ehesten mit den deutschen Eigentumssicherheiten vergleichbar und kompatibel ist, allergrößte Bedeutung zu.⁶⁴⁷

C. Effektivität der französischen Registerpublizität

Bevor jedoch die deutsch-französische Anerkennungsproblematik geklärt wird, soll der Frage nachgegangen werden, ob das französische Registersystem den Publizitätsanforderungen eines modernen Sicherungsrechts gerecht wird.

I. Vielzahl von Registern

Wie die obigen Ausführungen gezeigt haben, können fast alle Sicherungsrechte in ein Register eingetragen werden, das beim Handelsgericht am Sitz des Schuldners geführt wird (vgl. Artt. 2337 f. c.civ.). Allerdings unterscheiden sich die Fristen für die Eintragung, die Konsequenzen, die an eine solche Eintragung geknüpft sind, sowie die maximale Eintragungsdauer. Die Eintragung der *fiducie* in das nationale, elektronische Register erfolgt beim Finanzamt am Sitz des jeweiligen Gläubigers (Art. 2019 Abs. 1 c.civ.). Das französische Registrierungssystem ist also auch nach den Reformen noch stark zersplittert. Zeitgerechter wäre die Einführung eines zentralen, elektronisch geführten Registers für alle Sicherungsrechte. Zumindest jedoch sollte der Gesetzgeber von der Möglichkeit Gebrauch machen, auch für die *fiducie* ein öffentlich einsehbares elektronisches Register einzuführen.

II. Indexierung der Register

Frankreich ordnet Registereintragungen nach dem Namen des Schuldners. Dies hat den theoretischen Vorteil, dass alle beweglichen Sicherungsgegenstände eines Schuldners in einem Register zusammengefasst werden können. Indem jedoch das

---

⁶⁴⁶ Für einige Sicherungsrechte wie das *Pfandrecht an Betriebsgeräten und -anlagen* oder auch die *fiducie* ist eine Registerpublizität schon zur Wirksamkeit *inter partes* erforderlich; nur für die Begründung eines *nantissement* ist die Registrierung gänzlich entbehrlich.

⁶⁴⁷ Vgl. hierzu unten Abschnitt E.

französische Recht eine Vielzahl verschiedener Register vorsieht, macht es sich diesen Vorteil nicht zu Nutze.

Die Indexierung birgt aber vor allem die Gefahr, dass interessierte Dritte einer Täuschung über die Vermögenslage des Schuldners unterliegen. Das Fehlen eines Registereintrags unter dem Namen des Schuldners kann nämlich die unterschiedlichsten Ursachen haben.[648] Diese Gefahr würde minimiert, wenn die Register auch nach Sicherungsgegenständen durchsucht werden könnten. Eine solche Suchmöglichkeit ist vom französischen Recht aber weder vorgesehen[649] noch könnten mit einer solchen alle Sicherungsgegenstände erfasst werden. Denn nicht alle Gegenstände verfügen über Seriennummern oder andere Merkmale, die eine eindeutige Identifizierung zulassen.

III. Zugang zu den Registern

Grundsätzlich können alle Pfandregister am Wohn- oder Geschäftssitz des Schuldners eingesehen werden. Den Anforderungen der modernen Wirtschaft wäre jedoch mit der Einführung eines zentralen, elektronischen Registers besser gedient, welches rund um die Uhr für Onlineeintragungen und -durchsuchungen offensteht. Völlig unbefriedigend ist jedoch die Tatsache, dass das *fiducie*-Register überhaupt nicht öffentlich eingesehen werden kann.

IV. Transaktionsbezogenes Registrierungssystem

Französische Registereintragungen basieren generell auf einem transaktionsbezogenen Registrierungssystem. Jede Bestellung oder Aktualisierung eines Sicherungsrechts erfordert die wiederholte Vornahme von Registereintragungen, was diese Publizitätsform insbesondere für Transaktionen mit rasch wechselnden Sicherungsgegenständen ungeeignet erscheinen lässt. Besser geeignet wäre ein Mitteilungsregistrierungssystem (*notice filing system*), wie es beispielsweise das amerikanische und das neuseeländische Recht vorsehen. Das Mitteilungsregistrierungssystem erfordert nicht die Einreichung ganzer Verträge, sondern nur eines Finanzierungsberichtes (*financing statement*). Letzteres enthält nur ein Minimum an Informationen über das Sicherungsgeschäft und zeigt lediglich an, dass einer be-

---

[648] Zur Gefahr der Täuschung des Rechtsverkehrs vgl. Kapitel 3, C, V, 2, S. 162.
[649] Zu den Möglichkeiten, das Register zu durchsuchen, vgl. bereits Fn. 94.

stimmten Person möglicherweise ein Sicherungsrecht zusteht. Möchten interessierte Parteien Gewissheit über das in Frage stehende Sicherungsrecht erlangen, können sie nähere Informationen einholen.[650]

V. Verbesserungswürdigkeit der Registerpublizität

Das französische Registersystem ist in vielerlei Hinsicht verbesserungswürdig. Wünschenswert wäre die Einführung eines einheitlichen Registers für alle Sicherungsrechte, welches elektronisch geführt wird und den Parteien rund um die Uhr für direkte Eintragungen und Durchsuchungen offensteht.

Zugleich sollte eine eindeutige Regelung der Fragen erfolgen, welche durch die Einführung eines elektronischen Registers zwangsläufig aufgeworfen werden:

Der Name des Schuldners, der wohl auch für die Indexierung elektronischer Register ausschlaggebend bleiben dürfte, stellt eine potentielle Fehlerquelle dar: Denn zum einen können Namen Veränderungen unterliegen. Es sollte daher eindeutig festgelegt werden, welcher Name ausschlaggebend sein soll: Derjenige, den der Schuldner gegenwärtig trägt? Oder der, welcher in Geburts- oder Heiratsurkunde oder dem Personalausweis eingetragen ist?

Zum anderen ist zu beachten, dass der Gläubiger die exakte Schreibweise des Schuldnernamens nicht immer kennt. Zu denken ist insbesondere an Namen, die verschiedene Schreibweisen aufweisen (zum Beispiel „Meier" oder „Mayer"), oder an Umlaute, die das französische Alphabet nicht kennt (zum Beispiel „Müller" oder „Mueller"). Um Ungenauigkeiten bei der Registereintragung oder der Registersuche auszugleichen, empfiehlt sich die Verwendung eines Systems, das auch dann brauchbare Suchergebnisse anzeigt, wenn die Suchabfrage nicht exakt (*exact match*), sondern annähernd (*close match*) mit dem Eintrag in der Datenbank übereinstimmt.

Ideal wäre außerdem die Möglichkeit, das Register neben dem Namen des Schuldners auch nach Sicherungsgegenständen durchsuchen zu können.

---

[650] Vgl. Art. 9-210 UCC 1952 (US), Sec. 177 PPSA 1999 (NZ); Zu Art. 9 UCC 1952 (US) vgl. McCormack, *Secured Credit under English and American Law*, 77, 104.

D. Aufwand und Kosten für Bestellung, Aufrechterhaltung und Ausübung der französischen Mobiliarsicherheiten

Ob die Bestellung von Mobiliarsicherheiten in Frankreich günstig vorgenommen werden kann, besitzt ebenfalls Relevanz für die Frage, ob französische Mobiliarsicherheiten als modern betrachtet werden dürfen.

Das französische System der Mobiliarsicherheiten ist dermaßen undurchsichtig, dass sich nur geschäftserfahrene oder anwaltlich beratene Gläubiger darin zurechtfinden dürften und sich andere Gläubiger höchstwahrscheinlich abschrecken lassen.

Die Transaktionskosten selbst setzen sich aus den Gebühren und Kosten zusammen, die durch Registrierung, schriftliche Abfassung der Sicherungsverträge und deren Einreichung beim Registerbeamten entstehen. Da sich Registereinträge immer auf bestimmte Sicherungsverträge beziehen, muss jede Änderung und jede spätere Transaktion neu registriert werden. Auch der Einblick in das Register ist – wenn er überhaupt möglich ist – kostenintensiv und umständlich. Die Durchsuchung des Registers kann nämlich nicht online, sondern nur am Sitz des Schuldners vorgenommen werden.

Mangels eines zentralisierten, elektronischen Registers und eines Mitteilungsregistrierungssystems ist der bürokratische Aufwand also unnötig hoch.

E. Französisches Pendant zu den deutschen Eigentumssicherheiten

Die bisherigen Ausführungen haben gezeigt, dass mit der Aufhebung des Verbots der Verfallvereinbarung sowie mit der grundsätzlichen Anerkennung des Sicherungseigentums einer Transposition deutscher Eigentumssicherheiten in französisches Recht grundsätzlich nichts mehr im Wege steht. Ob - und wenn ja, welche - französischen Rechtsinstitute den deutschen Eigentumssicherheiten am ehesten entsprechen, soll nun untersucht werden.

Zu prüfen ist, ob die jeweilige deutsche Eigentumssicherheit hypothetisch auch unter dem Anwendungsbereich eines französischen Sicherungsrechts hätte begründet werden können und ob sie eher Parallelen zu einem Pfandrecht oder zu einer Eigentumssicherheit des französischen Rechts aufweist.

ABSCHLIESSENDE BETRACHTUNG DES MOBILIARSICHERUNGSRECHTS

Ausgehend von dem vordringlichen Sinn und Zweck der Mobiliarsicherheiten, dem Gläubiger eine starke Position in der Schuldnerinsovenz zu gewähren, stellt sich zunächst die Frage, ob die insolvenzrechtlichen Wirkungen eine Entscheidungshilfe bieten. Die vorliegende Arbeit hat gezeigt, dass die deutschen Eigentumssicherheiten in der Insolvenz des Schuldners lediglich ein Absonderungsrecht gewähren, während die französischen Eigentumssicherheiten dem Gläubiger durchweg eine Aussonderung ermöglichen. Letzteres trifft sogar auch auf die französischen Pfandrechte zu, wenn die Verwertung im Wege einer gerichtlichen Zuweisung oder eines Verfalls erfolgt. Auch die Verwertungsmöglichkeiten sind also nicht ausschlaggebend für die Entscheidung, ob Pfandrechte oder Eigentumssicherheiten das passende Pendant für die deutschen Eigentumssicherheiten sind.

Die Entscheidung könnte möglicherweise von einem Vergleich der Rangstellungen abhängen, die das jeweilige Sicherungsrecht verleiht. Mit den jüngsten französischen Reformen wurde letztlich eine Gleichstellung von Eigentumssicherheiten und Pfandrechten bewirkt. Aufgrund des (fiktiven) Zurückbehaltungsrechts gewähren auch letztere eine absolute Vorrangstellung vor allen anderen – auch privilegierten – Gläubigern. Für Konfliktfälle zwischen diesen Mobiliarsicherheiten gilt ein strenges Prioritätsprinzip. Daran schließen sich ungesicherte bzw. solche Gläubiger an, die sich lediglich Personalsicherheiten haben einräumen lassen. Gläubiger, die beispielsweise aufgrund eines Subordinationsvertrags nur nachrangig befriedigt werden oder die lediglich Gesellschafterrechte gegen ihre Gesellschaft geltend machen, bilden das Schlusslicht. Die Rangfolge der französischen Kreditsicherheiten stellt sich damit wie folgt dar:

I.   Mobiliarsicherungsgläubiger
II. Privilegierte Gläubiger
III. Ungesicherte Gläubiger
IV. Nachrangige Gläubiger
V.   Gesellschafter

Die insolvenzrechtliche Position der Mobiliarsicherungsgläubiger wurde also so sehr vereinheitlicht, dass auch im Rahmen der Verwertung keine Unterschiede mehr zwischen Eigentumssicherheiten und Pfandrechten bestehen.

Die Entscheidung, mit welcher französischen Mobiliarsicherheit die deutschen Eigentumssicherheiten am ehesten korrellieren, hängt damit allein von der internationalprivatrechtlichen Frage ab, ob die nach deutschem Recht wirksam begründeten Eigentumssicherheiten angesichts der strengen französischen Publizitätsvorschriften Fortbestand haben können, wenn das Sicherungsgut auf französisches Gebiet gelangt.

Wie im Rahmen dieser Arbeit bereits herausgearbeitet wurde, ist zur Wirksamkeit aller französischen Mobiliarsicherheiten *inter partes* stets die Schriftform erforderlich. Wurde die deutsche Eigentumssicherheit daher nicht schriftlich vereinbart, wird sie zwangsläufig nichtig, sobald das Sicherungsgut nach Frankreich verbracht wird.

Aufgrund der unterschiedlichen Publizitätsanforderungen französischer Mobiliarsicherheiten lässt sich im Übrigen keine pauschale Aussage darüber treffen, ob die nach deutschem Recht zwar schriftlich, aber publizitätslos begründeten Eigentumssicherheiten ihre Wirksamkeit behalten, wenn das Sicherungsgut nach Frankreich verbracht wird. Dies hängt maßgeblich davon ab, ob das jeweilige französische Registrierungserfordernis bereits zur Wirksamkeit der Sicherheit *inter partes* oder erst zur Drittwirksamkeit erforderlich ist.

Beispielsweise muss die *fiducie* schon zur Wirksamkeit *inter partes* binnen eines Monats registriert werden (Art. 2019 c.civ.). Gelangt also das Sicherungsobjekt einer deutschen *Sicherungsabtretung* oder *Sicherungsübereignung* nach Frankreich, scheitert die Anerkennung der deutschen Eigentumssicherheit bereits an der fehlenden Publizität. Es bleibt damit festzuhalten, dass eine deutsche Eigentumssicherheit nichtig wird und nicht als französische *fiducie* fortgelten kann, wenn die Sicherungsgegenstände französischem Recht unterstellt werden.

Eine deutsche *Sicherungsabtretung* findet ihr Pendant zwar nicht in der *fiducie*. Es bietet sich jedoch an, die *Sicherungsabtretung* – je nach wirtschaftlichem Kontext – entweder als *Sicherungsabtretung gewerblicher Forderungen*, als *einfache Sicherungsabtretung* oder auch als *nantissement* zu begreifen. Alle drei Institute entfalten auch ohne weiteren Publizitätsakt Drittwirksamkeit. Lediglich zur Geltendmachung der abgetretenen deutsche Forderung gegenüber dem Drittschuldner müsste noch eine Anzeige an diesen erfolgen.

Im Zusammenhang mit der *Sicherungsübereignung* gilt das oben Gesagte entsprechend. Eine Anerkennung der *Sicherungsübereignung* als *fiducie* scheitert jedenfalls an den strengen Publizitätsvorschriften, möglicherweise aber auch am beschränkten Anwendungsbereich der *fiducie*. Es bietet sich dementsprechend an, die *Sicherungsübereignung* als *gage* zu begreifen, sobald die Sicherungsgegenstände nach Frankreich verbracht werden. Da nur die Drittwirksamkeit der *gage* an ein Registrierungserfordernis geknüpft ist, käme der *Sicherungsübereignung* zunächst nur Wirksamkeit *inter partes* zu. Die entsprechenden Registerformalitäten könnten jedoch nachgeholt werden, um Wirksamkeit gegenüber jedermann zu bewirken.

Probleme zeichnen sich jedoch dann ab, wenn bereits ein Insolvenzverfahren über das Vermögen des Schuldners eröffnet wurde. In diesem Fall ist die deutsche Eigentumssicherheit nichtig. Ein solcher Konflikt ließe sich von vornherein vermeiden, wenn das deutsche Recht die Möglichkeit einer fakultativen Registrierung besitzloser Mobiliarsicherheiten böte[651] oder wenn das französische Recht die Möglichkeit böte, deutsche Eigentumssicherheiten nach französischem Recht zu publizieren, noch bevor das Sicherungsgut auf französisches Gebiet gelangt. Letzteres scheitert bisher schon an dem französischen Erfordernis, Mobiliarsicherheiten in das Handelsregister am Sitz des Schuldners einzutragen.[652]

F. Abschließende Stellungnahme

Die vorliegende Arbeit zeigt, dass mit den jüngsten französischen Reformen ein System von Mobiliarsicherheiten geschaffen wurde, das zwar nach wie vor reformbedürftig, aber auf dem besten Weg zu einem modernen Kreditsicherungsrecht ist.

Der *fiducie* wird in der französischen Kreditsicherungspraxis noch große Skepsis entgegengebracht. Sie genügt aber zumindest den Anforderungen, welche Artikel 2 des „Übereinkommens über das auf Trusts anzuwendende Recht und über ihre Anerkennung" vom 01.07.1985 aufstellt.[653] Einer Ratifizierung des Haager *Trust-*

---

[651] Hübner, ZIP 1980, 825, 830 f. m.w.N.
[652] Vgl. hierzu oben Abschnitt C.I.
[653] Barrière, JCP EA 2007, 13; Witz, RD 2007, 1369 ff; Zum Text des Haager *Trust*-Übereinkommens vgl. HCCH, *Convention on the Law applicable to Trusts and on their Recognition*.

Übereinkommens durch Frankreich dürfte nun also nichts mehr im Wege stehen.[654] Die Anerkennung der *fiducie* ist damit zumindest ein erster Schritt im Rahmen der internationalen Harmonisierungsbemühungen und dürfte die Anerkennung im Ausland begründeter *trust*- oder treuhandähnlicher Institute deutlich erleichtern.

Was jedoch die Anerkennung der deutschen Eigentumssicherheiten in Frankreich angeht, erweisen sich die neuen, besitzlosen Pfandrechte des französischen Rechts im Vergleich zur *fiducie* als deutlich flexibler und kompatibler.[655] Die Einführung von *gage* und *nantissement* ist damit als wahrer Meilenstein für die deutsch-französischen Wirtschaftsbeziehungen zu sehen.

---

[654] Crocq, RD 2007, 1354, 1357; Dupichot, JCP 2007, 5, 8; Szemjonneck, ZEuP 2010, 562, 583.
[655] Vgl. Kapitel 4, E.

Literaturverzeichnis

Assfalg, Dieter	„Der Schutz des Treuhandbegünstigten gegen abredewidrige Verfügungen des Treuhänders in rechtsvergleichender Sicht" NJW 1970, 1902.
Attal, Michel	„Les incidences internationales de la réforme du droit français des sûretés réelles" RD 2006, 1738.
Audit, Bernard	*Droit international privé* (Economica, Paris, 6. Aufl. 2010).
Avena-Robardet, Valérie	„Publication du décret relatif à la publicité du gage sans dépossession" RD 2007, 70.
Aynès, Augustin	„La consécration légale des droits de rétention" RD 2006, 1301.
Aynès, Laurent	„La cession de créance à titre de garantie: quel avenir?" RD 2007, 961.
Aynès, Laurent	„La réforme du droit des sûretés – Présentation générale de la réforme" RD 2006, 1289.
Balz, Manfred	„Zur Reform des französischen Insolvenzrechts" ZIP 1983, 1153.
Bar, Christian von; Drobnig, Ulrich	*The interaction of contract law and tort and property law in Europe: a comparative study* (Sellier, European Law Publisher, München, 2004); zit. als „Bar/Drobnig, *The interaction of contract law and tort and property law in Europe*".
Bar, Christian von; Drobnig, Ulrich	*Study on Property Law and Non-contractual Liability Law as they relate to Contract Law* (2004) European Commission <http://ec.europa.eu/consumers/cons_int/safe_shop/fair_bus_pract/cont_law/study.pdf> (Stand: 24.01.2012); zit. als

„Bar/Drobnig, *Study on Property Law and Non-contractual Liability Law*".

Barrière, François „La fiducie" RD 2007, 1346.

Barrière, François „La loi instituant la fiducie: entre équilibre et incohérence" JCP EA 2007, 13.

Basedow, Jürgen „Der kollisionsrechtliche Gehalt der Produktfreiheiten im europäischen Binnenmarkt: Favor offerentis" RabelsZ 1995, 41.

Bassenge, Peter „§ 930" in Otto Palandt (Hrsg.) *Bürgerliches Gesetzbuch* (Beck, München, 70. Aufl. 2011); zit. als „Palandt/Bassenge, *BGB*, § 930".

Battifol, Henri; Lagarde, Paul *Traité de droit international privé, Band 1: sources, nationalité, condition des étrangers, conflits de lois (théorie générale)* (L.G.D.J, Paris, 8. Aufl. 1993); zit. als „Battifol/Lagarde, *Traité de droit international privé*".

Baur, Fritz; Stürner, Rolf et al. *Sachenrecht* (Beck, München, 18. Aufl. 2009); zit. als „Baur/Stürner, *Sachenrecht*".

Billiau, Marc „Feu le 'gage des valeurs mobilières en compte' – Naissance du 'gage des comptes d'instruments financiers' – Aperçu rapide sur l'article 102 de la loi du 2 juillet 1996" JCP E 1996, 598.

Boffa, Romain „L'opposabilité du nouveau gage sans dépossession" RD 2007, 1161.

Borga, Nicolas „L'attrait d'une cession fiduciaire requalifiée" RD 2010, 2201.

Bout, Roger; Bruschi, Marc et al. „Loi du 1 août 2003 relative à la ville et à la rénovation urbaine" RLDA, Droit économique - 2006, Nr. 6204; zit. als „RLDA, Droit économique - 2006, Nr. 6204 ff.".

LITERATURVERZEICHNIS

Brinkmann, Moritz	„§ 47" in Wilhelm Uhlenbruck, Heribert Hirte et al. (Hrsg.) *Kommentar zur Insolvenzordnung* (Franz Vahlen, München, 13. Aufl. 2010); zit. als „Uhlenbruck/Brinkmann, *InsO*, § 47".
Brinkmann, Moritz	„§ 51" in Wilhelm Uhlenbruck, Heribert Hirte et al. (Hrsg.) *Kommentar zur Insolvenzordnung* (Franz Vahlen, München, 13. Aufl. 2010); zit. als „Uhlenbruck/Brinkmann, *InsO*, § 51".
Bund, Elmar	„Vor §§ 854 ff" in Julius v. Staudinger und Hermann Amann (Hrsg.) *Kommentar zum Bürgerlichen Gesetzbuch, Buch 3* (Sellier-de Gruyter, Berlin, 2007); zit. als „Staudinger/Bund, *BGB*, Einl. SachR".
Burkhardt, Lars	*Recht und Gesetz im deutsch-französischen Dialog* (Heymanns, Köln, 1997).
Busche, Jan	„Einleitung zu §§ 398 ff." in J. v. Staudinger (Hrsg.) *Kommentar zum Bürgerlichen Gesetzbuch, Buch 2* (Sellier-de Gruyter, Berlin, 2005); zit. als „Staudinger/Busche, *BGB*, Einl. zu §§ 398 ff.".
Cabrillac, Michel; Mouly, Christian et al.	*Droit des sûretés* (Litec, Paris, 9. Aufl. 2010); zit. als „Cabrillac/ Mouly, *Droit des sûretés*".
Cantin Cumyn, Madeleine	„L'avant-projet de loi relatif à la fiducie, un point de vue civiliste d'outre-Atlantique" RD 1992, 117.
Champaud, Claude; Danet, Didier	„Fiducie – Renaissance de la substitution fidéicommissaire en droit français" RTDcom. 2007, 389.
Champaud, Claude; Danet, Didier	„Fiducie: Origines et vicissitudes" RTDcom. 2007, 728.
Chazal, Jean-Pascal; Vicente, Serge	„Le transfert de propriété par l'effet des obligations dans le code civil" RTDciv. 2000, 477.

XXV

CNGTC	*Fichier national des inscriptions des gages sans dépossession* CNGTC <http://www.cngtc.fr/fichier-national-gages.php> (Stand: 24.01.2012); zit. als „CNGTC *Fichier national des inscriptions des gages sans dépossession*".
Coing, Helmut	*Die Treuhand kraft privaten Rechtsgeschäfts* (Beck, München, 1973).
Courdier-Cuisinier, Anne-Sylvie	„Nouvel éclairage sur l'énigme de l'obligation de donner - Essai sur les causes d'une controverse doctrinale" RTDciv. 2005, 521.
Crocq, Pierre	„Droit des sûretés – octobre 2006 - juillet 2008" RD 2008, 2104.
Crocq, Pierre	„L'étrange refus de la cession de créance de droit commun à titre de garantie" RTDciv. 2007, 160.
Crocq, Pierre	„La distinction du gage-espèces et du nantissement du solde d'un compte ou le retour de la fiducie-sûreté sans texte!" RTDciv. 2007, 373.
Crocq, Pierre	„La réforme des procédures collectives et le droit des sûretés" RD 2006, 1306.
Crocq, Pierre	„La réserve de propriété" JCP 2006, 23.
Crocq, Pierre	„Lacunes et limites de la loi au regard du droit des sûretés" RD 2007, 1354.
Crocq, Pierre	*Propriété et garantie* (L.G.D.J, Paris, 1995).
Crocq, Pierre	„Une très importante consécration de la pleine efficacité du nantissement d'une créance née d'un contrat à exécution successive!" RTDciv. 2010, 597.

Dageförde, Carsten	„Das besitzlose Mobiliarpfandrecht nach dem Modellgesetz für Sicherungsgeschäfte der Europäischen Bank für Wiederaufbau und Entwicklung (EBRD Model Law on Secured Transactions)" ZEuP 1998, 686.
Dagot, Michel; Hebraud, Pierre	*La simulation en droit privé* (Pichon Durand-Auzias, Paris, 1967).
Dahan, Frédérique; Simpson, John	*Publicity of Security Rights* (2005) EBRD <http://www.ebrd.com/downloads/legal/secured/publicit.pdf> (Stand: 24.01.2012) 17; zit. als „Dahan/Simpson *Publicity of Security Rights*".
Dammann, Reinhard	„La réforme des sûretés mobilières – une occasion manquée" RD 2006, 1298.
Dammann, Reinhard	„Réflexions sur la réforme du droit des sûretés au regard du droit des procédures collectives – pour une attractivité retrouvée du gage" RD 2005, 2447.
Dammann, Reinhard; Podeur, Gilles	„Cession de créances à titre de garantie – la révolution n'a pas eu lieu" RD 2007, 319.
Dammann, Reinhard; Podeur, Gilles	„Fiducie-sûreté et droit des procédures collectives – évolution ou révolution?" RD 2007, 1359.
Dammann, Reinhard; Podeur, Gilles	„Le nouveau paysage du droit des sûretés – première étape de la réforme de la fiducie et du gage sans dépossession" RD 2008, 2300.
Dammann, Reinhard; Podeur, Gilles	„Les sûretés-propriété face au plan de sauvegarde" RD 2008, 928.
Dammann, Reinhard; Undritz, Sven-Holger	„Die Reform des französischen Insolvenzrechts im Rechtsvergleich zur InsO" NZI 2005, 198.

Dargent, Laurent	„Réforme de la fiducie par la LME" RD 2008, 2133.
De Guillenchmidt, Jacqueline	„La fiducie – Pour quoi faire? – Présentation de l'avant-projet de loi relatif à la fiducie" Rev.dr.banc. 1990, 105.
De Roux, Xavier	*Rapport n° 3655* (2007) Assemblée Nationale <http://www.assemblee-nationale.fr/12/pdf/rapports/r3655.pdf> (Stand: 24.01.2012); zit. als „De Roux, *Rapport n° 3655*".
Delpech, Xavier	„Pas de consécration générale de la cession de créance à titre de garantie – Cour de cassation, com., 19 déc. 2006" RD 2007, 76.
Delpech, Xavier	„Propos pédagogiques sur quelques difficultés d'application de la 'loi Dailly'" RD 2007, 793.
Drobnig, Ulrich	„Die Verwertung von Mobiliarsicherheiten in einigen Ländern der Europäischen Union" RabelsZ 1996, 40.
Drobnig, Ulrich	„Vergleichender Generalbericht" in Karl F. Kreuzer (Hrsg.) *Mobiliarsicherheiten – Vielfalt oder Einheit? – Verhandlungen der Fachgruppe für vergleichendes Handels- und Wirtschaftsrecht anläßlich der Tagung der Gesellschaft für Rechtsvergleichung in Jena vom 20. - 22. März 1996* (Nomos, Baden-Baden, 1999) 9; zit. als „Drobnig, Ulrich „Vergleichender Generalbericht" in Kreuzer *Mobiliarsicherheiten – Vielfalt oder Einheit?*".
Drobnig, Ulrich	„La réforme française du droit des sûretés réelles" RD 2007, 1488.
Dupichot, Philippe	„Opération fiducie sur le sol français" JCP 2007, 5.

Einsele, Dorothee	„Inhalt, Schranken und Bedeutung des Offenkundigkeitsprinzips – unter besonderer Berücksichtigung des Geschäfts für den, den es angeht, der fiduziarischen Treuhand sowie der dinglichen Surrogation" JZ 1990, 1005.
Eisenhardt, Ulrich	„Die Einheitlichkeit des Rechtsgeschäfts und die Überwindung des Abstraktionsprinzips" JZ 1991, 271.
EBRD	*Doing Business in 2006* (2006) EBRD <http://www.doingbusiness.org/documents/Doingbusines2006_fullreport.pdf> (Stand: 24.01.2012) 125.
Ferid, Murad; Sonnenberger, Hans	*Das französische Zivilrecht – Sachenrecht* (Recht u. Wirtschaft, Heidelberg, 2. Aufl. 1986); zit. als „Ferid/Sonnenberger *Das französische Zivilrecht*".
Ferreira, Georges	„Le nantissement de second rang" JCP E 2005, 76.
Fitzau, Christian	*Mobiliarsicherheiten im französischen und deutschen Insolvenzrecht* (2005) Deutsche Nationalbibliothek <http://deposit.ddb.de/cgi-bin/dokserv?idn=975301462> (Stand: 24.01.2012).
Französische Botschaft in Deutschland	*Die wichtigsten Wirtschaftsindikatoren Deutschlands und Frankreichs 2009* (2010) Französische Botschaft in Deutschland <http://www.botschaft-frankreich.de/IMG/pdf/Die_wichtigsten_Wirtschaftsindikatoren_Deutschland_und_Frankreich_2009.pdf> (Stand: 24.01.2012) 2; zit. als „Französische Botschaft in Deutschland *Die wichtigsten Wirtschaftsindikatoren*".
Fritzsche, Jörg	„§ 903" in Heinz G. Bamberger und Herbert Roth (Hrsg.) *Beck'scher Online-Kommentar zum Bürgerlichen Gesetzbuch, Buch 3:* Sachenrecht (Beck, München, 18. Aufl. 2010); zit. als „BeckOK/Fritzsche, *BGB*, § 903".

Gallois, Alexandre	„Quelle proportionnalité pour les sûretés réelles?" RD 2010, 335.
Ganter, Hans G.	„Vor §§ 49-52" in Hans-P. Kirchhof, Hans-J. Lwowski und Rolf Stürner (Hrsg.) *Münchener Kommentar zur Insolvenzordnung, Band 1: §§ 1-102, InsVV* (Beck, München, 2. Aufl. 2007); zit. als „MüKo/Ganter, *InsO*, vor §§ 49-52".
Ganter, Hans G.	„§ 47" in Hans-P. Kirchhof, Hans-J. Lwowski und Rolf Stürner (Hrsg.) *Münchener Kommentar zur Insolvenzordnung, Band 1: §§ 1-102, InsVV* (Beck, München, 2. Aufl. 2007); zit. als „MüKo/Ganter, *InsO*, § 47".
Ganter, Hans G.	„§ 51" in Hans.-P. Kirchhof, Hans.-J. Lwowski und Rolf Stürner (Hrsg.) *Münchener Kommentar zur Insolvenzordnung, Band 1: §§ 1-102, InsVV* (Beck, München, 2. Aufl. 2007); zit. als „MüKo/Ganter, *InsO*, § 51".
Gaul, Hans F.	„Lex commissoria und Sicherungsübereignung – zugleich ein Beitrag zum sogenannten Innenverhältnis bei der Sicherungsübereignung" AcP 1968, 351.
Gedye, Michael; Cuming, Ronald C.	*Personal Property Securities in New Zealand* (Thomson Brookers, Wellington, 2002).
Gernhuber, Joachim	„Die fiduziarische Treuhand" JuS 1988, 355.
Ghestin, Jacques; Jamin, Christophe et al.	*Traité de droit civil – Les effets du contrat* (L.G.D.J, Paris, 3. Aufl. 2001); zit. als „Ghestin/Jamin/Billiau *Traité de droit civil*".
Goode, Richard M.	„A Credit Law for Europe?" 23 ICLQ (1974) 227.

Literaturverzeichnis

Gottwald, Peter; Bertram, Peter	„§ 40" in Peter Gottwald und Peter Bertram (Hrsg.) *Insolvenzrechts-Handbuch* (Beck, München, 4. Aufl. 2010); zit. als „Gottwald/Bertram, *InsO*, § 40".
Gottwald, Peter; Bertram, Peter	„§ 43" in Peter Gottwald und Peter Bertram (Hrsg.) *Insolvenrechts-Handbuch* (Beck, München, 4. Aufl. 2010); zit. als „Gottwald/Bertram, *InsO*, § 43".
Graham-Siegenthaler, Barbara	*Kreditsicherungsrechte im internationalen Rechtsverkehr – eine rechtsvergleichende und international-privatrechtliche Untersuchung* (Stämpfli, Bern, 2005); zit. als „Graham-Siegenthaler, *Kreditsicherungsrechte im internationalen Rechtsverkehr*".
Grimaldi, Michel	„La fiducie – réflexions sur l'institution et sur l'avant-projet de loi qui la consacre" Répertoire Defrénois 1991, Art. 35085 und Art. 35094.
Groupe de travail relatif à la réforme du droit des sûretés	*Rapport à Monsieur Dominique Perben, Garde des Sceaux, Ministre de la Justice* (2005) Ministère de la Justice <http://www.ladocumentationfrancaise.fr/rapports-publics/054000230/index.shtml> (Stand: 24.01.2012); zit. als „Groupe de travail *Rapport à Monsieur Dominique Perben*".
Gruber, Michael	„Der Treuhandmissbrauch – zur dogmatischen Rechtfertigung eines Verfügungsschutzes des Treugebers" AcP 2002, 435.
Gruber, Urs P.	„CISG Art. 31" in Kurt Rebmann, Franz J. Säcker und Roland Rixecker (Hrsg.) *Münchener Kommentar zum Bürgerlichen Gesetzbuch, Band 3* (Beck, München, 5. Aufl. 2008); zitiert als „MüKo/Gruber, *BGB*, Art. 31 CISG".
Gursky, Karl-Heinz	„§ 1006" in J. v. Staudinger (Hrsg.) *Kommentar zum Bürgerlichen Gesetzbuch, Buch 3* (Sellier-de Gruyter, Berlin, 2006); zit. als „Staudinger/Gursky, *BGB*, § 1006".

Hague Conference on Private International Law	*Convention on the Law applicable to Trusts and on their Recognition* (1985) HCCH <http://www.hcch.net/upload/conventions/txt30en.pdf> (Stand: 24.01.2012); zit. als „HCCH, *Convention on the Law applicable to Trusts and on their* Recognition".
Hauptmann, Jean-Marc	„La cession 'Dailly' en disgrâce auprès des juges suprêmes" RJcom. 1992, 45.
Hébert, Sophie	„Le pacte commissoire après l'ordonnance du 23 mars 2006" RD 2007, 2052.
Heinrichs, Helmut	„§ 398" in Otto Palandt (Hrsg.) *Bürgerliches Gesetzbuch* (Beck, München, 70. Aufl. 2011); zit. als „Palandt/Heinrichs, *BGB*, § 398".
Heinrichs, Helmut	„§ 399" in Otto Palandt (Hrsg.) *Bürgerliches Gesetzbuch* (Beck, München, 70. Aufl. 2011); zit. als „Palandt/Heinrichs, *BGB*, § 399".
Henssler, Martin	„Treuhandgeschäft – Dogmatik und Wirklichkeit" AcP 1996, 37.
Hoang, Patrice	„De la suppression du dispositif prétorien de la responsabilité pour soutien abusif" RD 2006, 1458.
Hromadka, Wolfgang	„Sicherungsübereignung und Publizität" JuS 1980, 89.
Hübner, Ulrich	„Internationalprivatrechtliche Anerkennungs- und Substitutionsprobleme bei besitzlosen Mobiliarsicherheiten" ZIP 1980, 825.
Hübner, Ulrich; Constantinesco, Vlad	*Einführung in das französische Recht* (Beck, München, 4. Aufl. 2001); zit. als „Hübner/Constantinesco *Einführung in das französische Recht*".

LITERATURVERZEICHNIS

INSEE	*Les variables* (2009) INSEE <http://www.sirene.fr/ Documentation_technique/default.asp?page=Documentation_ ContenuV.htm> (Stand: 24.01.2012); zit. als „INSEE, *Les variables*".
Jahn, Uwe	„Deutschland" in Uwe Jahn und Anne Sahm (Hrsg.) *Insolvenzen in Europa* (Economica, Heidelberg, 4. Aufl. 2004) 65; zit. als „Jahn, „Deutschland" in Jahn/Sahm *Insolvenzen in Europa*".
Jamin, Christophe	„L'avocat, le fiduciaire et le tiers" RD 2007, 1492.
Kampf, Achim	*Frankreich reformiert das Recht der persönlichen und dinglichen Sicherheiten* (2006) GTAI <http://www.gtai.de/fdb-SE,MKT20060818105802,Google.html> (Stand: 10.03.2010); zit. als „Kampf, *Frankreich reformiert das Recht der persönlichen und dinglichen Sicherheiten*".
Kieninger, Eva-Maria	„Nationale, europäische und weltweite Reformen des Mobiliarsicherungsrechts – Teil I" WM 2005, 2305.
Kieninger, Eva-Maria	„Nationale, europäische und weltweite Reformen des Mobiliarsicherungsrechts – Teil II" WM 2005, 2353.
Kieninger, Eva-Maria	*Mobiliarsicherheiten im Europäischen Binnenmarkt – zum Einfluß der Warenverkehrsfreiheit auf das nationale und internationale Sachenrecht der Mitgliedstaaten* (Nomos, Berlin, 1996); zit. als „Kieninger, *Mobiliarsicherheiten im Europäischen Binnenmarkt*".
Kindl, Johann	„§ 930" in Heinz G. Bamberger und Herbert Roth (Hrsg.) *Beck'scher Online-Kommentar zum Bürgerlichen Gesetzbuch*, Buch 3: Sachenrecht (Beck, München, 18. Aufl. 2010); zit. als „BeckOK/Kindl, *BGB*, § 930".

Kindler, Peter	„Internationales Handels- und Gesellschaftsrecht – Personal- und Kapitalgesellschaften" in Kurt Rebmann, Franz J. Säcker und Roland Rixecker (Hrsg.) *Münchener Kommentar zum Bürgerlichen Gesetzbuch, Band 11* (Beck, München, 4. Aufl. 2006); zit. als „MüKo/Kindler, *BGB*".
Klein, Christian; Tietz, Sebastian	„Frankreich reformiert sein Kreditsicherungsrecht" RIW 2007, 101.
Kreuzer, Karl F.	„Vorwort" in Karl F. Kreuzer (Hrsg.) *Mobiliarsicherheiten – Vielfalt oder Einheit? – Verhandlungen der Fachgruppe für vergleichendes Handels- und Wirtschaftsrecht anläßlich der Tagung der Gesellschaft für Rechtsvergleichung in Jena vom 20. - 22. März 1996* (Nomos, Baden-Baden, 1999) 7; zit. als „Kreuzer, *Mobiliarsicherheiten – Vielfalt oder Einheit?*".
Kropholler, Jan	*Internationales Privatrecht - einschließlich der Grundbegriffe des Internationalen Zivilverfahrensrechts* (Mohr, Tübingen, 4. Aufl. 2001); zit. als „Kropholler, *Internationales Privatrecht*".
Kuhn, Céline	„Une fiducie française" Dr.et patr. 2007, 32.
Lange, Heinrich	„Lage und Zukunft der Sicherungsübertragung" NJW 1950, 565.
Larroumet, Christian	„La cession de créance de droit commun à titre de garantie" RD 2007, 344.
Larroumet, Christian	„La loi du 19 février 2007 sur la fiducie – Propos critiques" RD 2007, 1350.
Leduc, Fabrice	„Le gage translatif de propriété: mythe ou réalité?" RTDciv. 1995, 307.

Literaturverzeichnis

Legeais, Dominique	„Chroniques – Réforme des sûretés (Ordonnance du 23 mars 2006)" RTDcom. 2006, 636.
Legeais, Dominique	„Le gage de meubles corporels" JCP 2006, 12.
Legeais, Dominique	„Les concours consentis à une entreprise en difficultés (C.com., Art. L. 650-1)" JCP EA 2005, 1747.
Legeais, Dominique	*Sûretés et garanties du crédit* (L.G.D.J, Paris, 7. Aufl. 2009).
Leroyer, Anne-Marie; Rochfeld, Judith	„Fiducie – Loi n° 2007-211 du 19 février 2007 instituant la fiducie" RTDciv. 2007, 412.
Lienhard, Alain	„Réforme du droit des entreprises en difficulté: présentation de l'ordonnance du 18 décembre 2008" RD 2009, 110.
Lienhard, Alain	„Sauvegarde des entreprises: bientôt la réforme" RD 2008, 340.
Lienhard, Alain	„Gage sur choses fongibles: clause de substitution" Dalloz actualité v. 08.06.2010.
Lisanti, Cécile	„Quelques remarques à propos des sûretés sur les meubles incorporels dans l'ordonnance n° 2006-346 du 23 mars 2006" RD 2006, 2671.
Lucas, François-Xavier; Sénéchal, Marc	„Fiducie vs Sauvegarde – Fiducie ou sauvegarde, il faut choisir" RD 2008, 29.
Mallet-Bricout, Blandine	„Fiducie et propriété" in Sarah Bros und Blandine Mallet-Bricout (Hrsg.) *Liber amicorum Christian Larroumet* (Economica, Paris, 2009) 297; zit. als „Mallet-Bricout, „Fiducie et propriété" in Bros/Mallet-Bricout *Liber amicorum Christian Larroumet*".

Marini, Philippe	„Enfin la fiducie à la française!" RD 2007, 1347.
Marini, Philippe	*Proposition de loi instituant la fiducie* (2005) Sénat de France <http://www.senat.fr/basile/visio.do?id=d058647&idtable=d4 3141920061017_6|d11> (Stand: 24.01.2012).
Martin, Didier R.	„Du gage-espèces" RD 2007, 2556.
Matsopoulou, Haritini	„Les aspects actuels du gage automobile" RTDcom. 1998, 795.
Mazeaud, Henri; Picod, Yves et al.	*Leçons de droit civil, Band 3/1: Sûretés et publicité foncière* (Montchrestien, Paris, 7. Aufl. 1999); zit. als „Mazeaud/Picod, *Leçons de droit civil*".
McCormack, Gerard	*Secured Credit under English and American Law* (Cambridge University Press, Cambridge, 1. Aufl. 2004).
Melsheimer, Klaus	*Sicherungsübereignung oder Registerpfandrecht – eine politologische Studie über den Kampf von Interessengruppen um die Reform des Kreditsicherungsrechts* (Westdeutscher Verlag, Köln, 1967); zit. als „Melsheimer, *Sicherungsübereignung oder Registerpfandrecht*".
Meyer-Cording, Ulrich	„Umdenken nötig bei den Mobiliarsicherheiten!" NJW 1979, 2126.
Mezger, E.	„Das neue französische Gesetz über die erleichtere Mantelzession" RIW 1981, 213.
Mezger, E.	„Zur neuesten Entwicklung des kaufmännischen Registerpfandrechts in Frankreich" ZHR 1952, 150.
Michalski, Lutz	„Anh. §§ 929-931" in Harm P. Westermann, Walter Erman und Lutz Aderhold (Hrsg.) *Erman Handkommentar zum Bürgerlichen Gesetzbuch, Band 2* (Schmidt, Köln, 12. Aufl.

2008); zit. als „Erman/Michalski, *BGB*, Anh. §§ 929-931".

Ministère de la Justice	„Rapport au Président de la République relatif à l'ordonnance n° 2006-346 du 23 mars 2006 relative aux sûretés" J.O.R.F. 2006, Text 28; zit. als „Ministère de la Justice „Rapport au Président de la République relatif à l'ordonnance n° 2006-346".
Moury, Jacques	„La responsabilité du fournisseur de 'concours' dans le marc de l'article L. 650-1 du code de commerce" RD 2006, 1743.
Niggemann, Friedrich	„Länderberichte – Frankreich" in Hans-P. Kirchhof, Hans-J. Lwowski und Rolf Stürner (Hrsg.) *Münchener Kommentar zur Insolvenzordnung, Band 3: §§ 270-359, Internationales Insolvenzrecht, Insolvenzsteuerrecht* (Beck, München, 2. Aufl. 2008); zit. als „MüKo/Niggemann, *InsO*, Länderberichte – Frankreich".
Obermüller, Manfred	*Insolvenzrecht in der Bankpraxis* (Schmidt, Köln, 7. Aufl. 2007).
Oechsler, Jürgen	„Anh. §§ 929-936" in Kurt Rebmann, Franz J. Säcker und Roland Rixecker (Hrsg.) *Münchener Kommentar zum Bürgerlichen Gesetzbuch, Band 6* (Beck, München, 5. Aufl. 2009); zit. als „MüKo/Oechsler, *BGB*, §§ 929-936".
Oechsler, Jürgen	„§ 932" in Kurt Rebmann, Franz J. Säcker und Roland Rixecker (Hrsg.) *Münchener Kommentar zum Bürgerlichen Gesetzbuch, Band 6* (Beck, München, 5. Aufl. 2009); zit. als „MüKo/Oechsler, *BGB*, § 932".
Piedelièvre, Stéphane	„Le nouvel article 2286, 4°, du code civil" RD 2008, 2950.
Prüm, André	„L'arrivée annoncée de la fiducie" Rev.dr.banc.fin. 2007, 1.

Prüm, André; Witz, Claude et al.	„Die Treuhand: aktuelle Entwicklung in den Civil law-Staaten Luxemburg und Libanon" ZEuP 2006, 817.
Reinhardt, Rudolf; Erlinghagen, Peter	„Die rechtsgeschäftliche Treuhand – ein Problem der Rechtsfortbildung" JuS 1962, 41.
Reinicke, Dietrich; Tiedtke, Klaus	*Kreditsicherung: durch Schuldbeitritt, Bürgschaft, Patronatserklärung, Garantie, Sicherungsübereignung, Sicherungsabtretung, Eigentumsvorbehalt, Pool-Vereinbarungen, Pfandrechte an beweglichen Sachen und Rechten, Hypothek und Grundschuld* (Luchterhand, Neuwied, 5. Aufl. 2006); zit. als „Reinicke/Tiedtke *Kreditsicherung*".
Reuter, Dieter	„Vor § 80" in Kurt Rebmann, Franz J. Säcker und Roland Rixecker (Hrsg.) *Münchener Kommentar zum Bürgerlichen Gesetzbuch, Band 1/1* (Beck, München, 5. Aufl. 2006); zit. als „MüKo/Reuter, *BGB*, vor § 80".
Richemont, Henri de	*Proposition de loi instituant la fiducie* (2006) Sénat <http://www.senat.fr/rap/l06-011/l06-0111.pdf> (Stand: 24.01.2012).
Rimmelspacher, Bruno	*Kreditsicherungsrecht* (Beck, München, 3. Aufl. 2007).
Robine, David	„L'article L. 650-1 du code de commerce: un 'cadeau' empoisonné?" RD 2006, 69.
Rohe, Mathias	„§ 398" in Heinz G. Bamberger und Herbert Roth (Hrsg.) *Beck'scher Online-Kommentar zum Bürgerlichen Gesetzbuch, Buch 2: Recht der Schuldverhältnisse* (Beck, München, 18. Aufl. 2010); zit. als „BeckOK/Rohe, *BGB*, § 398".
Roth, Günter H.	„§ 398" in Kurt Rebmann, Franz J. Säcker und Roland Rixecker (Hrsg.) *Münchener Kommentar zum Bürgerlichen Gesetzbuch, Band 2* (Beck, München, 5. Aufl. 2007); zit. als

LITERATURVERZEICHNIS

	„MüKo/Roth, *BGB*, § 398".
Roth, Günter H.	„§ 399" in Kurt Rebmann, Franz J. Säcker und Roland Rixecker (Hrsg.) *Münchener Kommentar zum Bürgerlichen Gesetzbuch, Band 2* (Beck, München, 5. Aufl. 2007); zit. als „MüKo/Roth, *BGB*, § 399".
Routier, Richard	„L'article L. 650-1 du code de commerce: un article 'détonnant' pour le débiteur et 'détonant' pour le contribuable?" RD 2006, 2916.
Runte, Julia	„Fiducie in Frankreich – zur geplanten Einführung eines trustähnlichen Rechtsinstituts in Frankreich" RIW 2005, 511.
Ruß, Werner	„§ 354a" in Peter Glanegger, Christian Kirnberger et al. (Hrsg.) *Heidelberger Kommentar zum Handelsgesetzbuch* (C.F. Müller, Heidelberg, 7. Aufl. 2007); zit. als „HK/Ruß, *HGB*, § 354".
Schällig, Hagen	*Insolvenzverwaltung in Deutschland und Frankreich* (Shaker, Aachen, 2004).
Schilling, Theodor	*Besitzlose Mobiliarsicherheiten im nationalen und internationalen Privatrecht – Versuch einer vergleichenden Darstellung unter Berücksichtigung der Rechte des deutschen und französischen Rechtskreises sowie des Common Law* (VVF, München, 1985); zit. als „Schilling, *Besitzlose Mobiliarsicherheiten im nationalen und internationalen Privatrecht*".
Schmidt, Gerold	„Zum Begriff des 'Zweckvermögens' in Rechts- und Finanzwissenschaft" VA 1969, 293.
Schulz, Carsten	„Diskussionsbericht" in Karl F. Kreuzer (Hrsg.) *Mobiliarsicherheiten – Vielfalt oder Einheit? – Verhandlungen der Fachgruppe für vergleichendes Handels- und Wirtschaftsrecht anläßlich der Tagung der Gesellschaft für Rechtsvergleichung*

in Jena vom 20. - 22. März 1996 (Nomos, Baden-Baden, 1999) 135; zit. als „Schulz, „Diskussionsbericht" in Kreuzer *Mobiliarsicherheiten – Vielfalt oder Einheit?*".

Schulz, Martina — *Der Eigentumsvorbehalt in europäischen Rechtsordnungen - rechtsvergleichende Untersuchung des deutschen, englischen und französischen Rechts unter besonderer Berücksichtigung von Erweiterungen und Verlängerungen* (Lang, Frankfurt, 1998).

Serick, Rolf — *Eigentumsvorbehalt und Sicherungsübertragung – neue Rechtsentwicklungen* (Recht und Wirtschaft, Heidelberg, 2. Aufl. 1993).

SGECC — *Proprietary Security Rights in Movable Assets* (2005) SGECC <http://www.sgecc.net/media/downloads/proprietary_securitiesjune_2005.pdf> (Stand: 24.01.2012).

Simler, Philippe — „Das Recht der Mobiliarsicherheiten in Frankreich" in Karl F. Kreuzer (Hrsg.) *Mobiliarsicherheiten – Vielfalt oder Einheit? – Verhandlungen der Fachgruppe für vergleichendes Handels- und Wirtschaftsrecht anläßlich der Tagung der Gesellschaft für Rechtsvergleichung in Jena vom 20. - 22. März 1996* (Nomos, Baden-Baden, 1999) 105; zit. als „Simler, 'Das Recht der Mobiliarsicherheiten in Frankreich' in Kreuzer *Mobiliarsicherheiten – Vielfalt oder Einheit?*".

Simler, Philippe — „Avant-propos" JCP 2006, 3.

Simler, Philippe; Delebecque, Philippe — *Droit civil – Les sûretés, la publicité foncière* (Dalloz, Paris, 5. Aufl. 2009); zit. als „Simler/Delebecque *Droit civil*".

Stadler, Astrid — *Gestaltungsfreiheit und Verkehrsschutz durch Abstraktion – eine rechtsvergleichende Studie zur abstrakten und kausalen Gestaltung rechtsgeschäftlicher Zuwendungen anhand des deutschen, schweizerischen, österreichischen, französischen*

	und US-amerikanischen Rechts (Mohr, Tübingen, 1996); zit. als „Stadler, *Gestaltungsfreiheit und Verkehrsschutz durch Abstraktion*".
Stoll, Hans	„*Internationales Sachenrecht*" in J. v. Staudinger (Hrsg.) Kommentar zum Bürgerlichen Gesetzbuch (Sellier-de Gruyter, Berlin, 13. Aufl. 1996); zit. als „Staudinger/Stoll, ISR"
Stoufflet, Jean	„Le nantissement de meubles incorporels" JCP 2006, 19.
Synvet, Hervé	„Le nantissement des meubles incorporels" Dr.et patr. 2005, 64.
Szemjonneck, Jan	„Die *fiducie* im französischen Code civil", ZEuP 2010, 562.
T' Kint, François	„La fiducie-sûreté" in Jacques Herbots (Hrsg.) *Le trust et la fiducie - Implications pratiques* (Bruylant, Brüssel, 1997) 249; zit. als „T' Kint, *Le trust et la fiducie*".
Thorn, Karsten	„Art. 43 EGBGB" in Otto Palandt (Hrsg.) *Bürgerliches Gesetzbuch* (Beck, München, 70. Aufl. 2011); zit. als „Palandt/Thorn, *BGB*, Art. 43 EGBGB".
Torck, Stéphane	„Les garanties réelles mobilières sur biens fongibles après l'ordonnance du 23 mars 2006 relative aux sûretés" Rev.dr.banc.fin. 2006, 39.
UNCITRAL	*Security Interests – 34th session – A/CN.9/496* (2001) UNCITRAL <http://daccess-dds-ny.un.org/doc/UNDOC/GEN/V01/828/25/PDF/V0182825.pdf?OpenElement> (Stand: 24.01.2012); zit. als „UNCITRAL *Security Interests*".
Vallens, Jean-Luc	„Trust et droit de l'insolvabilité" RLDA 2005, 13.
Van Boxstael, Jean-Louis	„La sûreté fiduciaire" R.G.D.C. 1992, 217.

Vasseur, Michel	„L'application de la loi Dailly – Escompte? Cession de créance en propriété à titre de garantie? ou bien l'un ou l'autre suivant les cas?" RD 1982, 273.
Weber, Hansjörg	„Reform der Mobiliarsicherheiten" NJW 1976, 1601.
Wendehorst, Christiane	„Art. 43 EGBGB" in Kurt Rebmann, Franz J. Säcker et al. (Hrsg.) *Münchener Kommentar zum Bürgerlichen Gesetzbuch, Band 11* (Beck, München, 5. Aufl. 2010); zit. als „Mü-Ko/Wendehorst, *BGB*, Art. 43 EGBGB".
Westermann, Harm; Eickmann, Dieter et al.	*Sachenrecht – ein Lehrbuch* (C.F. Müller, Heidelberg, 7. Aufl. 1998); zit. als „Westermann, *Sachenrecht*".
Wiegand, Wolfgang	„§ 932" in J. v. Staudinger (Hrsg.) *Kommentar zum Bürgerlichen Gesetzbuch, Buch 3* (Sellier-de Gruyter, Berlin, 2004); zit. als „Staudinger/Wiegand, *BGB*, § 932".
Wiegand, Wolfgang	„Anh. zu §§ 929-931" in J. v. Staudinger (Hrsg.) *Kommentar zum Bürgerlichen Gesetzbuch, Buch 3* (Sellier-de Gruyter, Berlin, 2004); zit. als „Staudinger/Wiegand, *BGB*, Anh. zu §§ 929-931".
Wiegand, Wolfgang	„§ 1229" in J. v. Staudinger (Hrsg.) *Kommentar zum Bürgerlichen Gesetzbuch, Buch 3: Sachenrecht §§ 1204,1272* (Sellier-de Gruyter, Berlin, 2009); zit. als „Staudinger/Wiegand, *BGB*, § 1229".
Wilhelm, Jan	*Sachenrecht* (Sellier-de Gruyter, 2. Aufl. 2002); zit. als „Wilhelm, *Sachenrecht*".
Witz, Claude	„Der neue französische Eigentumsvorbehalt im deutsch-französischen Handel" NJW 1982, 1897.

LITERATURVERZEICHNIS

Witz, Claude	„Entwicklung und Stand des französischen Rechts der Mobiliarsicherheiten" in Günther Jahr (Hrsg.) *Gedächtnisschrift für Dietrich Schultz* (Heymanns, Köln, 1987) 399.
Witz, Claude	„La fiducie française face aux expériences étrangères et à la convention de La Haye relative au 'trust'" RD 2007, 1369.
Witz, Claude	„Rapport introductif – Les traits essentiels de la fiducie et du trust en Europe" in Centre d'études juridiques française de l'Université de la Sarre (Hrsg.) *La fiducie et ses applications dans plusieurs pays européens – Allemagne, Angleterre, Liechtenstein, Luxembourg, Suisse* (Bulletin Joly, Paris, 1991) 9; zit. als „Witz, „Les traits essentiels de la fiducie" in Centre d'études juridiques française *La fiducie et ses applications dans plusieurs pays européens*".
Witz, Claude	„Réflexions sur la fiducie-sûreté" JCP E 1993, 231.
Witz, Claude	*La fiducie en droit privé français* (Economica, Paris, 1981).
Witz, Claude	„La fiducie-sûreté en droit français – Chronique d'une réforme ajournée" in Friedrich v. Westphalen (Hrsg.) *Lebendiges Recht: von den Sumerern bis zur Gegenwart, Festschrift für Reinhold Trinkner* (Recht und Wirtschaft, Heidelberg, 1995) 795.
Wolter, Gerhard	*Treuhandrecht im Umbruch? – Ein Blick nach Frankreich, Luxemburg, in die Schweiz und in den Libanon sowie auf das Haager Trust-Übereinkommen* (Lang, Frankfurt a.M, 1999); zit. als „Wolter, *Treuhandrecht im Umbruch?*".
Ziegel, Jacob S.	„The New Personal Property Security Regimes – Have we gone too far?" 28 ALR (1989-1990) 739.

The manufacturer's authorised representative in the EU is Springer Nature Customer Service Centre GmbH, Europaplatz 3, 69115 Heidelberg, Germany. If you have any concerns regarding our products, please contact ProductSafety@springernature.com

Printed and bound by CPI Group (UK) Ltd, Croydon, CR0 4YY

23/03/2026

02076679-0015